Когда Иисус вернется

Когда Иисус вернется

Дэвид Посон

Эта книга впервые была издана на английском языке
под названием «When Jesus Returns»

© David Pawson, 2014

Ссылки из Писания, отмеченные NIV,
взяты из Библии New International Version.
Авторское право сохранено © 1973, 1978, 1984,
International Bible Society, использовано с разрешения

Авторские права Дэвида Посона для признания в качестве автора этого произведения были заявлены ими в соответствии с Законом об авторском праве, промышленных образцах и патентах 1988 года

Без разрешения издателя никакая часть этого издания не может воспроизводиться или передаваться в любой форме или с помощью любых средств, электронных или механических, включая ксерокопирование, аудиозапись или системы хранения и поиска информации.
Все права защищены.

Изданно в Великобритании издательством Createspace
и в США издательством Lightning Source

ISBN 978-1-909886-14-8

Опубликовано издательством Anchor Recordings Ltd
по адресу:
Anchor Recordings Ltd
72, the Street
Kennington
Ashford, Kent
TN24 9HS
United Kingdom

www.davidpawson.org

СОДЕРЖАНИЕ

Предисловие 9
Захватывающее будущее 15

А. ПРИБЛИЖАЮЩЕЕСЯ ВТОРОЕ ПРИШЕСТВИЕ ХРИСТА

1. Смысл Его возвращения 23
   Кто? 24
   Где? 28
   Как? 32
   Когда? 37
      Признак 1: Бедствия в мире 42
      Признак 2: Отступники в Церкви 43
      Признак 3: Диктатор на Среднем Востоке 45
      Признак 4: Мрак на небе 49
   Почему? 59
      Завершить совершенствование святых 60
      Обратить иудеев 64
      Победить диавола 70
      Управлять миром 75
      Осудить нечестивых 82
2. Убедиться в нашей готовности 91
   Личная вера 93
   Постоянное служение 95
   Личная святость 99
   Совместное общение 102
   Всемирное благовестие 105
   Общественная деятельность 108
   Верность в терпении 112

Б. ЗАГАДКА ОТКРОВЕНИЯ

3. Расхождение во мнениях 119
   Человеческое 119
   Сатанинское 120
   Божественное 121

4. Природа Откровения	124
5. Школы толкования	134
Претеризм	135
Историцизм	136
Футуризм	138
Идеализм	139
6. Осознавая цель	147
Обычные читатели	148
Практические причины	150
7. Анализ структуры	157
8. Систематизация содержания	161
Церковь на Земле (1-3)	161
Бог на небе (4-5)	171
Сатана на Земле (6-16)	174
Человек на Земле (17-18)	193
Христос на Земле (19-20)	200
Небо на Земле (21-22)	206
9. Христос – центральная личность	216
10. Вознаграждение изучения	221
Завершение Библии	221
Защита от ереси	221
Трактовка истории	222
Основание для надежды	222
Мотив для благовестия	222
Побуждение к поклонению	222
Противоядие от мирского	223
Побуждение к благочестию	223
Подготовка к преследованию	224
Понимание Христа	224

В. РАЗУМНОЕ ОБЪЯСНЕНИЕ ВОСХИЩЕНИЯ

11. Новая доктрина	227
12. Библейские доводы	234
13. Сомнительное утверждение	238

Скорость	238
Неожиданность	240
Язык	242
Ожидание	244
Церковь	247
Гнев	250
Покой	256

Г. ЗАГАДКА МИЛЛЕНИУМА

14. Всеобщее разочарование	261
Евреи	261
Язычники	263
Христиане	264
15. Основной отрывок (Откровение, 20 глава)	270
Сатана удален (20:1-3)	281
Царствование святых (20:4-6)	283
Сатана освобожден (20:7-10)	289
16. Более широкий контекст	295
Отсутствие подтверждения	296
Присутствие противоречия	304
17. Философская проблема	307
18. Разные взгляды	317
«Скептический» а-миллениализм	317
«Мифический» а-миллениализм	319
«Духовный» пост-миллениализм	323
«Политический» пост-миллениализм	326
«Классический» пред-миллениализм	331
«Диспенциальный» пред-миллениализм	335
19. Личный вывод	342

Предисловие

Во время работы над этой книгой я проповедовал на двух траурных служениях, редких для меня событиях с тех пор, как начал часто ездить в связи со служением. Одно из них было посвящено моей теще, которая умерла в возрасте девяноста восьми лет; другое – дочери, умершей несколько месяцев спустя в тридцатишестилетнем возрасте. Обе они жили и умерли с личной верой в Иисуса как своего Спасителя и Господа.

В каждом случае я говорил об их настоящей ситуации. Они в полном сознании способны общаться друг с другом (хотя не с нами) и, более того, наслаждаться присутствием Иисуса.

Но я продолжил говорить о их будущих перспективах. Однажды у них будут новые тела, в которых не будет слабости из-за хрупкости костей и они не будут подвержены разрушительному действию септицемической лейкемии. Но они не получат их, пока не возвратятся, чтобы жить здесь, на Земле. Это – не «реинкарнация» их душ, поскольку они возвратятся самими собою, но – «воскресение» их тел.

Это произойдет, когда «Сам Господь… сойдет с неба» (1 Фес. 4:16) и «умерших в Иисусе Бог приведет с Ним» (1 Фес. 4:14). Это событие лежит в сердце христианской надежды на будущее и переносит фокус ожидания во времени и пространстве.

Новый Завет очень мало говорит о нашем существовании сразу после смерти. Хотя это истина, что христианские верующие «идут на небо, чтобы быть с Иисусом» (слова, которые даже неверующие смеют использовать, когда объясняют детям смерть), но она не является главной темой утешения апостолов. Ведь небо – это всего лишь зал ожидания! Величайший момент наступит, когда соберутся *все* верующие, уже умершие, или все еще живые, чтобы «всегда с Господом быть» (1 Фес. 4:17).

Но это событие не будет на небе. Оно произойдет на Земле – или сначала сразу над ней, в воздухе, на облаках (1 Фес. 4:17). Если наше непосредственное будущее после смерти – небо, наше отдаленное будущее – Земля (хотя и мы, и она будем совершенно изменены, восстановлены в нашем первоначальном состоянии).

Христианство – очень «приземленная» религия. Оно зародилось, когда Сын Человеческий пришел на Землю. Оно продолжает существовать, потому что Дух Святой был послан на Землю. Оно будет завершено, когда Сам Отец сменит Свой адрес («наш Отец, Сущий на небесах») – Его местожительство, Его пребывание будет «с людьми» (Откр. 21:3). В самом конце, который, на самом деле, является началом, мы не идем на небо, чтобы жить с Ним; Он придет на Землю, чтобы жить с нами.

Но прежде чем это произойдет, Сын должен будет нанести второй визит. Прежде чем история сможет завершиться, Ему необходимо будет многое сделать здесь, на Земле. Это – основная тема книги «Когда Иисус вернется», которая состоит из четырех частей.

Первая часть – это переизданный буклет «Объясняя Второе пришествие», с которым читатели уже познакомились. Я благодарен обоим издателям за их согласие поделиться этим материалом. Он представляет то, о чем я проповедовал по этому вопросу. По причинам места и цели, я опустил разногласия, связанные с этой темой, и просто представил свои выводы – то, что мы должны, по моему мнению, делать с кафедры. Вера не возникает на основании неубедительного мнения, но на основании уверенного заявления. Но многие спрашивали, как я пришел к моим убеждениям. Это издание пытается ответить на этот вопрос, делясь теми размышлениями, которые возникли при моем изучении этой темы. Поэтому она радикально отличается по стилю, содержанию и словарному запасу от остальной книги. Если первая часть – это сгущенное молоко, то остальная – это фарш!

Вторая часть – это введение в книгу Откровение, которая является единственной книгой в Новом Завете, специализирующейся на Втором пришествии. Моей целью не было написание комментария на встречающиеся загадки и проблемы в надежде объяснить их.

Надежда заключается в том, чтобы достаточно детальный обзор познакомил читателя с книгой, которая слишком многих устрашает. Я надеюсь, что вашей реакцией будет: «О, теперь я понимаю, о чем она».

Третья часть касается основного различия в том, что называют «восхищением». Большинству христиан, которые когда-либо изучали возвращение Христа, обычно говорили, что Его нужно ожидать в любое время, и что Он придет забрать верующих с Земли до того, как изольется Великая скорбь. Я указал причины, почему я считаю, что это предположение ложно и опасно.

Четвертая часть погружает в богословское месторождение! Миллениум вызвал так много обсуждений и даже разделений, что многие христиане даже не хотят слышать о нем. Вся трагедия в том, что многие скорее не верят этому, чем верят. Я думаю, основная причина этого заключается в том, что предложенные им варианты выбора не включали взгляда, которого повсеместно придерживалась Церковь первые несколько столетий, и мы назвали их: «классический пред-миллениализм». Я уверен, что это – «идея, время которой пришло».

Для меня нет ничего удивительного в наличии разногласий (любой, кто пишет книги об аде, водном крещении и мужском руководстве, должен ожидать этого); но я не стремился к ним ради них самих. Среди всех персонажей в книге Буньяна «Путешествие Пилигрима» я охотно отождествляю себя с г-ном Защитником истины. Это не значит, что я получил монополию на истину, или, что я всегда придерживаюсь ее. Но вижу, что честное обсуждение обостряет мой ум и, уверен, – тех, с кем я не согласен.

И я не считаю, что отделение от верующих оправдывается разногласиями в этой конкретной области. Мне вспомнились мудрые слова другого писателя: «Надеюсь, вы не убеждены. Будем ли мы, полагающиеся на Одного Искупителя, рожденные одним Богом, наполненные одним Духом, объединенные в одно тело, которым вверено одно Евангелие, искушаемые одним диаволом, ненавидимые одним миром, избавленные от одного ада, и которым предназначена одна слава, мы, которые имеем столько общего, допускать разделения в сердце или служении, потому что наше мнение отличается от других во второстепенном вопросе? Боже упаси». (Норман Ф. Доти в книге «Состоит ли возвращение Христа из двух этапов?» Pageant, 1956).

Не забудьте, я не согласен, что Божьи обещания для будущего являются «второстепенным вопросом», а вот наше толкование их может быть таким. Эсхатология – наука о последних временах (от греческого слова *eschaton*, что значит «конец» или «последний») рассматривается, как раздел богословия и, в некоторой степени, гипотетический. На самом деле, все Евангелие само по себе «эсхатологическое». Оно объявляет о том, что будущее проникает в настоящее. Завтра наступает сегодня. Грядущее царство уже здесь.

Но оно здесь еще не все. Царство Бога не может быть полностью «реализованным» сейчас, хотя оно было «введено в действие». Царство может «наступить» сейчас, но «унаследовать» его можно будет только позже, когда оно будет «завершено» при установлении его по всему миру. Напряжение между «уже» и «еще нет» является фунда-

ПРЕДИСЛОВИЕ

ментом для понимания Нового Завета. Оно конкретно относится к первому и второму пришествию Иисуса на планету Земля. Если делать ударение на настоящем за счет будущего, или на будущем за счет настоящего, значит исказить Благую Весть.

Я надеялся включить весь раздел о Царстве Божьем и еще один – о народе Израильском, так как обе темы тесно связаны с моей тематикой. Но место не позволяет: моя рукопись уже превысила размер, указанный в контракте с издателем. В любом случае, каждый в отдельности раздел достоин написания целой книги. Если Богу будет угодно, мне, возможно, еще удастся сделать это.

Моя следующая книга уже находится в работе и более глубоко затрагивает самые, по мнению некоторых, провокационные темы в этой книге. Если я скажу, что ее предварительное название – «Спасен однажды, спасен навсегда? Учение о претерпевании до конца и наследии», то читатель поймет проблему, которую я исследую. Только несколько вопросов могут быть более значимыми для христианской жизни. Основная тема книги Откровение, представленная здесь, поднимает этот острый вопрос.

Остается только добавить, что большая часть содержания этого издания доступна в более «популярной» форме в аудио- и видеоформате. Те, кто желают прослушать самостоятельно или посмотреть в группах, могут воспользоваться этими ресурсами.

Моя сердечная молитва о том, чтобы мои усилия по завершению этой книги при достаточно тяжелых семейных обстоятельствах обеспечили некоторым «встречу с Господом в воздухе», когда Он вернется. В противном случае, их там не будет.

Дж. Дэвид Посон
Шерборн Сент-Джон, 1994

Захватывающее будущее

Наше отношение к будущему неоднозначно, это – смесь страха и восхищения. Мы хотим знать, что произойдет с нами и остальным человечеством – и мы не хотим знать об этом! Возможно ли, чтобы кто-то из нас пожелал узнать дату своей смерти или конца мира?

Мы – первое поколение, при жизни которого, возможно, могут совпасть эти две даты. Согласно одного опроса, половина подростков верит, что их смерть произойдет одновременно с гибелью нашей планеты. Либо в результате ядерного взрыва (уменьшающийся страх), либо загрязнения окружающей среды (возрастающий страх), но дни жизни на Земле, кажется, сочтены.

И снова наша реакция нелогична, даже противоречива. С одной стороны, многие пытаются забыть будущее и извлечь из настоящего как можно больше выгоды и удовольствия. «Будем есть и пить, ибо завтра умрем» (это на самом деле в Библии! Ис. 22:13, процитировано в 1 Кор. 15:32). Такая философия жизни называется «Экзистенциализмом», и она очень распространена.

С другой стороны, проявляется больше, чем когда бы то ни было раньше, интереса к будущему и попыткам изменить его, энтузиазм, граничащий с паникой. Отношения охватывают широкий спектр от воодушевленного оптимизма до депрессивного пессимизма, иногда колеблясь от одной крайности к другой, от веры – к фатализму.

В общем, через завесу, скрывающую от нас будущее, мы можем проникнуть тремя способами.

Первый, *суеверный* метод. Гадание – древняя практика, но все еще живая. Ясновидящие и медиумы, кристаллические шары и спиритические сеансы, карты таро и чайные листья – все это существует в разных формах. Шесть из десяти мужчин и семь из десяти женщин каждый день прочитывают свои гороскопы; ни одна популярная газета или журнал не посмеют пренебречь звездами.

Все же, было подсчитано, что ни один из каналов не был точен более, чем на 5%. Это значит, что они, по крайней мере, на 95% ошибочны. Только те, кто готов и желает быть обманутым, забывают ошибки и сосредотачиваются на новых исполнениях.

Второй, *научный* метод. Логический вывод из наблюдения – основной инструмент современной науки. Подсчетом настоящих тенденций и их прогнозированием занимается «футурология» – так сегодня называют эту методику. Специализированные кафедры, занимающиеся этим вопросом, открыты в университетах – в частности, в тех, которые специализируются на технической науке. Индустриальная, коммерческая и политическая сферы имеют свои экспертно-аналитические центры. Несколько компьютерных программ подсчитали приблизительную дату конца света – 2040 год (учитывая рост населения, продовольственные и энергетические ресурсы, разрушение окружающей среды и т.д.).

Средняя точность опубликованных результатов составляет около 25%, или с отрицательной стороны, около 75% ошибочны. Краткосрочные прогнозы, обычно, более точные, чем долгосрочные.

Третий, *библейский* метод. Заявление о будущих событиях – основная характеристика Библии. Она утверждает, что содержит слова Бога («так говорит Господь» встречается 3808 раз!), только Одна Личность может «возвещать от начала, что будет в конце, и от древних времен то, что еще не сделалось» (Ис. 46:10). Более четверти всех стихов в Библии содержат предсказания о будущем. Всего сделано 737 отдельных прогнозов, начиная с тех, которые упоминаются всего лишь раз, и заканчивая теми, которые повторяются сотни раз.

Из них 594 (более 80%) уже исполнились. Поскольку не все они касаются конца мира, который, вне сомнений, еще не наступил, Библия, действительно, показывает 100-процентную точность. То, что должно было произойти, исполнилось в точности, и это является достаточным основанием быть уверенным в том, что остальные исполнятся также. (Статистические данные, которые детально анализируют каждое предсказание, можно найти в *Энциклопедии библейских пророчеств* Дж. Бартона Пейна, Hodder and Stoughton, 1973.).

Поразительно, но люди чаще обращаются к сатанинскому вздору или человеческому соображению, чем к Божественному откровению. Часть вины должна лежать у дверей Церкви, которая недостаточно понятно и не вполне уверенно делится своим знанием, позволяя тем самым научному скептицизму подрывать авторитет Писания в вопросе сверхъестественного.

Библия раскрывает свои тайны тем, кто читает ее с почтением и повиновением, в смирении и духе ученичества. Она больше открывается людям с заурядными умственными способностями, чем утонченным интеллектуалам. Она написана для обычных людей простым языком (греческий язык Нового Завета взят с улицы, это – не классический вариант). Она была задумана таким образом, чтобы к ней относились разумно и серьезно. Когда она понятна, картина будущего проясняется.

Многое было предсказано: личные события и политические, общественные вопросы и вопросы окружающей среды, моральные и метеорологические события. Но над всеми ими стоит одно событие: возвращение в этот мир Личности, Которая жила здесь две тысячи лет назад, плотника из деревни Назарет. Кажется неправдоподобным, что Он был простым человеком. Если Он был Тем, Кем называл Себя, Богом, так же, как и человеком, единственным Богочеловеком, Его возвращение становится правдоподобным и соответствующим. Отвергнутого неверующим миром было бы справедливо оправдать публично.

Это событие предсказывалось наиболее часто, и оно управляет библейским предсказанием. Вопрос «К чему движется мир?» видоизменяется: «К кому движется мир?», или даже лучше: «Кто грядет в мир?»

История будет подведена к своему завершению. И подведена человеком. Не нажатием кнопки атомной атаки Земли, но снятием печатей со свитка на небе, в котором уже записан обратный отсчет мировых событий (Откр. 5:1; 6:1). Во время кульминации кризиса Иисус Сам появится на мировой арене, чтобы взять под собственный контроль великий финал.

Таким является сердце христианской надежды на будущее. Иисус – единственная надежда, единственная Личность с достаточным количеством возможностей и власти, твердостью характера и состраданием, чтобы исправить зло этого больного, печального и грешного мира. Во время Своего первого посещения нашей планеты Он показал, что *может* это делать; Иисус обещал, что во время Своего Второго пришествия Он выполнит это.

Теоретически Церковь Иисуса Христа предоставляет центральное место Его возвращению. Наиболее часто повторяемые символы веры, Апостольский и Никейский, включают его, как основополагающую часть веры. Хлеб и вино принимаются регулярно в качестве напоминания о Его прошлом присутствии и настоящем отсутствии «доколе Он придет» (1 Кор. 11:26). Литургический календарь включает Рождественский пост в декабре, первую часть, которая предвкушает Его возвращение.

Однако на практике распространяется пренебрежение этой жизненно важной истиной. Даже во время Рождественского поста, любая мысль о Его Втором пришествии быстро забывается на фоне празднования Его первого прихода, празднеств Рождества. Некоторые настолько запутались и устали от доктринальных различий по этому поводу, что находят убежище в агностицизме по этому вопросу. Многие согласились с мирской одержимостью сегодняшним днем, сосредоточиваясь на применении христианского понимания и усилий к личным и политическим нуждам сегодняшнего дня.

Теперь пребывают вера, надежда и любовь; но самая слабая из них – надежда!

Это – трагедия в мире, погрязшем в депрессии и безнадежности. Библия говорит о неверующих, что они «… не имеют надежды и… безбожники в мире» (Еф. 2:12). В такой тьме христиане должны быть ярким путеводным светом надежды. К тому же они – единственные, кто знает, чем все закончится. Они знают, что все закончится хорошо, что добро восторжествует над злом, что их Господь победит диавола, что Царство Божье придет на Землю, как оно есть на небе.

Эта надежда «для души есть как бы якорь безопасный и крепкий» (Евр. 6:19). Вышедшая из-под контроля буря мировых событий будет становиться скорее хуже, чем лучше, пока каждая частичка земного шара не будет затронута ею. Пусть прочтение этой книги поможет вам обрести свой якорь сейчас!

А. ПРИБЛИЖАЮЩЕЕСЯ ВТОРОЕ ПРИШЕСТВИЕ ХРИСТА

ГЛАВА ПЕРВАЯ

Смысл Его возвращения

С более чем тремя сотнями ссылок на Второе пришествие в Новом Завете проблема заключается в чрезмерном наличии информации. Объединение их в одно целое похоже на составление мозаики из равнозначных фрагментов.

Возможно, это объясняет существование стольких различий в понимании, даже среди христиан, полностью доверяющих Писанию. Все они согласны с основным фактом Его пришествия, но категорически расходятся во мнениях по поводу предшествующих и последующих этому событий.

Вместо того, чтобы добавить еще одну схему или календарный план к тому множеству, что уже было опубликовано, это исследование будет иметь тематический подход. Данные будут собраны по пяти основным вопросам:

Кто – придет ли Он как предсущий Сын Божий, или как воплощенный Сын Человеческий?

Где – придет ли Он на Землю в целом, или в какое-то определенное место на ней?

Как – будет ли Второе пришествие похоже на первое, или оно будет совершенно отличаться от него?

Когда – придет ли Он вскоре и неожиданно, или только после явных признаков?

Почему – чего Он сможет достичь Своим возвращением сюда и как много времени это займет?

Некоторые ответы могут стать сюрпризом, даже шоком для тех, кто разделял только одну точку зрения или имел уже сформировавшееся мнение по этому вопросу. Те читатели, которые подходят с открытым умом и открытой Библией, извлекут наибольшую пользу.

КТО?

Кто не продолжал всматриваться вдаль еще долго после того, как поезд или самолет забрал из виду дорогого вам человека – особенно, если это, возможно, окончательное расставание? Не является ли это нежеланием осознать факт расставания, попыткой отсрочить боль? Мы не будем вести себя так, если будем уверены, что снова увидимся с этим человеком, что он возвратится из своего путешествия.

Именно это произошло с мужами Галилейскими, когда Иисус поднялся на облака через сорок дней после Своего воскресения. Еще долго после того, как Он исчез из виду, они продолжали всматриваться в Того, Кого они видели в последний раз; понадобились два Ангела, чтобы переубедить и снова сосредоточить их внимание на Землю.

Они убедили учеников, что Он возвратится, подразумевая, что ученики смогут увидеть Его только тогда. Нас интересует фраза, которую они использовали: «Сей Иисус... придет...» (Деян. 1:11).

Необходимо отметить два момента. Во-первых, они использовали Его человеческое имя, а не какое-то из Его божественных титулов. Во-вторых, они сделали ударение на том, что Он не изменится за это время.

СМЫСЛ ЕГО ВОЗВРАЩЕНИЯ

Одним из наших распространенных страхов является то, что за время долгой разлуки человек может измениться настолько, что те отношения, которые были раньше, уже не могут быть восстановлены. Ученикам Иисуса не нужно волноваться. Они могут измениться, более того, должны измениться к лучшему, но Ему не нужно изменяться, и Он никогда не изменится. Он «вчера и сегодня и во веки Тот же» (Евр. 13:8).

Не будет лишним сделать ударение на том, что Божественный Христос и человеческий Иисус – одна и та же личность. И сознательные попытки, и несознательные представления могут провести границу между ними. Даже в христианских кругах допускается, что Сын Божий только принял плоть, «воплотился» на тридцать три года, а теперь «вернулся» в Свое изначальное состояние.

Истина заключается в том, что Он стал человеком и продолжает им оставаться, Его воскресшее тело останется на всю вечность. Он сохранил Свою человеческую сущность. Он – единственный посредник между Богом и человеком именно потому, что Он все еще «человек» (1Тим. 2:5). Вот почему Он является совершенным первосвященником, который может сострадать нам и представлять нас перед Богом (Евр. 4:15). Невероятно, совершенный человек теперь управляет всей Вселенной (Мф. 28:18)!

Мы не должны забывать, что Человек, который «взошел» на высоту небес, является Тем же, Кто «снизошел» в преисподние места Земли (Еф. 4:9-10). Кстати, место Его крещения – самая низкая точка на земной поверхности!

Превознесенный первым смирился – как младенец в Вифлееме, мальчик в Назарете. Восемнадцать лет Он был плотником, три года – чудотворцем (то же соотношение – шесть к одному, как и Его Небесный Отец: Быт.1). Более поздний период сделал Его известным среди Его народа, в равной степени привлек внимание как друзей, так и врагов. Его позорная смерть в раннем возрасте совершилась у всех на глазах.

Все это значило, что Он был широко известен и хорошо известен. Естественно, были разные степени близости, разные круги знакомств. Тысячи слушали Его; семьдесят были посланы распространять Его миссию; двенадцать были избраны следовать за Ним; трое разделили с Ним уникальные события (Петр, Иаков и Иоанн во время преображения); один был ближе Ему, чем остальные (Иоанн, «любимый», его заботе Иисус поручил Свою одинокую мать).

Человеческое знание о человеке Иисусе представлено в четырех Евангелиях. Они показали четкий портрет уникальной Личности, Которую любили грешники, ненавидели лицемеры, пред Которой преклонялись нищие и боялись власть имущие. Его глаза могли наполниться слезами сострадания за угнетенных и воспылать гневом на притеснителя. Его руки могли поднять упавшего и наказать жадного. Его уста могли быть мягче и острее любых других.

Именно этот Иисус однажды вернется на планету Земля. Он не изменится. Он не станет в меньшей степени человеком, чем тогда, когда Он ходил по пыльным дорогам, возлежал за столами с трапезой, спал в лодке, ехал на осленке или омывал ноги.

Однако следует отметить, что в Его человеческой сущности произошло одно важное изменение еще до того, как Он покинул Землю. Бог дал Ему новое тело, когда воскресил Его из мертвых (для более подробного изучения смотри мое *Объяснение воскресения* из цикла «Повелитель мира»).

Это «славное тело» (Фил. 3:21) имеет тот же внешний вид, вплоть до следов от распятия с ранами на голове, спине, боку, руках и ногах. Но оно уже больше не подвержено «естественным» процессам старения, разложения и смерти. Когда Он вернется, Его тело не станет старше, будет все еще в своем расцвете, все еще 33-летнее – за исключением Его волос, которые будут снежно-белыми (Откр. 1:14 – символ того, что Он разделяет природу Своего Отца, «Ветхого днями»; Дан. 7:13).

Такое изменение тела не сделало Иисуса менее человеком, наоборот, Бог желает, чтобы именно такое тело имели все люди по Его благодати, и многие будут иметь его. В этом Иисус является нашим «первопроходцем» (Евр. 2:10), прокладывая путь, по которому нам следует идти. Но Он не оставит нас в поисках нашего собственного пути; Он возвратится и возьмет нас, чтобы мы были с Ним, потому что Он есть «путь» (Ин. 14:3-6).

Тогда у нас тоже будут «славные тела», как у Него. Но мы останемся теми же людьми, которыми были всегда (вот почему христиане чаще говорят о «воскресении», чем о «реинкарнации»; последнее, обычно, подразумевает изменение личности).

Нам следует помнить, что Иисус не всегда был человеком. Более того, Он не всегда был «Иисусом»; это имя Он приобрел, когда воплотился, получил тело и стал человеком (Мф. 1:21). В отличие от нас, Он существовал до Своего зачатия и был единственным, кто был избран, чтобы быть рожденным. Он был вечным Сыном Божьим, Господом славы, Словом. Он был Богом прежде, чем стал человеком.

Поэтому очень важным было то, что Ангелы использовали Его человеческое имя, когда предсказывали Его возвращение на планету Земля. Именно «Сын Человеческий» явится на облаках (Дан. 7:13; Мк. 14:62). Именно воплощенный Иисус возвратится на планету Земля, а не некое неосязаемое явление Сына Божьего (Дан. 3:25).

Некоторые, находя такое «телесное» возвращение трудным для принятия, «одухотворили» Его приход, отождествляя его с «сошествием» Его Духа на Церковь в День Пятидесятницы, или с Его «сошествием» на каждого отдельного верующего в момент обращения. Но ни одно из этих толкований не соответствует обещанию, что «сей Иисус... придет» (Деян. 1:11).

Иисус, Который предлагал ученикам прикоснуться к Нему, ел рыбу в их присутствии, шел в Эммаус и преломлял хлеб, Который сказал Фоме осмотреть Его раны, приготовил завтрак на берегу моря Тивериадского – именно этот Иисус однажды вернется.

Но мы должны обратить внимание на следующее: воплотившийся Иисус может быть только в одном месте на Земле. Даже в Своем славном воскресшем теле Он мог быть только либо в Эммаусе, либо в Иерусалиме, либо в Галилее. Он никогда не появлялся в двух местах одновременно.

Поэтому, когда Он вернется на эту Землю, Он сможет быть только лишь в одном географическом месте. Где это будет?

ГДЕ?

Если возвращение Иисуса «физическое», оно также должно быть местным. Его Дух может быть везде, но Его тело должно быть в каком-то определенном месте. До вознесения Иисус не мог быть в двух местах одновременно.

Вот почему Он сказал ученикам, что будет лучше, если Он покинет их и пошлет другого «помощника» вместо Себя (Ин. 16:7). Он обещал быть всегда с ними, до скончания века (Мф. 28:20); хотя они и будут *рассеяны* до края Земли (Деян. 1:8). Единственно, как Он мог это сделать – уйти в теле и заменить Свое физическое присутствие Своим вездесущим и повсеместным Духом, не ограниченным ни временем, ни пространством.

Такая ситуация не изменится и когда Он возвратится. Верующие не утратят Его Дух, но они также будут наслаждаться и Его физическим присутствием. Они будут вдвойне благословенны!

Однако, поскольку Его тело, как и наше, всегда может быть только лишь в одном месте на поверхности Земли, Его возвращение подразумевает, что Его ученики должны будут *собраться* со всех концов земного шара. Только так они смогут быть в Его физическом присутствии. Именно это обещает Новый Завет.

Тогда где же Он появится? Где соберется Его народ, чтобы встретиться с Ним?

Большие города борются за возможность проводить у себя такие престижные мероприятия, как Олимпийские игры. Какой из этих городов удостоится чести принимать у себя Царя царей? Будет ли это одна из политических столиц – Вашингтон, Пекин, Брюссель или Дели? Будет ли это один из финансовых центров – Нью-Йорк, Токио, Лондон или Гонконг? Будет ли это один из религиозных центров – Рим, Женева или Кентербери?

Возможно, что не будет ни один из них. Они могут быть значительными с человеческой точки зрения, но не важными для Бога. Своей столицей Он изберет самый необычный город, расположенный среди холмов, вдали от дорог и рек, неизвестное горное убежище, о котором никто не будет знать до тех пор, пока Бог его не изберет, чтобы дать ему Свое имя. Даже сегодня народы мира не признают его, отказываясь открывать в нем свои посольства. Он испытал больше конфликтов и трагедий, чем любой другой город и все еще может вызвать всплеск насилия на Среднем Востоке.

В нем произошли самые важные события в истории человечества; они разделили время на две части – до Рождества Христова и после Рождества Христова. Именно там единственный Сын Божий был несправедливо осужден за преступления, которых никогда не совершал, хотя, на самом деле, понес грехи всего мира. Именно там Он одержал победу над последним врагом – смертью, став первым человеком, имеющим бессмертное тело.

Именно этот город Он покинул, чтобы вернуться домой на небеса и в этот самый город Он вернется с небес. Он назвал его «городом великого Царя» (Мф. 5:35). Этот город Он оплакивал, говоря его жителям, что они не увидят Его, пока не воскликнут: «Благословен Грядущий во имя Господне» (Мф. 23:37-39, цитата из псалмов «Hallel», которые пели Иерусалимские пилигримы, приветствуя своего «Мессию»).

История этого города отнюдь не завершена. Будущие события раскрыты в книге Откровение, где он описан, как «великий город» (Откр. 11:8) и «город возлюбленный» (Откр. 20:8). В этот город однажды обратятся все народы для разрешения международных конфликтов, узаконивая многостороннее разоружение (Ис. 2:1-4; Мих. 4:1-5). Потому что это – Иерусалим или «Сион», где будет царствовать Господь.

Город имеет стратегическое расположение для международной деятельности. Он буквально находится в центре мира и является точкой пересечения трех континентов – Европы, Африки и Азии. Кажется, это – идеальное место встречи последователей Иисуса.

Но как много людей будет там, если взять во внимание, что вся эта масса людей будет включать также всех христиан, которые уже умерли и потом снова воскресли? Даже сегодня христиан может быть около тысячи пятисот миллионов! Ни один стадион на Земле не сможет

СМЫСЛ ЕГО ВОЗВРАЩЕНИЯ

вместить такое количество. Даже весь город Иерусалим будет слишком мал.

Библия дает два ответа.

Во-первых, это произойдет *за пределами* города. Иисус вознесся на небо с Елеонской горы, с востока которой, с одной стороны, открывается панорама всего города, а с другой – простирается пустыня до самого Мертвого моря. На склонах этой горы останавливались тысячи паломников во время трех ежегодных иудейских праздников, здесь они приветствовали Иисуса с пальмовыми ветвями, когда Он въезжал в Иерусалим на осле (Мк. 11:8-10). Тот же пророк, который предсказал это событие (Зах. 9:9), также предрек: «И станут ноги Его в тот день на горе Елеонской…» (Зах. 14:4). Иисус возвращается на то же самое место, с которого Он ушел. И все же, на горе едва ли смогут разместиться миллионы в этом случае.

Во-вторых, это может произойти над горой! Мы «восхищены будем на облаках в сретение Господу на воздухе» (1 Фес. 4:17). В небе точно достаточно места, но как будет преодолен закон гравитации? К тому времени мы уже получим наши новые бессмертные тела (1 Кор. 15:51-53). Они будут такие же, как и Его «славное» тело (Фил. 3:21), которое одинаково подходит и для Земли, и для неба, которое способно есть рыбу и готовить завтрак и, вместе с тем, проходить сквозь закрытые двери и выходить в космос без скафандра!

Представьте себе такое множество людей, парящих в облаках. Часть Божьего творения дает нам более ясную картину Его славы. Эту картину легче представить тому человеку, который пролетал над кучевыми облаками и купался в ослепительном солнечном сиянии. Это – «славная» картина.

Это значит, что в тот день будет западный ветер, приносящий влагу со Средиземного моря. Восточные ветры из Аравийской пустыни приносят только сухую обжигающую жару. Так Бог благословлял или наказывал Свой народ Израильский (3 Цар. 17:1; 18:44). Возвращение их Мессии будет величайшим благословением, какое они только получали.

КАК?

Этот аспект возвращения Иисуса станет более понятным, если сравнить его с Его вознесением и провести контраст с Его пришествием. Второе пришествие Иисуса будет похоже на Его первый уход, но будет отличаться от Его первого прихода.

Ангелы первыми провели параллель между вознесением Иисуса и Его возвращением: «Сей Иисус… придет таким же образом, как вы видели Его восходящим на небо» (Деян. 1:11).

Другими словами, если бы у одного из учеников была видеокамера, и он снял фильм об уходе Иисуса и Его исчезновении, это могло бы послужить для того, чтобы изобразить Его возвращение, показав этот фильм с конца! Одно событие просто противоположно другому. Они связаны между собой, но одно из них – это прошлое, второе – будущее.

Некоторые современные ученые считают вознесение скорее мифом, выдумкой, чем фактом; богословской истиной, которая говорит о том, кем был Иисус, но не исторической правдой, говорящей о том, куда Он ушел. Они считают себя слишком образованными, чтобы принять идею, что небеса «вверху». Неудивительно, что это создает серьезные проблемы для понимания Его возвращения. И большинство из них не понимают этого!

Кому мы верим, Ангелам или ученым? Придет ли Иисус с облачных небес таким же образом, каким был взят на небо? Или все это просто сказка? Выбор – за вами!

СМЫСЛ ЕГО ВОЗВРАЩЕНИЯ

Тем, кто принимает свидетельство очевидцев, которые видели Его уходящим, не составит труда поверить, что Иисус вернется таким же образом. Его возвращение будет видимым, слышимым и осязаемым.

Однако, хотя Его часть в этой картине будет такой же, остальные аспекты будут отличаться.

Только два Ангела присутствовали при вознесении Иисуса, но тысячи будут с Ним при Его возвращении (Мф. 25:31; Иуда 14). Только одиннадцать человек видели Иисуса уходящим, но миллионы увидят Его возвращающимся. Это событие будет масштабным.

Тогда намного больше и увидят, и услышат. Одно утверждение о Его возвращении было описано, как «самый шумный стих в Библии» (1 Фес. 4:16). Бог говорит, Архангел восклицает, труба звучит – и трудно представить, как миллионы молчат, когда впервые видят Того, Кого так долго любили.

Все это абсолютно противоположно Его первому пришествию. Первые девять месяцев на Земле Иисус был совершенно невидим, находясь во мраке утробы Марии. Только несколько самых близких родных знали о Его присутствии. Рождение Иисуса почти не заметили, за исключением нескольких пастухов, пока мудрецы с востока (возможно, потомки того множества евреев, которые остались в Вавилоне после переселения) не предупредили Ирода о потенциальном сопернике. Тогда, конечно, были Ангелы, которые провозгласили о Его первом пришествии так же, как провозгласят Его второй приход; там также была звезда, один луч света в небе, значимость которого оценили только те, кто искал его. «Царь Иудейский» был рожден в царственном городе Давида, Вифлееме, только потому, что далекий император ввел новый подушный налог. И даже тогда Его колыбелью были ясли для кормления скота.

Совершенно очевидно, что мир был в полном неведении о том, что происходит, или Кто пришел. Казалось, Бог Сам хотел, чтобы вступление Его Сына в историю произошло как можно незаметнее. Это должно было быть скрытым посещением планеты Земля, увидеть которое можно было только глазами веры.

Второе пришествие Иисуса произойдет совершенно по-другому; придет не беспомощный младенец, а зрелый человек; не с одинокой звездой в небе, а с молнией, простирающейся от востока до запада (Мф. 24:27); не в слабости, а с властью; не в смирении, а в славе; не в кротости, а в величии.

Вся Вселенная будет осведомлена и сразу узнает об этом.

Все будут знать, что Иисус пришел, и все будут знать, кто Он. Это будет самое открытое и известное всем событие в истории.

Авторы Нового Завета исследовали греческий язык, чтобы найти подходящие слова для описания этого уникального события. Они остановились на трех словах, каждое из которых имело особые ассоциации, как в греческом переводе еврейских писаний, так и в повседневном использовании обществом того времени.

Их любимым словом было *parousia*. Оно значит: «быть рядом» и использовалось, в общем, тогда, когда кто-то «прибывал», чтобы присоединиться к тем, кто его ожидал. Однако существовало два конкретных применения, которые делали это слово наиболее подходящим для Второго пришествия, оба связанные с царственными личностями. Одно использовалось, когда чужеземный царь «прибывал» со своей армией к границе Земли, в которую он планировал вторгнуться, завоевать и оккупировать ее. Второе использовалось, когда местный царь «прибывал» со своей свитой, чтобы посетить один из своих городов; в этом случае руководство города могло выйти навстречу за городские стены, чтобы оказать ему честь, сопровождая его через городские ворота. Эти два образа точно описывают двойной аспект возвращения Иисуса. Неверующие увидят в Нем иностранного оккупанта; верующие будут приветствовать и оказывать Ему честь, как своему правителю.

Слово *epiphaneia* наилучшим образом может быть переведено, как «появление на сцене», больше с элементом неожиданности, чем с постепенным выходом. И снова оно применялось ко вторгающейся армии или царю, посещающему своих подданных – так британская королевская семья «появляется» на балконе Букингемского дворца перед собравшейся внизу толпой. Наиболее возвышенное использование этого слова происходило в контексте поклонения, когда Бог являл Себя видимым образом – тогда «Shekinah» – слава сходила на скинию или храм. Это последнее применение часто несло с собой оттенок оказания поддержки и утешения. Бог появлялся на сцене, чтобы помочь Своему народу, особенно во времена острой нужды. Значение этого слова может быть проиллюстрировано фильмами «Вестерн», когда конные отряды появлялись на горизонте, как раз вовремя, чтобы спасти первопоселенцев от атаки индейцев. Это – «Богоявление», и объясняет, почему это слово использовалось как в отношении первого, так и в отношении второго прихода Иисуса.

Apokalypsis намекает на «прибытие» и «появление» на один шаг вперед. Корень слова – «прятать», но приставка меняет смысл на «раскрывать то, что было спрятано». В отношении людей оно имеет значение «разоблачать». Английское выражение «быть представленным в истинном свете» – прекрасный эквивалент. По отношению к царственным особам, оно может значить: носить корону, мантию и драгоценности, подобающие повелителю. Эти атрибуты позволяют всем увидеть, кто перед ними. По вполне очевидным причинам, это слово не может быть применимо к первому приходу Иисуса, но оно абсолютно приемлемо для второго Его прихода, когда Он придет «с силою и славою великою» (Мф. 24:30).

В одной детской истории император, переодетый в нищего, смешивается с толпой накануне своего запланированного визита к ним, чтобы увидеть, как они примут его в обличье обычного человека. На следующий день он прибывает к ним в полном облачении и со свитой, чем вызывает огромный стыд и замешательство, когда его подданные в недавнем нищем признают верховного правителя. То же произойдет, когда Иисус явится, как Царь царей и Господь господствующих. Очень важно, что книга Откровение, которая говорит о Его пришествии больше, чем любая другая книга, начинается словами: *Апокалипсис Иисуса Христа*… (Откр. 1:1). Это – одна из «апокалиптических» книг Библии, которая «раскрывает» сокрытое будущее (книги Даниила и Иезекииля – примеры таких книг).

Эти три слова вместе ярко описывают это уникальное событие. Важно отметить, что они используются, как взаимозаменяемые слова, чтобы показать разные аспекты одного и того же события, а не отдельные этапы какой-то определенной последовательности событий, как некоторые ошибочно считают.

Общий глагол, который связывает их между собой, – «прийти». Иисус грядет. Он грядет, как Царь-победитель. Он грядет спасти Своих людей.

Иисус грядет Таким, Какой Он есть на самом деле. Последний раз мир видел Его распятым; теперь он увидит

Его коронованным. Наконец, всякое колено преклонится и «всякий язык исповедает, что Господь Иисус Христос в славу Бога Отца» (Фил. 2:11).

Но когда Он придет? Как долго нам еще ждать?

КОГДА?

Если бы мы знали ответ на этот вопрос, мы были бы обладателями величайшего в мире секрета. Никто не знает, кроме Самого Бога. Даже Иисус, пока был на Земле, признался, что не знает этой даты в календаре Отца (Мф. 24:36). И Он сказал Своим ученикам, что они не смогут узнать её (Мк. 13:33-35; Деян. 1:7). Кажется, важно, чтобы мы не знали (парадоксально, как мы увидим в дальнейшем, но мы будем более готовы, если не будем знать этой даты).

И это все, что должно быть сказано? Или мы все еще можем продолжать задавать вопросы?

Будет ли пришествие Иисуса внезапным, совершенно неожиданным? Или все же будут признаки грядущего Его пришествия? Другими словами, будет ли это паузой в историческом процессе, или кульминацией в серии предшествующих событий? Если мы не можем иметь конкретной даты, можем ли мы вычислить приблизительную? Достаточно просто, будет ли у нас хоть какое-нибудь предупреждение о Его приближении?

В отношении последнего вопроса, Новый Завет дает два противоречивых ответа: и да, и нет!

С одной стороны, в дополнение к отрывкам, делающим ударение на неведении, существует достаточно мест, говорящих, что Иисус придет, как «вор ночью», неожиданно и незаметно (Мф. 24:43; 1 Фес. 5:2; Откр.16:15); существует хорошо известный христианский фильм с точно таким же названием. Поскольку отличительный признак успешного ограбления – неожиданность, тогда из этого следует применение, что не будет никаких предупреждений пришествия Иисуса, даже намека на то, что Он близко. Это значит, что Иисус может вернуться в «любой момент» (фраза, которая сейчас используется, как этикетка для этой точки зрения).

С другой стороны, есть отрывки, которые говорят о событиях, предшествующих возвращению Иисуса, – то, что должно произойти сначала и являться «*признаками*» (или сигналами), оповещающими, что Он «при дверях» (Мф. 24:33), готовый снова сделать шаг на историческую сцену. В связи с этим, звучат частые призывы «*бодрствовать*» так же, как и «*молиться*» о Его возвращении. Это не значит, что нужно жить с глазами, прикованными к облакам на небе! Вопреки неизбежной опасности, Иисус появится над Иерусалимом. Контекстом всегда служит одно из мировых событий, предвещающих кончину века. На самом деле, ученики спрашивали Иисуса, какие будут знамения Его пришествия (Мф. 24:3), и в Своем ответе Он указал им на конкретные детали. Практическим применением служит то, что Иисус не может вернуться (или не вернется), пока мы не увидим «все сие» (Мф. 24:33). Поэтому мы не можем ожидать Иисуса в любой момент или даже в скором будущем – хотя каждое поколение верующих может обоснованно надеяться, что это может произойти при их жизни.

Существует явное противоречие между этими двумя отрывками Писания. Исследователи Библии разрешают это противоречие по-разному. Мы посмотрим на три решения, два из которых остаются под вопросом.

Некоторые решают проблему, предпочитая одно и игнорируя другое. Они либо принимают позицию «Любой момент», либо выбирают «Поиск знамений». Но построение доктрины только на том, что Библия говорит по данному вопросу, ведет к дисбалансу и экстремизму с неудачными практическими результатами.

Более популярным решением, особенно среди фундаменталистов Северной Америки, является предположение о *двух* вторых пришествиях, разделенных во времени. Иисус придет дважды, в первый раз – тайно и неожиданно для Своей невесты – Церкви, а второй раз – открыто, с предшествующими знамениями, чтобы установить Свое царство. Эта теория достаточно новая (впервые она достигла популярности около 1830 года) и была широко принята. Эта точка зрения учит, что верующие будут «взяты» с земной сцены прежде, чем они «увидят» знамения пришествия Христа.

Существует более простое и более библейское понимание парадокса. Не будет двух пришествий, но будут две группы людей во время одного пришествия. Для одной это будет полнейшей неожиданностью, для другой никакой неожиданности не будет.

Сам Иисус сравнивал день Своего возвращения со днями Ноя (Мф. 24:37-39). Тогда большинство людей питались и размножались, абсолютно не ведая о нависшей беде, которая пришла без предупреждения. И все же, Ной и семеро других людей были готовы, зная, что приближается, и зная, что это не произойдет, пока ковчег не заполнится. Сам ковчег был долгосрочным «знамением», сбор животных и заготовление еды – краткосрочным «знамением». Те, кто проигнорировал или не поверил знамениям, были застигнуты совершенно врасплох.

Этот двойной ответ мы берем из отрывков в Новом Завете. Для *неверующих* приход Иисуса будет совершенной неожиданностью, чудовищным шоком. Для них Он явится, как «вор», чтобы похитить у них все, ради чего они жили. Это произойдет с ними так же неожиданно, как болезненные схватки настигают беременную женщину, и это будет настолько же неотвратимо (1 Фес. 5:3). Но уже следующий стих утверждает, что для *верующих* это не будет неожиданностью (1Фес. 5:4). Они будут держать глаза открытыми, чтобы видеть признаки, и будут ожидать Его. Они будут подобны хозяину дома, который, узнав, что вор собирается проникнуть в его дом, будет бодрствовать, «отмечая» каждый признак его приближения (Мф. 24:42-43). Однако даже верующие призываются к самодисциплине, стоять на страже, чтобы не впасть в оцепенение вместе с миром и не подвести самих себя (1 Фес. 5:6-9).

Так каковы же признаки пришествия Иисуса? Что мы «ожидаем»? На какие события мы должны обратить внимание, когда читаем газеты и смотрим телевидение?

Здесь мы сталкиваемся с проблемой. У нас много сведений, даже слишком много, и они разбросаны по всему Новому Завету – некоторые в Евангелиях (первые три), много в Посланиях (два в Послании к Фессалоникийцам) и большое количество в книге Откровение.

С чего нам начать? Как нам собрать их всех вместе? Это как собрать мозаику без помощи картинки на коробке. Нам необходимо основание, к которому подойдут все частички. Есть ли где-то в Новом Завете такая схема?

Многие считают, что такая схема содержится в книге Откровение, которая представляет последовательность будущих событий (описанных как печати, трубы и чаши). Но порядок очень сложный и детальное изучение показывает, что он не всегда находится в строгой хронологической последовательности (прошедшие события повторяются, а будущие приближаются с нерегулярными интервалами). На самом деле, книга никогда не предназначалась быть проектом будущего и если рассматривать ее так, то это будет утратой её практической цели в каждой её части – ободрять верующих быть «победителями» во время грядущего кризиса (Откр. 3:5 и 21:7 – ключевые стихи).

Нельзя сказать, что в ее пророчествах нет никакого порядка. На самом деле, последовательность становится более ясной ближе к концу, когда плохие новости сменяются хорошими. Но в середине книги все далеко не просто и ясно – это объясняет, почему возникает так много различных схем в комментариях. Если мы принимаем, что первостепенная цель этой книги – больше помочь верующим перенести страдания, чем определить признаки, тогда мы свободно можем искать помощи в других источниках для определения этих признаков.

К счастью, ученики однажды задавали Иисусу тот же вопрос, который задаем мы: «Какой признак Твоего пришествия и кончины века?» Ответ Иисуса записан в каждом из «синоптических» (с одинаковой точкой зрения) Евангелий (Мф. 24, Мк. 13 и Лк. 21). К сожалению, в тот же момент они задали и другой вопрос – когда сбудется пророчество Иисуса о разрушении храма (возможно, они считали, что оно произойдет в то же самое время, но они едва ли могли представить, что эти события будут разделять почти девятнадцать веков!)? Иисус сразу ответил на оба вопроса, поэтому события 70 года до Р.Х. перемешались с признаками Его пришествия, которые вместе не могут ввести в заблуждение, поскольку оба события имеют много общего: одно предсказывает другое.

Среди трех версий Лука сосредотачивает внимание на более раннем событии, Матфей – на позднем. В последнем мы находим наиболее ясный план, четырехкратную структуру будущих событий, предупреждающую о Его возвращении, в которую может быть помещена вся остальная информация.

После определения последовательности из четырех основных «признаков», Иисус добавляет к каждому предупреждение о подстерегающей опасности и совет, как ученикам правильно отвечать на нее. К каждому признаку прилагается описание, опасность и обязанность (читатели легко смогут сами составить схему, которая поможет им лучше все запомнить). Особое ударение делается на риске, который несет в себе каждый из признаков – то есть обман верующих, вводящий их в заблуждение как в их вере, так и в их поступках.

Признак 1: Бедствия и катастрофы в мире (Мф. 24:4-8)
Конкретно указаны три бедствия: войны, Землетрясения и голод. Список не исчерпывающий. В Откровении упоминаются многие другие бедствия – например, загрязненные реки и океаны, огромного размера град. «Четыре всадника откровения» охватывают имперское распространение и его результат: кровопролитие, голод, болезнь и смерть. Очевидно, эти бедствия являются результатом как политических, так и природных причин.

Быстрое распространение подобных катастроф сразу вызывает тревогу и чувство надвигающейся опасности. В подобном состоянии люди ищут «Спасителя», который предотвратит трагедию. Такая обстановка благоприятна для бессовестных личностей, которые будут обманывать других и даже себя, считая, что они – «Христос». Опасность заключается в массовом наплыве ложных «мессий».

Ученики должны защитить себя от подобного обмана, не позволяя панике делать их уязвимыми. Они смогут сделать это, воспринимая эти мучительные бедствия противоположно реакции мира: это – не смертельные страдания старого, а боли рождения нового, это – не конец всего хорошего, а начало намного лучшего. Должный ответ на эти бедствия – не тревога и страх, а чувство предвкушения.

Этот признак явно виден. Со времен Второй мировой войны произошло более сорока международных конфликтов, не говоря о гражданских беспорядках. Смерть в результате Землетрясений возрастает в геометрической прогрессии. Голод широко распространен в слаборазвитых странах «третьего» мира. Как долго будет сохраняться такое положение дел или насколько оно может ухудшиться, мы не можем предположить. Но это – первый из основных признаков пришествия.

Признак 2: Отступники в Церкви (Мф. 24:9-14)
Изменения будут более видимы в степени, чем в виде\ форме, но они будут одинаково весомыми. И снова упомянуты три момента, связанные между собой.

Во-первых, *противостояние*. Последователи Иисуса будут ненавидимы всеми народами, что приведет к соответствующему увеличению количества мучеников. На сегодняшний день в мире существует приблизительно двести пятьдесят политических государств. Только приблизительно в тридцати странах христиане не находятся под давлением, но эта цифра каждый год сокращается. Церквям по всему миру необходимо подготавливать своих членов к страданию и жертве. Первые три главы Откровения предлагают учебный план, а вся книга построена, как руководство для мученика и охватывает любой кризис, с которым может столкнуться верующий.

Во-вторых, *сокращение*. Подобные давления быстро выявляют разницу между истинными и номинальными христианами. Просто прихожане покинут Церкви. Их любовь охладевает в результате морального компромисса с миром, который становится все более безнравственным. Они отступят от веры, предавая Христа и христиан.

В-третьих, *увеличение*. Парадоксально, но Церковь, очищенная под давлением, становится благовествующей Церковью. Это подтверждалось на протяжении всей истории и, в частности, является истиной в Китае сегодня. Это третье увеличение будет завершением выполнения задачи по распространению Благой Вести по всему миру. Только тогда история подойдет к концу, миссия завершится.

Во время этого периода опасность переходит от лжемессий к лжепророкам, которые больше всех вводят верующих в заблуждение, когда истинные пророки продолжают свое служение внутри Церкви. Необходима будет проницательность. В Ветхом Завете мы находим руководство по определению ложных по их содержанию пророчеств. Они говорят: «Мир, мир!», а мира нет (Иер. 6:14; 8:11). Они убеждают в ложном утешении, когда растет беспокойство. Их послание можно суммировать следующим образом: «Не беспокойтесь, это может никогда и не произойти». Современный пример – учение о том, что все христиане будут взяты от мира до наступления Великого бедствия или Великой скорби (смотри ниже Признак 3). Это ведет к тому, что многие христиане окажутся не готовыми к грядущим искушениям и испытаниям, через которые некоторые из их братьев проходят уже сейчас.

Еще одна характеристика ложного пророчества – небрежное отношение ко греху в Божьих людях, то есть, если кто-то «избран» Богом, он находится в безопасности, несмотря на свое моральное или духовное состояние, и его не постигнут личные страдания. Клише «Спасен однажды – спасен навсегда» – фраза, которая не встречается в Священном Писании, подтверждает подобную точку зрения. Иисус ясно говорит, что это не так. «Претерпевший же до конца спасется» (Мф. 10:22; 24:13). Отступничество, публичное отречение от Христа словом или делом приводит к утрате спасения в будущем. «А кто отречется от Меня пред людьми, отрекусь от того и Я пред Отцем Моим Небесным» (Мф. 10:33). О том же говорит и книга Откровение. «Победители» наследуют новое небо и Землю, а «боязливые» будут брошены в озеро огненное (Откр. 21:7-8).

СМЫСЛ ЕГО ВОЗВРАЩЕНИЯ

Сколько же людей не смогут претерпеть до конца? Отрезвляющее действие производит предсказание Христа о том, что «многие» отойдут от веры и любовь «большинства» охладеет. Отступничество будет значительным.

Наступит еще более тяжелый кризис, который сможет сломить даже верный остаток, если только Бог Своей неограниченной властью строго не ограничит его продолжительность.

Признак 3: Диктатор на Ближнем Востоке (Мф. 24:15-28) Проблемы, которые всегда беспокоили Божий народ, достигнут своей кульминации в коротком, остром кризисе, известном как Великая скорбь (Откр. 7:14) или Великое бедствие.

Иисус говорил об этом предпоследнем признаке больше, чем о трех других, но не настолько прямолинейно. Его слова необходимо тщательно исследовать.

Он основывал Свое предупреждение на фразе, которая трижды использовалась пророком Даниилом в шестом веке до Рождества Христова: «мерзость запустения» (Дан. 9:27; 11:31; 12:11). Тщательное изучение показывает, что Даниил говорил о человеке-завоевателе, который в городе, где почитали Бога, произносил богохульства и совершал непристойные дела, вызывая тем самым огромные психические и физические страдания у Божьего народа.

Это пророчество частично исполнил сирийский царь из династии Селевкидов, Антиох IV Епифаний (= «Великолепный», хотя за спиной его называли Эпиманей = «Сумасшедший»). В Иерусалиме, во время своего царствования, исполненного террора, на протяжении трех с половиной лет во втором веке до Рождества Христова он приказал евреям отречься от закона Божьего, установил в храме жертвенник греческому богу Зевсу, приносил на нем в жертву свиней и заселил комнаты священников проститутками. Его тирания закончилась восстанием, которое возглавила семья Маккавеев, а сам он умер умалишенным.

Даже Даниил понимал, что будет нечто подобное и даже хуже «в последнее время» (Дан. 11:35, 40; 12:4, 9, 12, 13). Иисус четко подтвердил, говоря уже после Антиоха, что второе исполнение пророчества – все еще в будущем. Между этими двумя событиями есть очевидные сходства.

Это будет в *тот же самый* период. Тогда, когда Иисус просто сказал, что дни этого деспота будут «сокращены», книга Откровение дает более конкретный ответ: 1260 дней, сорок два месяца или три с половиной года («в продолжение времени, времен и пол-времени» Откр. 12:14).

Это будет в *том же* месте. Иисус советует всем, проживающим в Иудее в то время, уехать как можно быстрее, даже не задерживаясь для того, чтобы собрать вещи. Они не должны находиться близко к этому человеку. Этот благоразумный совет подтвердил тот факт, что при разрушении Иерусалима в 70 году после РХ никто из христиан не погиб, в то время как миллион евреев был умерщвлен; они переправились через реку Иордан в Пелу как раз в тот момент, когда прибыл император Тит со своими войсками. И все же, Тит не был Антиохом. Будем надеяться, что верующие в Иерусалиме и его окрестностях в последнее время будут готовы действовать быстро. Они должны молиться, чтобы это не произошло в субботу, когда трудно будет найти транспорт, или в зимний холод, потому что им придется спать под открытым небом. Беременным женщинам и кормящим матерям будет тяжело (чисто практически) переносить побег.

Другие отрывки в Новом Завете говорят об этом последнем диктаторе. Иоанн называет его «антихристом» (1 Ин. 2:18; заметьте, что в греческом языке «анти» значит «вместо», скорее заместитель, чем оппонент), и это – титул, которым большинство христиан определяют его. Павел говорит об этом «человеке греха», что он «противящийся и превозносящийся выше всего, называемого Богом или святынею, так что в храме Божием сядет он, как Бог, выдавая себя за Бога», но он обречен на «истребление» (2 Фес. 2:3-4). Величайшее богохульство!

И снова книга Откровение предоставляет нам больше информации, особенно в 13 главе. Здесь он описан, как «зверь», а его религиозный сотрудник и заговорщик – «лжепророк». Вместе они установят тоталитарный режим, в котором только тем, кто покорится его авторитету, приняв на себя знак, будет позволено покупать и продавать продукты и товары. Знак этот будет число (666); полное значение этого числа станет известным, когда придет время, но 6 – это число человеческое, всегда немного отстающее от Божественного совершенства – 7.

Поскольку власть этой тирании будет скорее всемирной, чем местной (Откр. 13:7), «страдания» будут беспрецедентными. Ничего подобного не было ранее и ничего подобного не будет после, как сказал Иисус. Это будут самые величайшие гонения, которые Его последователи когда-либо испытывали, чудовищно жестокие, но милосердно короткие.

Но, все же, большая опасность будет скрываться все в той же лжи. Подобные обстоятельства послужат появлению изобилия лжепророков и лжемессий, также страстно желающих получить свою долю, как стервятники, собравшиеся вокруг только что убитого тела животного. Со сверхъестественным проявлением оккультной силы они попытаются «обольстить даже избранных», подражая примеру антихриста и лжепророка (Откр. 13:3, 14-15).

Появится много слухов, будто Христос вернулся и верующим будет сказано, где они смогут найти Его. Они не должны будут прислушиваться к этим слухам. Они увидят признак Его прихода, где бы они не находились в это время (смотрите Признак 4 ниже). Только те, кто в Иудее, должны будут уехать, но не для того, чтобы встретиться со Христом, а чтобы убежать от Антихриста. Все остальные должны оставаться там, где они есть, закрыв свои уши и открыв глаза. Они должны смотреть и молиться.

Трудно представить или поверить во весь этот необычный сценарий. Но у нас есть слово Иисуса по этому поводу: «Вот, Я наперед сказал вам» (Мф. 24:25). Это вопрос доверия Его предвидению и верности. Как сердечно и заботливо с Его стороны подготовить нас, дав нам настолько детальную информацию. Те, кто примет ее и станут действовать в соответствии с ней, будут в безопасности, когда разразится буря.

Прежде, чем мы рассмотрим последний признак, нам следует обратить внимание на завершение Бедствий или Великой скорби. Во-первых, *Христос еще не пришел*. Будет множество слухов, утверждающих обратное, но, на самом деле, Его еще нет. Во-вторых, *христиане еще не взяты*. Они все еще на Земле, проходя через глубокие страдания (обратите внимание на слова «вы» и «ваши», постоянно встречающиеся в этих стихах). Избежать их смогут только те, кто были убиты, и их будет «великое множество» (Откр. 6:9-11; 7:9-17; 11:7; 13:15; 20:4). Другие будут безопасно укрыты в пустынных местах (Откр. 12:6, 14). Предупреждение, что те, которые поклонятся зверю и примут его начертание, будут «мучимы в огне и сере… во веки веков», звучит, как призыв к святым быть стойкими в терпении и верными (Откр. 14:9-12), чтобы их не постигла такая участь.

Но этот кризис может быть измерен в днях и вскоре пройдет. Останется еще только один «признак», прежде, чем придет Господь.

Признак 4: Мрак на небе (Мф. 24:29-31)
Он наступит «вдруг, после скорби дней тех». Не будет никакого промедления. Это значит, что те, кто доживет до третьего признака, будут очень хорошо знать, когда Иисус вернется. Это знание должно ободрить их стойко выдержать ужас тех месяцев.

С последним признаком невозможно ошибиться. Все природные ресурсы света будут исчерпаны, оставив все небо черным, как чернила. Какое бы время дня ни было, вокруг всегда будет непроглядная ночь. Солнце, луна и звезды сойдут со своих орбит и уже больше не смогут освещать планету Земля. Иудейские пророки предвещали это (Ис. 13:10; 34:4; Иоиль 2:31, процитированный в Деян. 2:20).

Небо уже отражало ключевые события в жизни Христа. Яркая звезда при Его рождении и солнечное затмение в день Его смерти – предзнаменование того, что космос будет приветствовать возвращение Христа.

Отсутствие естественного освещения сделает сверхъестественную «молнию» еще более заметной. Черное, как смола, небо заполнится ярким светом, славой Единородного Сына Божьего, которая была приоткрыта на мгновение ученикам на горе Ермон (Мк. 9:3; Ин. 1:14; 2 Петра 1:16-17), а теперь будет освещать весь земной шар, и все ее увидят.

Когда в театре гаснет освещение зрительного зала – это знак того, что драма вот-вот начнется. Возбужденные зрители знают, что очень скоро поднимется занавес на ярко освещенной сцене. То же произойдет в «тот день».

Народы увидят молнию, которая «исходит от востока и видна будет даже до запада», и они увидят Иисуса, грядущего на облаках (не объясняется только, как именно; будет ли это замечено телевизионными камерами?) Как только полное осознание важности происходящего дойдет до неверующих, их охватит безудержное горе. Как они ошибались! Какие возможности они упустили! Теперь они будут теми, кто испытает на себе беспрецедентную скорбь.

Совсем по-другому будут чувствовать себя верующие, которые так долго ожидали наступления этого дня. Они тоже увидят молнию, но они также услышат звук трубы, достаточно громкий, чтобы разбудить мертвых! Рог овна (по-еврейски «shofar») созывал народ Божий, то же самое произойдет теперь. Ангелы соберут верующих с четырех концов света; для многих из них это будет первое путешествие на Святую Землю, для всех – их первый бесплатный полет! У них уже будут новые тела, как и у умерших верующих, которые до них прибудут на эту встречу всех встреч.

Это событие всем известно, как «Восхищение». В современном английском языке это слово имеет сильный эмоциональный подтекст, что вполне уместно. Но это слово произошло от латинского *rapto, raptere* (что значит «выхваченный», и использовалось в латинском переводе 1 Фес. 4:17: «вместе с ними восхищены будем на облаках»). Такое же двойственное значение находим в синониме «перемещенный».

Конечно, в то время как верующие будут перенесены в Израиль, неверующие останутся. Как говорил Иисус, будут двое работать на одном поле: один возьмется, другой оставится; то же случится с женщинами, вместе работающими на одной кухне (Мф. 24:40-41). Даже семьи будут разделены навсегда (Лк. 12:51-53).

Но верные последователи Иисуса соединятся навсегда друг с другом и с их Господом (1 Фес. 4:17). Где бы Он не находился или не будет находиться, Он вернется, чтобы они могли быть с Ним и видеть Его славу (Ин. 14:3; 17:24).

* * * * *

СМЫСЛ ЕГО ВОЗВРАЩЕНИЯ

Вот «признаки Его пришествия», которые Иисус дал Своим ученикам, а через них – нам. Их содержание и последовательность ясны, а также возрастающая скорость и сокращающееся расстояние до Его явления.

Иисус побуждает нас так же наблюдать за этими признаками в истории и правильно их истолковывать, как другие истолковывают признаки в природе. «Когда ветви ее (смоковницы) становятся уже мягки и пускают листья, то знаете, что близко лето» (Иисус показывает простую аналогию из мира природы; нет ни единого намека на то, что Он говорит метафорически о возвращении Израиля на их собственную Землю и политическую независимость, хотя Ветхий Завет время от времени и сравнивает страну со смоковницей, но, все же, чаще ее уподобляет виноградной лозе). Аналогия проведена между распускающимися листьями и четырьмя «признаками». «Так, когда вы увидите все сие [сначала и включая потемневшее небо], знайте, что [Он или оно] близко, при дверях» (Мф. 24:33).

Важно понимать, что, когда Иисус давал такие подробные прогнозы, Его целью не было оспаривать даты, но уберечь от опасностей. Он стремился скорее дать практическое применение, чем интеллектуальные домыслы. В истории есть множество примеров тех, кто указывал на «приблизительную» дату. Мартин Лютер подсчитал, что это произойдет в 1636 году, Джон Уэсли считал, что в 1874 году, но оба оказались достаточно мудрыми, чтобы выбрать год в далеком будущем от времени их жизни со всеми их ошибками! Иначе произошло с Уильямом Миллером, основателем Адвентистов седьмого дня, который выбрал 1844 год, или Чарльзом Расселом, основателем Свидетелей Иеговы, который избрал 1914 год; оба умерли вскоре после исхода установленных ими дат. В последние годы было много опрометчивых предположений, многие выделяли 1988 год – сороковую годовщину расцвета «маслины», государства Израиль.

Из всего того, что было сказано выше, очевидным является то, что мы не знаем точного года и не можем знать на данном этапе, когда ясно видны только общие «признаки». Также очевидно, что это не может быть этот год, следующий год или даже последующие несколько лет. Надеемся, что это произойдет при нашей жизни, в зависимости от того, насколько быстро будут развиваться мировые события. Конец может наступить скорее, чем мы думаем.

Однако, говоря о времени Его прихода, мы можем добавить еще одно. Мы можем не знать, какой это будет год, но мы знаем, в какое время года это произойдет! Бог вписал в еврейские традиции предсказания о Своей искупительной работе через Христа, особенно в ежегодный календарь праздников. Три главных праздника, когда люди собирались в Иерусалим, были «признаками» Мессии. Первым праздником была *Пасха* (в наших календарях это март-апрель), когда в 3 часа дня закалывали агнца, а через несколько дней было представление «первых плодов» жатвы – ясно исполнившийся в смерти и воскресении Иисуса. Вторым праздником была *Пятидесятница* (май-июнь) – благодарение за закон, данный на горе Синай через пятьдесят дней после первой Пасхи, хотя это и привело к смерти 3000 восставших (Исх. 32:28) – ясно исполнилось в сошествии Духа Святого через семь недель после Голгофских событий, что подарило жизнь 3000 покаявшихся людей (Деян. 2:41; 2 Кор. 3:6).

Третий – *Праздник кущей* (сентябрь-октябрь) – великий праздник, когда евреи вспоминали манну в пустыне, живя во временных кущах, и праздновали окончательный сбор урожая. Христиане отмечают Пасху и Пятидесятницу, хотя теперь уже в другие даты. Но, сознательно или несознательно, они игнорируют Праздник кущей, потому что не видят в нем никакой связи со Христом. Но в нем скрыто больше, чем они осознают.

Вероятно, Иисус родился во время этого праздника. Считается, что Он родился 25 декабря, но большинство знает, что Он не родился в этот языческий праздник в середине зимы, когда отмечается возвращение солнца в северное полушарие. Небольшое исследование Писания показывает нам, что Иисус родился через пятнадцать месяцев после того, как Захария, в порядке своей очереди, служил в храме в четвертом месяце (1 Пар. 24:10; Лк. 1:5, 26, 36). Кущи (Tabernacles) наступали в седьмом месяце. Может, поэтому Иоанн говорит: «Слово стало плотию и обитало [на греческом языке «tabernacled» – «временно обитать»] с нами» (Ин. 1:14)?

Он точно был на этом празднике. Его братья-скептики советовали Ему использовать момент, зная, что именно в это время года евреи ожидали явления своего Мессии.

Ответ Иисуса был разоблачающим: «Мое время еще не настало, а для вас всегда время» (Ин. 7:6). Но Он все равно пошел, тайно. И Он явился народу в последний, самый великий день, в который брали воду из купальни Силоам и возливали на жертвенник с молитвами, чтобы снова были ранние и поздние дожди (в течение шести летних месяцев нет дождей, только роса) для будущей жатвы. В этом контексте слова Иисуса приобретают глубокий смысл: «кто жаждет, иди ко Мне и пей; кто верует в Меня, у того, как сказано в Писании, из чрева потекут реки воды живой» (Ин. 7:37-38). Эти слова вызвали горячий спор о личности Иисуса. Иронично, но возможность того, что Он был Мессией, опускалась, потому что Он пришел из Назарета, а не Вифлеема! Какое самообладание проявил Иисус в наступившей тишине.

Однако действительное исполнение этого праздника во Христе – в Его Втором пришествии, а не в первом. Как Он умер на Пасху, послал Свой Дух в Пятидесятницу, так Он и вернется в Праздник кущей. Вовремя. В Божье время.

Любой еврей знает это. Их пророки предсказали это. Захария предсказал, что народы тогда будут «приходить из года в год для поклонения Царю, Господу Саваофу, и для празднования праздника кущей» (Зах. 14:16). Каждый год в это время евреи молятся, чтобы язычники могли посетить праздник и встретить Мессию. Если необходимо еще подтверждение, тогда тот факт, что этот праздник следует сразу за праздником Труб, все ставит на свои места (Лев. 23:23-25; Мф. 24:31; 1 Кор. 15:52; 1 Фес. 4:16; Откр. 11:15). На восьмой день праздника евреи проводят свадебную Церемонию и «вступают в брак» с Законом (равви держал свиток накрытым). В этот день они снова начинают их ежегодное чтение Пятикнижия, пяти книг Моисея. Однажды это будет брак Агнца (Откр. 19:7). Одна из причин возвращения Иисуса – за Своей Невестой.

* * * * *

Мы начали этот раздел с исследования того, что подразумевает Писание, описывая Второе пришествие, как «внезапное». Мы должны закончить рассмотрением слова «скоро», которое применяется к тому же событию. «Ей, гряду скоро» (Откр. 22:20). Простой вопрос: «Как скоро наступит это «скоро»?

На первый взгляд, слово оставляет впечатление, что это может произойти «в любой момент теперь». Но слова необходимо рассматривать в контексте всего учения Нового Завета по любому вопросу.

Некоторые авторы ясно указывают на возможность того, что Иисус вернется еще при их жизни. «Мы, оставшиеся в живых... восхищены будем» (1 Фес. 4:17; заметьте «мы», а не «они»). Павел горячо надеялся, что так и будет (2 Кор. 5:2-3). Он не имел в виду, что это будет свободное состояние между смертью и воскресением, он скорее предпочитал, что это будет в его настоящем теле.

С другой стороны, они ясно указывают на то, что не ожидают Его возвращения в любой момент, что должен пройти значительный промежуток времени. Ученики должны были донести их свидетельство «до края Земли» (Деян. 1:8). Иисус предсказал распятие Петра в преклонном возрасте (Ин. 21:18), в том же контексте Он дал основание для слухов о том, что Иоанн будет жить до Его возвращения; Иоанн сам исправляет это недоразумение (Ин. 21:23).

То и последующее поколения были разочарованы. Они верили и проповедовали, что «скоро» Иисус вернется, как царь. Он не вернулся. Это стало предметом насмешек еще до того, как была написана последняя страница Нового Завета. Ярые противники высмеивали учителей:

«Где обетование пришествия Его? Ибо с тех пор, как стали умирать отцы, от начала творения, все остается так же» (2 Петра 3:4).

Проблема еще более актуальна для нас, когда уже пятьдесят или более поколений пришли и ушли. Мы должны находиться намного *ближе* к событию, но такая длинная отсрочка заставляет нас задуматься, а *ближе* ли мы находимся? Имеет ли слово «скоро» смысл для нас сегодня? Осмелимся ли мы использовать его в нашей проповеди? Как мы поступаем с ним?

Некоторые ученые просто опускают слово, как «ошибку». Они утверждают, что Павел (и даже Сам Иисус) ошибочно использовали это слово, даже если они и искренне верили в это. Хотя данное объяснение широко принято в либеральных кругах, это не является доказательством для тех, кто верит, что Библия – это вдохновленное Слово Божье, которое не допустит, чтобы для нас, кто читает его, осталась ошибка, которая вводит в заблуждение.

Библия – книга, которая сама себя истолковывает, одна часть объясняет другую. На самом деле, та же глава, в которой упоминается насмешка над Его отсрочкой, содержит и двойной ответ на нее.

Во-первых, *время относительно*. Для греков Бог находился за пределами времени. Для евреев время было в Боге. Время реально для Бога (даже Он не может изменить прошлое); но оно и относительно Его. Время также относительно нас. (Даже Эйнштейну было сложно дать простое объяснение теории относительности времени, он ответил: «Одна минута на горячей печи кажется дольше часа разговора с хорошенькой девушкой»!) Время еще более относительно Бога. «Одно то не должно быть сокрыто от вас, возлюбленные, что у Господа один день, как тысяча лет, и тысяча лет, как один день» (2 Петра 3:8; цитата из Пс. 89:5). День, когда Бог оставил Своего возлюбленного Сына на кресте, мог показаться тысячелетием, но также может казаться, что прошла всего лишь пара дней с тех пор, как Иисус снова сел одесную Отца.

Поэтому мы должны воспринимать «скоро» более с Божьей точки зрения на время, чем со своей. Второе пришествие – ближайшее великое событие на Его календаре, даже если это не так на нашем. Всего лишь день-два или, возможно, даже несколько «часов», с небесной точки зрения. Заметьте постоянное использование слов «день» и «час» по отношению к этому событию (Мф. 24:36; Ин. 5:28; Откр. 14:7); это тоже может объяснить «... безмолвие на небе, как бы на полчаса» (Откр. 8:1).

СМЫСЛ ЕГО ВОЗВРАЩЕНИЯ

«Не медлит Господь исполнением обетования, как некоторые почитают то медлением...» (2 Петра 3:9). Только, кажется, что Он «медлителен в отношении нас» – тех, кто живут в другом временном измерении, и в век товара «быстрого приготовления» ищут немедленного решения для снятия напряжения. Мы утратили искусство ожидания чего-либо, не говоря уж об ожидании Господа. Даже святые могут устать ждать. Один из них прочитал стих: «Ибо еще немного, очень немного, и Грядущий приидет и не умедлит» (Евр. 10:37) и воскликнул: «Но, о, Господи, какое же оно долгое, это немного!»

Тогда почему Господь оставляет слово «скоро» в Писании, зная, что его могут неверно понять (придавая этому слову скорее человеческое, чем божественное значение), оно может привести к разочарованию и нетерпению? На самом деле, оно несет больше пользы, чем вреда. Каким-то образом слово побуждает часто вспоминать о будущем кризисе. На жизнь нужно смотреть в таком ракурсе. Вполне серьезно, Его возвращение – следующее большое событие в нашем календаре так же, как и в Божьем. «*Скоро*» напоминает нам, что мы должны начинать готовиться уже сейчас. Потому что, как мы увидим во второй части этого раздела, Иисус не настолько обеспокоен тем, что мы делаем в момент Его возвращения, сколько тем, что мы делали все то время, когда Его не было. Мы должны постоянно помнить о нашей ответственности перед Ним в тот день. Маленькое слово «*скоро*» делает это очень эффективно.

Во-вторых, *отсрочка полезна*. Вместо того чтобы жаловаться на это, мы должны радоваться. Это значит, что суд также отложен. Это говорит о том, что Господь не желает быстро закрывать дверь спасения. Он «долготерпит нас, не желая, чтобы кто погиб, но чтобы все пришли к покаянию» (2 Петра 3:9). Тот же Бог ждал почти тысячелетие, прежде чем послать потоп (Быт 6:3). Хотя средний возраст и уменьшился после потопа, это не было совершено для сокращения продолжительности жизни. На самом деле, Он ожидал практически тысячелетие, время жизни Мафусала, с момента Своего первого объявления об этом суде Еноху (Иуда 14-15). Сегодня Тот же Бог терпеливо продлевает для нас возможность изменить наш путь в жизни прежде, чем будет слишком поздно. Заметьте, как часто Иисус проводил параллели между днями Ноя и днем Его возвращения (Мф. 24:37), то же делали и Его ученики после Него (2 Петра 3:5-6).

Другими словами, если отсрочка заставляет христиан разочароваться в отношении себя, тогда они должны радоваться за других! Христиане должны рассуждать над тем, что, если бы не было такой длинной отсрочки, они сами никогда не познали бы Божьей любви и того, что Он «приготовил любящим Его» (1 Кор. 2:9).

Но мы – люди. «Вкусив благого глагола Божия и сил будущего века» (Евр. 6:5), естественно, хотим отдохнуть, как можно скорее. На обещание Иисуса: «Ей, гряду скоро» нашей интуитивной и понятной реакцией будет закричать: «Аминь. Ей, гряди, Господи Иисусе» (Откр. 22:20).

ПОЧЕМУ?

Это, вне сомнений, самый важный вопрос о Втором пришествии. Но странно, на него меньше всего обращают внимание!

Многие христиане, которые радуются факту возвращения Иисуса, редко задумываются о цели Его возвращения. Для них достаточно очевидно, что нужно ожидать Христа, чтобы Он снова был с ними.

Но почему это ожидание должно приносить приятное предвкушение, когда каждый верующий может с нетерпением ожидать пребывания с Иисусом в небесах сразу же после смерти, чтобы «выйти из тела и водвориться у Господа» (2 Кор. 5:8). Не будет ли общение с Ним слаще за пределами этого печального, с болезнями, грешного мира?

Может, так происходит, потому что христиане надеются, что Он вернется прежде, чем они умрут и, таким образом, смогут избежать смерти (погребения или кремации)? Понятно, никому не нравится, что его будут измерять, чтобы положить в деревянный ящик! Или, может быть, они каким-то образом чувствуют, что общение с физическим присутствием Иисуса является более реальным и желаемым, чем Его «духовное» присутствие в небесах?

Давайте предположим, что Иисус не возвращается на Землю, а остается на небесах до тех пор, пока все Его люди не присоединятся к Нему, где они будут жить с Ним вечно (достаточно распространенная точка зрения как внутри, так и вне Церкви). Спросите себя, повлияет ли это действительно на вашу веру или, более того, на ваше поведение? Каким будет ваш искренний ответ?

Пока что мы субъективно рассуждали о том, что повлияет на нас. Давайте посмотрим на этот вопрос более объективно и подумаем, какие он принесет последствия для мира.

Зачем Христу возвращаться? Почему миру нужно Его возвращение? Что совершил Он во время своего первого прихода, что потребовало Его возвращения? Может, Он не закончил Свою миссию? Что еще сделает Иисус здесь, на Земле, такого, что Он не смог бы сделать в Своем положении верховной власти в небесах?

Для некоторых подобные вопросы неуместны и даже дерзки. Они смотрят на такое глубокое изучение таинств божественного суверенитета, как на обычное предположение. Они довольствуются понятным для всех фактом пришествия Иисуса, чтобы «ждать и увидеть», что Он сделает, когда придет. Но есть две причины двигаться дальше, а не просто принять этот факт.

Во-первых, само Писание указывает на некоторые конкретные причины возвращения Иисуса и дает намеки на другие. Мы можем проследить за всеми этими ниточками. Во-вторых, чем лучше мы понимаем цель Его возвращения, тем выше можем оценить всю важность этого события для нашей надежды в будущем, и тем большее влияние оно окажет на нашу жизнь в настоящем (этот последний аспект мы рассмотрим в следующей главе).

Чтобы побудить вас к размышлению, позвольте мне задать два вопроса, о которых христиане, кажется, не слишком часто задумываются.

Как долго Иисус будет оставаться? Первое Его посещение длилось треть столетия. Его Второе пришествие будет короче или длиннее? Будет ли Его миссия осуществлена быстро, или для этого понадобится достаточно много времени? Будет ли еще одно «вознесение», или Он будет здесь постоянно?

Почему нам нужно возвращаться? Не только Христос возвращается; все верующие, которые сейчас на небесах, также возвращаются. «Мы веруем… умерших в Иисусе Бог приведет с Ним» (1 Фес. 4:14). Христиане ожидают, что будут жить на этой Земле во второй раз! Когда вы в последний раз слышали, чтобы об этом проповедовали на погребении?

Теперь мы готовы спросить, почему Христу и христианам нужно возвращаться сюда? Какие цели имеет в виду Господь? Их, по крайней мере, пять:

Завершить совершенствование святых
Первое, что нужно понять: спасение – продолжающийся процесс, а не мгновенное изменение при обращении.

СМЫСЛ ЕГО ВОЗВРАЩЕНИЯ

Ни в одном христианине спасение еще не завершило своей работы, хотя в одних оно более усовершенствовано, чем в других.

Вот почему Новый Завет использует глагол «спасать» в трех временах – мы были спасены, мы спасаемся и мы будем спасены. Это соответствует трем фазам, известным как оправдание, освящение и прославление, которые вместе и составляют спасение.

Процесс достигнет своей цели, когда каждая частица нашего естества будет возвращена в ее исходное состояние, в котором она была, когда Бог создал нас по Своему образу. Мы знаем, каким оно будет, потому что Его Сын – «образ ипостаси Его» (Евр. 1:3).

Преобразование завершится, когда вернется Иисус. «Знаем только, что, когда откроется, будем подобны Ему, потому что увидим Его, как Он есть» (1 Ин. 3:2). Как Он в совершенстве отражает Своего Отца, так мы будем в совершенстве отражать Его.

Вот почему Писание способно сказать: «Христос... во второй раз явится не для очищения греха, а для ожидающих Его во спасение» (Евр. 9:28). Наконец христиане будут полностью «спасены» (и только тогда способны будут с уверенностью сказать: «Однажды спасен – спасен навсегда!») Их Спаситель завершит Свою работу в них так же, как во время Своего первого прихода Он завершил Свою работу для них на кресте («Свершилось!», Ин. 19:30). Он увидит результаты всех Своих страданий и будет доволен (Ис. 53:11).

Нам нужно быть осторожными, чтобы не быть слишком «духовными», когда мы думаем о «полном спасении». Западные христиане склонны к этому искажению в культуре, на которую греческое мировоззрение оказывало больше влияния, чем еврейское, в которой физическое и духовное абсолютно несовместимо как в нравственном отношении, так и в умственном. Совершенство – скорее характеристика души на небесах, чем тела на Земле. Восточный мистицизм имеет такое же презрение к материальному миру.

Но творение, по существу, доброе, потому что произошло от руки праведного Творца. Он пожелал, чтобы Вселенная была физической, и предназначил человеческим существам иметь физические тела. Хотя грешное восстание (ангельское и человеческое) разрушило Его творение, Бог запланировал искупить его, восстановив его первоначальное состояние.

Поэтому спасение означает преобразование каждой частицы нас как физической, так и духовной. Вызывает разочарование быть наполовину спасенным, пытаясь жить новой духовной жизнью в наших старых физических телах (и умах), запрограммированных на многие годы плохими привычками. Павел также описывал это состояние напряженности: «Ибо по внутреннему человеку нахожу удовольствие в законе Божьем; но в членах моих вижу иной закон» (Рим. 7:22-23).

Конечно, смерть тела приносит некоторое облегчение. Но это только частичное решение проблемы, потому что личность, которую запланировал Бог, незавершенная, «необлеченная», вне тела (2 Кор. 5:4, 8). Этого может быть достаточно для греческих философов и восточных мистиков, но это никогда не удовлетворит тех, кто знает, чего действительно желает Бог и что Он, на самом деле, хочет для них. «…Мы сами, имея начаток Духа, и мы в себе стенаем, ожидая усыновления, искупления тела нашего» (Рим. 8:23).

Какой парадокс! Из-за того, что мы имеем Дух, мы желаем иметь новые тела! Подобно спасению, наше «усыновление» в качестве детей Божьих – это будущее, так же, как и прошедшее (Рим. 8:15). Абсолютной кульминацией нашего восстановления будет дар нового тела, незагрязненного нашим греховным прошлым, неограниченного в проявлении внутреннего духа, не пораженного болезнью, разложением или смертью. В отличие от старого, это новое тело мгновенно изменится, «вдруг, во мгновение ока» (1 Кор. 15:52). Что подумает об этом эволюционист?!

Это произойдет в тот момент, когда прозвучит последняя труба, возвещающая пришествие Христа. Его возвращение и наше воскресение произойдут одновременно. Обещание, что мы «будем подобны Ему, потому что увидим Его, как Он есть» (1 Ин. 3:2) распространится на всех нас – наше тело, душу и дух. Наши новые тела будут «сообразно славному телу Его» (Фил. 3:21). Не значит ли это, что мы будем ни слишком молодыми, ни слишком пожилыми, но как Он, в самом расцвете жизни?

Но для чего нам нужно возвращаться на Землю, чтобы пережить изменение нашего тела? Почему мы не можем получить наши новые тела на небесах? Почему мы должны ждать, чтобы получить новые тела всем вместе, сразу? Почему не в момент смерти каждого из нас?

Ответ, на самом деле, очень прост: нам не нужны тела на небесах, но они нам нужны на Земле. Небеса – место для духовных существ. «Бог есть дух» (Ин. 4:24). Ангелы, окружающие Его трон – «служебные духи» (Евр. 1:14). «Небесный Иерусалим» заселен «духами праведников» (Евр. 12:23).

Однако, когда небесные существа придут на Землю, им нужны будут тела. Сыну Божьему нужно было воплотиться – «тело уготовал Мне» (Евр. 10:5). Ангелам нужно принимать человеческий облик (Быт. 18:2; 19:1; Евр. 13:2). Даже падшие ангелы, которых мы называем демонами, облекаются в тела других, людей или животных (Мк. 5:12-13). Чтобы функционировать в этом физическом мире, необходимо физическое тело.

Последствия существенны. Если «святые» всех возрастов получат здесь новые тела, это определенно указывает на то, что они будут более приспособлены для продолжающейся жизни на Земле, чем на небесах. Все начинает выглядеть так, будто и Христос, и христиане вернутся, чтобы остаться и жить на этой планете. Это может означать то, что христиане, которые будут жить на Земле, когда вернется Иисус, никогда не попадут на небо! Даже тот, кто ушел на небо, когда умер, находится там временно!

Библия очень ясно описывает «Землю», как окончательный удел всех, кто был спасен. Но не эту старую Землю, а новую Землю. Та же всемогущая сила Божья, искупляющая тела, искупит также и нашу окружающую среду. Это будет новая Земля, и она предназначена для того, чтобы на ней жили новые тела (мы рассмотрим это позже, как и вопрос о том, как быстро это произойдет после возвращения Иисуса).

Мы знаем, что наше спасение будет завершено, когда вернется Иисус, но Божья спасающая цель не будет достигнута до тех пор, пока вся Вселенная не будет восстановлена в своем первоначальном состоянии.

Наряду с личностными и глобальными аспектами Божьих планов для нашего мира будет одно национальное восстановление.

Обратить иудеев

Иисус был и остается иудеем. Он был рожден и умер, как «Царь Иудейский» (Мф. 2:2; 27:37). Он был «послан только к погибшим овцам дома Израилева» (Мф. 15:24). Почти все Свое служение Он провел на Своей Земле и среди Своего народа. Это верно, что большинство из них не приняли Его (Ин. 1:11), но от тех, кто принял, мы получили Библию (тридцать девять авторов из сорока были иудеями) и Церковь (все двенадцать апостолов и большинство ее первых членов были иудеями).

Многие христиане, кажется, забыли, что их Спаситель – иудей, и «спасение – от Иудеев» (Ин. 4:22). Кажется, Церковь оставила свои иудейские корни (например, переведя Пасху, Троицу и Рождество из дат, в которые отмечались Пасха, Пятидесятница и праздник кущей). Еще хуже, что христиане сделали шаг навстречу антисемитизму на протяжении истории Церкви, особенно во времена Крестовых походов. Иудеи страдали больше в «христианских» странах, чем в любых других, вплоть до «холокоста» в Германии. Это положение вызвано двумя грубыми ошибками.

Во-первых, *иудеи убили Иисуса*. Вся нация в прошлом и настоящем несет на себе вину «деицида» (убийство Бога). Как могут иудеи сегодня нести ответственность, даже если они все еще отказываются признать Иисуса Сыном Божьим? Более того, язычники делают то же самое. Готовы ли современные христиане признать себя виновными в Крестовых походах? Даже во времена Иисуса не вся нация участвовала в распятии. «Иудеи» в Евангелии от Иоанна – жители Иудеи, южане, не галилеяне. Иисус ясно указывал на то, что Его палачами будут, на самом деле, язычники (Мф. 20:19; Мк. 10:33; Лк. 18:32). В этом смысле, мы все ответственны за Его смерть, поскольку Он страдал за грехи всей человеческой расы.

Во-вторых, *Церковь заменила Израиль*. Поскольку иудеи отвергли их Мессию, язычники, которые приняли Его, заявляют, что они основывают «новый Израиль». Цели Божьего завета были полностью перенесены с одних людей на других. Иудеи, фактически, стали язычниками, только один народ среди множества народов в мире не принадлежит царству Бога. Божьи планы на будущее не включают иудейский народ, как таковой. Так говорят.

Наверняка, это подразумевалось на основании некоторых утверждений Иисуса (Мф. 21:43) и Павла (Деян. 13:46; 15:17; 28:28; Рим. 9:24-26). Многие ветхозаветные описания Израиля даны Церкви в Новом Завете (1 Петра 2:9-10); то же применимо к некоторым обещаниям, данным им (Евр. 13:6). Но это не вся история.

Божий завет с Авраамом и его потомками был «вечный» и безусловный (Быт. 17:7). Чтобы развеять все сомнения, Бог позже объяснил, что это будет значить: «Я не презрю их и не возгнушаюсь ими до того, чтоб истребить их, чтоб разрушить завет Мой с ними; ибо Я Господь, Бог их» (Лев. 26:44; Втор. 4:31; 9:5-6; 2 Цар. 7:15; Пс. 88:35; 93:14; 104:8-9; 105:45; 110:5; Амос 9:8; Иер. 30:11; Иез. 16:60; 20:44; Мал. 3:6). Хотя Бог рассеет их среди народов, когда они нарушат их часть завета, Он никогда не нарушит Свою часть и вернет их обратно «от четырех концов Земли» (Втор. 32:26; Ис. 11:12). Такое всемирное рассеяние и возвращение не произошло во время изгнания в Вавилон, но происходит сегодня. Бог обещал людям, возвращенным на их Землю, освободителя с Сиона, новый завет и излияние Святого Духа (Ис. 59:20-21; Иер. 31:1-40; Иоиль 2:28-32). Несмотря на все попытки истребить их, эти люди выжили физически и их «остаток» остался духовно верен своему Богу (3 Цар. 19:18). Новый Завет подтверждает все это. Бог все еще «Бог Авраама и Бог Исаака и Бог Иакова», потому что они все еще живы (Лк. 20:37-38). Имя «Израиль» упоминается более семидесяти раз. Оно всегда применяется к физическим потомкам Авраама с одним лишь исключением, вызывающим сомнение (Гал. 6:16, если греческое слово *kai* переводится как «даже» вместо своего обычного значения, «и», как в New English Bible).

Иисус предвидел и то, что будет не принят Своими соотечественниками, а также их окончательное восстановление. И даже когда Он оплакивал отказ Иерусалима от Его защиты, Он предрек:

СМЫСЛ ЕГО ВОЗВРАЩЕНИЯ

«Вы не увидите Меня отныне, *доколе* не воскликните: "Благословен Грядый во имя Господне!"» (Мф. 23:39; важно, что это – один из псалмов «Hallel» или псалмов «Прославления» (Псалмы 112-117), которые пели во время праздника кущей). Он предвидел падение Иерусалима в 70 году после РХ, а также то, что будет «попираем язычниками, *доколе* не окончатся времена язычников» (Лк.21:24). Последний вопрос учеников, который они задали Иисусу до Его восхищения, касался времени восстановления монархии Израиля. Вместо того чтобы осудить их за неуместные мысли (как многие христиане сделали бы сегодня), Он сказал им, что дата, установленная Его Отцом, не должна их сейчас беспокоить – у них есть миссия быть Его свидетелями до края Земли языческим народам (Деян. 1:6-8). Иисус уже сказал им, что однажды они соберутся, чтобы судить двенадцать колен (Мф. 19:28; Лк. 22:30), но это подождет. Верно только одно: «не прейдет род сей, как все сие будет» (Мф. 24:34, комментарий NIV: «все сие» – признаки Его пришествия).

В отрывке, имеющем непосредственное отношение к будущему Иудейского народа (Рим. 9-11), Павел ясно учит, что Бог не отверг их, хотя они и отвергли Его (11:1). Он признает, что не все физические потомки Авраама являются его духовными детьми, разделяющими его веру (9:6-7; 2:28-29). Поэтому многие Иудеи не «спасены» и им нужно поверить в Иисуса (10:1). Павел, с такой же болью за свой народ, как и Моисей, добровольно пошел бы в ад, если бы это привело их в небеса (Рим. 9:3; Исх. 32:32).

Тем не менее, Израиль не может «преткнуться» (11:11), потому что «дары и призвание Божие непреложны» (Рим. 11:29). «Остаток» всегда был и всегда будет (11:6). Только «некоторые» ветви «маслины» Израиля отломились и на их месте «не по природе» привилась дикая маслина язычников (11:17; 24). Эти гибридные верующие (т.е. христиане) должны помнить, что они также имеют опасность быть «отсечёнными», если не пребудут в благости Божией (11:22). А они (т.е. иудеи) могут быть снова привиты на наше место, если поверят в Иисуса, их Мессию, более естественно подойдя к своим собственным корням (11:23-24). В самом деле, иудейское меньшинство присутствовало в Церкви Иисуса два тысячелетия и в настоящее время оно увеличивается.

Но есть еще кое-что. Павел произнес удивительное пророчество, которое он назвал «тайной» (11:25). Его библейское значение следующее: Бог теперь раскрыл то, что ранее было секретом. Сердца иудеев ожесточены по отношению к Евангелию, это было Божьим наказанием за отвержение Его искупительной инициативы (как это было в случае с фараоном: 9:17-18), только частично и временно, *доколе* (снова это слово!) не «войдет» полное число язычников. Тогда оно будет удалено, покрывало будет снято с сердец их (2 Кор. 3:15-16), и «*весь* Израиль будет спасен». Эта фраза не включает всех иудеев, когда-либо живших и даже не обязательно всех иудеев, живущих сейчас. Фраза «весь Израиль» часто использовалась в Ветхом Завете, символизируя собрание народа, всех колен Израилевых, обычно в Иерусалиме (1 Пар. 11:1; Втор. 11:1) и, вероятно, эту фразу лучше перевести: «Израиль, как одно целое».

Поскольку слово «спасен» в этом случае должно иметь то же значение, что и в остальных случаях (10:1), это пророчество ни о чем ином, как о массовом обращении к вере в Иисуса наиболее сопротивляющихся людей на Земле! Как такое может произойти? Ответ очевиден: так же, как это произошло на дороге в Дамаск с Савлом, гонителем христиан, который стал Павлом, проповедником Евангелия. Посмертное явление Иисуса из Назарета является достаточным основанием для любого иудея, что Он есть Мессия.

СМЫСЛ ЕГО ВОЗВРАЩЕНИЯ

Именно это и произойдет, когда Иисус вернется в Иерусалим. Тот же пророк, который предсказал Его первый вход на осленке и Его второй вход во время праздника кущей, провозгласил слово Господа: «А на дом Давида и на жителей Иерусалима изолью дух благодати и умиления, и они воззрят на Него, Которого *пронзили*, и будут рыдать о Нем, как рыдают об единородном сыне, и скорбеть, как скорбят о первенце» (Зах. 12:10; ср. Пс. 21:17: «*пронзили* руки мои и ноги мои»). То же слово встречается в книге Откровение: «Се, грядет с облаками, и узрит Его всякое око, и те, которые *пронзили* Его» (Откр. 1:7). Трудно представить себе их мучение из-за ненужного страдания и упущенной возможности двух тысяч лет, но оно не оставляет их в безнадежном отчаянии. Как их отцы смотрели на медного змея на шесте для исцеления, так они теперь будут смотреть на Сына Человеческого и будут спасены (Чис. 21:8; Ин. 3:14-15). Какой прием они окажут Ему, когда Он снова войдет в город? (Мф. 23:39).

Вот два важных последствия этого удивительного результата возвращения Иисуса:

Во-первых, иудеи будут сохранены, как народ, и восстановлены на их Земле и в их столице. Это уже произошло. Христиане верно рассматривают это, как необходимую прелюдию к пришествию Господа, но ошибочно используют, как показатель неизбежного возвращения. Как мы видели, это переселение не было конкретно включено Иисусом в «признаки времени».

Более того, это значит, что Иерусалим будет оставаться в руках иудеев, несмотря на предсказанные международные нападения (Зах. 12:1-3), а также, что избранное количество людей будет сверхъестественным образом защищено в их трудностях, включая Великую скорбь. Это, без сомнения, значение «запечатленных» 144 000 из всех колен Израилевых (Откр. 7:1-8).

Во-вторых, будущая участь иудеев и язычников, верующих в Иисуса, одинакова. И те, и другие входят в то же спасение через одного и того же Спасителя. Иисус, говоря иудеям о язычниках, сказал: «Есть у Меня и другие овцы, которые не сего двора, и тех надлежит Мне привесть: и они услышат голос Мой, и будет одно стадо и один Пастырь» (Ин. 10:16).

Существует распространенное заблуждение, что у иудеев земное предназначение, а у христиан – небесное. Библия ясно учит, что они будут жить вместе на новом небе и новой Земле, в новом Иерусалиме, у которого на воротах начертаны имена двенадцати колен Израилевых и имена двенадцати апостолов Иисуса на основаниях стен. Они будут народом, живущим под одним (новым) заветом.

Подчинить диавола
Зло – это не абстрактный объект, существующий независимо. Это значит, что вопрос «почему Бог создал зло?» на самом деле бессмысленный. Ничего подобного.

Зло – личное, а не безликое, свойство предмета или существа, а не существо само по себе. Оно описывает творения, которые восстают против их Творца и поступают скорее по своей воле, чем по Его. Бог создал творения и на Земле, и на небе, которые были способны стать «злом» в результате их свободного выбора. Это привело к появлению злых ангелов и злых людей, вероятно, в таком порядке (Быт. 3:1). Они ответственны между собой за все «зло» в природе и истории. Таково библейское определение.

Руководителем небесного восстания был падший ангел, которого мы называем диаволом, известного также под многими именами и титулами – сатана, веельзевул, змей, дракон, лев, убийца, лжец, разрушитель. Он склонил многих ангелов присоединиться к нему в стремлении установить конкурентное Божьему царство (Откр. 12:4 упоминает треть ангелов). Мы знаем их, как демонов.

В Писании диавол и его демоны описаны, как имеющие власть и влияние. Он – правитель, князь и даже «бог» этого мира. Они – начальства и власти. С превосходящей силой, умственными способностями и возможностями ангелов они способны внести разрушение в дела людей. Они могут манипулировать нами через болезнь в теле и хитрость в умах. Самое могущественное их оружие – смерть и те страхи, что она несет с собой (Евр. 2:15). Они могут разделить нас с Богом и друг с другом – и делают это со времен сада Эдемского. Их успешное стремление к власти на Земле даже сильнее, чем на небе: «мы знаем… что весь мир лежит во зле» (1 Ин. 5:19).

Однако диавол – не Бог, хотя хотел бы быть и, возможно, даже думает, что является им. Он – не всезнающий (он не знает все, и может допускать грубые ошибки, одной из которых было склонить Иуду к предательству Иисуса; Ин. 13:27). Он – не вездесущий (в одно и то же время он может быть только в одном месте, о чем многие христиане, кажется, забывают; Иов 1:7; Лк. 4:13). Он – не всемогущий; его власть строго ограничена в двух направлениях.

Во-первых, он – не равен Богу. От начала и до сего времени он может действовать только с позволения Бога (Иов 1:12). До сих пор все находится под Божьим совершенным контролем. Сатана – не проблема для Него, хотя он является проблемой для нас. Это, конечно, значит, что Бог позволил ему владеть нашим миром. В этом мы можем видеть и Божественную справедливость (потому что те, кто отказывается жить под властью доброго царя, заслуживают плохого), а также милосердие (потому что это усиливает побуждение желать первоначальной власти).

Во-вторых, он – не равен Христу. Иисус начал и закончил Свою общественную миссию, противостоя диаволу на его собственной территории и успешно отклоняя его коварные и притягательные искушения. Впервые в истории вся жизнь была прожита в свободе от его тисков, в разрушении его монополии на человеческую расу (Ин. 12:31; 14:30). Крест был роковым ударом по его власти, победой над начальствами и властями (Кол. 2:15). Благодаря искупительной смерти и ходатайствующей жизни Иисуса, у мужчин и женщин теперь есть возможность жить в свободе от силы зла и страха смерти (Лк. 22:31; Евр. 2:14-15).

Но полная победа еще не одержана. На Земле сейчас два царства – Божье и сатаны, добра и зла, света и тьмы. Оба они растут бок о бок количественно и качественно (Мф. 13:30).

Почему они частично совпадают? Почему царство сатаны не заканчивается там, где установлено Царство Бога? Небольшое размышление даст нам объяснение. Если бы Христос уничтожил сатану и его последователей так же, как и тех, кто завоевывается ими, Земля оказалась бы без своих жителей! Бог настолько возлюбил жертвы сатаны, что захотел предоставить им любую возможность, чтобы вернуть их назад под Свою власть, избавление стало возможным через Его Сына (Кол. 1:13). Миллионы уже воспользовались этой возможностью. Но, к сожалению, намного больше тех, кто не осознал, что дверь открыта, или отказался войти в нее.

Однажды она окажется закрытой. Царства больше не будут существовать вместе. Пшеница и плевелы будут разделены во время жатвы (помните праздник кущей?). Ядовитые сорняки будут сожжены. Благой Бог не позволит злу продолжать наносить вред вечно. Он должен однажды потребовать остановки.

Поэтому дни сатаны сочтены. Его гибель предопределена и дата установлена. Когда Иисус вернется, сатана должен уйти. Мир, наконец-то, освободится от того, из-за злой тирании которого он страдал еще со времени, когда первый человек появился на Земле. Человеческая история – основание существования сатаны и свидетельство его характера.

Поскольку он знает, что его судьба решена, мы можем ожидать, что с приближением конца, его неудовлетворенность будет усугубляться (Откр. 12:12). Он использует все свои ресурсы в окончательном сражении, чтобы вернуть себе власть. К счастью, «нам не безызвестны его умыслы» (2 Кор. 2:11).

С обещанием «мира и безопасности» (1 Фес. 5:3), сатана установит единое мировое правительство с единой мировой религией. Возглавлять их будут двое людей, которые примут его предложение статуса и власти (от чего однажды отказался Иисус! Лк. 4:6-8). Они будут марионетками в его дьявольской власти. Мы уже упоминали о «нечестивой троице» (сатана, антихрист и лжепророк – чудовищный антианалог Бога, Христа и Духа Святого). Вместе они будут править миром так, как никогда не правили за последние несколько лет до возвращения Христа. Неудивительно, что этот период назван Великим бедствием или Великой скорбью.

Но это последнее нападение диавола все равно будет находиться под властным Божьим контролем, и оно будет милосердно коротким.

Их последним совместным актом сопротивления станет сбор международных военных сил для массового уничтожения очевидно беззащитных людей Божьих, которые в это время будут находиться в Иерусалиме вместе с их возвратившимся Господом, Иисусом. Это будет последняя битва в истории непрекращающихся военных действий. Писание говорит, что она состоится в Ездрелонской или Изреельской долине, возле древнего города-крепости Соломона на невысоком «холме Мегиддо» (на еврейском языке «Армагеддон»); Уинстон Черчилль назвал это место, на котором произошло столько жестоких битв: «ареной борьбы Среднего Востока». Здесь пересекаются дороги из Европы в Аравию и из Азии в Африку.

Это будет грубейшая ошибка диавола. Самая главная тактическая ошибка – недооценить силу своего противника. Иисус придет полностью подготовленным к этому конфликту. Больше не будет въезда в Иерусалим на осленке, символе мира, Он приедет на коне – символе войны (Зах. 9:9-10; Откр. 19:11).

Иисус использует (Ему нужно будет использовать) только одно оружие – меч Своих уст (Откр. 19:15-21). Это будет тот же голос, который повелевал утихнуть ветру и волнам (Мк. 4:39; глагол «перестань» произошел от корня, означающего уничтожить, отсечь). Теперь целая армия будет уничтожена – словом! Тела погибших останутся на поле непогребенными и будут служить пищей грифам (Откр. 19:17-21), окончательное унижение для этого восставшего войска.

Но двое человеческих «зверей», которые стоят за ними, не будут убиты. Их схватят и они сразу же будут «живые брошены в озеро огненное, горящее серою» (Откр. 19:20). Они будут первыми из людей, кого отправят в ад до наступления Дня Суда – слишком развращенные, чтобы им было позволено предстать перед судом.

К удивлению, диавола не отправят с ними – пока не отправят. Он окажется там позже. У Бога есть план использовать его еще раз прежде, чем он присоединится к своим последователям и отправится на вечные мучения (Откр. 20:10). Тем временем, он будет изгнан с Земли на тысячу лет и будет содержаться в одиночном заключении в самых глубоких темницах подземного мира, чтобы он больше не мог общаться с людьми на Земле и обманывать их (Откр. 20:3).

Мир, наконец-то, будет освобожден от диавола и его жестоких сил зла. Трудно себе представить, как это будет, потому что мы никогда не были в подобной ситуации. Нам нужно ждать и смотреть.

Какой мир мы увидим? Будет ли он существовать какое-то время или сразу же придет к своему концу? Если он останется, кто заполнит политический вакуум, оставшийся после падения мирового правительства?

В Библии есть еще один сюрприз для нас.

Управлять миром
Иисус говорил Своим последователям каждый день молиться, чтобы Божье Царство, Его правление было «и на Земле, как на небе» (Мф. 5:10).

Как и когда будет получен ответ на эту молитву?

Увы, мнения христиан по этому поводу расходятся кардинально. Все множество мнений можно разбить на три категории:

Первая, *пессимисты*. Они верят, что этот мир ушел слишком далеко, чтобы мог быть исправленным. Мы можем привести отдельных людей в царство (т.е. под Божье руководство). Мы можем установить колонии царства (т.е. Церкви). Но этот мир будет оставаться под контролем диавола, и оба они будут уничтожены. Всемирное царство может быть установлено только на «новой» Земле. Поэтому эта «старая» Земля сразу «пройдет», как только вернется Господь. Она никогда не будет знать, какое это благословение – быть под Божьим руководством.

Вторая, *оптимисты*. В противовес первой категории, они верят, что мир будет «христианизирован» до возвращения Христа. Это не значит, что каждый станет христианином, но Церкви вырастут и увеличатся настолько, что станут достаточно большими и сильными, чтобы взять в свои руки управление миром. Те, кто придерживается этой точки зрения, также верят, что эта Земля придет к своему концу, когда придет Иисус, так как царство будет уже установлено. Следует заметить, что при нынешнем положении дел и статистике нашего мира, до Второго пришествия еще очень далеко!

Третья, *реалисты*. Принимая во внимание предположение Христа о том, что царства Бога и сатаны будут «расти вместе» (Мф. 13:30), они ожидают, что конфликт между этими царствами будет усугубляться до завершающего столкновения между вернувшимся Христом и правящим антихристом. У них нет сомнений в отношении его исхода. Победа Христа над силами зла расчистит платформу для того, чтобы Его правление распространилось на все народы мира. С этой точки зрения, «старая» Земля выживет после возвращения Христа, по крайней мере, до тех пор, пока Его правление не проявит себя и не будет признано.

Упрощая спор, мы можем сделать предложение: Иисус возвращается на эту Землю, чтобы править ею. Не просто для того, чтобы сделать святых совершенными, чтобы обратить иудеев и победить диавола, а править миром продолжительное время.

Что говорит об этом Новый Завет? Книга Откровение содержит больше информации о Втором пришествии, чем любая другая книга, поэтому неудивительно, что наиболее четкие указания на правление Христа после Его возвращения на этой Земле можно найти здесь. Наиболее раннее пророчество говорит, что, когда прозвучит последняя труба, ангелы на небе будут петь и восклицать, празднуя смену правительства: «царство мира [обратите внимание на единственное число] соделалось Царством Господа нашего и Христа Его» (Откр. 11:15).

Однако в конце книги, где хронологический порядок событий намного яснее, мы находим наиболее полное и четкое утверждение о правлении Христа (20:1-10). Мы должны рассматривать этот отрывок в его контексте (главы 19 и 21); книга была разделена людьми на главы и стихи намного позже, часто разрывая то, что Бог соединил вместе.

Согласно правильному порядку, правление Христа следует за Его возвращением, но предшествует как Дню Суда, так и творению нового неба и Земли. Поэтому его положение во времени так же ясно, как и его положение в пространстве. Действие происходит на Земле, а не на небе (20:1-9).

Продолжительность Его правления на Земле еще более понятная. Фраза «тысяча лет» настойчиво повторялась в этом коротком отрывке шесть раз, дважды с определенным артиклем. Греческое слово *chilioi* (из которого мы извлекаем понятие : «хилиаст», относящееся к тем, кто верит в земное царствование Христа); латинское слово *millennium* (источник более известного понятия: «миллениалист»). Те, кого я назвал «пессимистами», кто не верит, что Христос *когда-либо* будет править этим миром, обычно известны, как «А-миллениалисты» (анти-миллениалист будет более понятно). «Оптимисты» известны, как «пост-миллениалисты», потому что они верят, что Христос вернется *после* того, как христиане установят тысячелетнее правление от Его имени. «Реалисты» известны, как «пре-миллениалисты», потому что они ожидают, что Христос вернется *до того*, как будет утверждено Его мировое правление.

Независимо от того, буквально или символически понимается «тысяча лет», – это, без сомнения, значительный период. За это время многое может произойти. Как будет выглядеть мир, когда диавол будет взят от него, а политические и природные события будут находиться под полным контролем Иисуса? Воображение ограничено из-за отсутствия подобного опыта в прошлом; только Адам мог бы рассказать нам, но и его знание было строго ограничено во времени и пространстве! Откровение также ограничено. Писание дает много загадочных намеков, но мы можем заключить, что Господь знает: наше спокойствие будет нарушено, если мы будем знать больше.

Например, еврейские пророки ожидали время, когда «Земля наполнится познанием славы Господа, как воды наполняют море» (Ис. 11:9; Авв. 2:14); когда всякое колено преклонится пред Господом и всякий язык исповедует Его имя (Ис. 45:23, пророчество применилось к Иисусу в Фил. 2:10-11), когда «Господь будет Царем над всею Землею» (Зах. 14:9).

Они также предвидели некоторые последствия Его справедливого и великодушного правления; время, не имеющих себе равных мира и процветания, будет следствием урегулирования международных конфликтов божественным судом и многосторонним разоружением; мы находим это в контексте незабываемого стиха: «перекуют мечи свои на орала, и копья свои – на серпы» (Ис. 2:4; Мих. 4:3) – слова, выгравированные в граните перед штаб-квартирой Объединенных Наций в Нью-Йорке, но не имеющих никакого отношения к слову Господа, исходящему с Сиона!

Изобилие еды станет источником здоровья, в свою очередь, ведущего к долголетию. Смерть столетних будет считаться преждевременной трагедией (Ис. 65:20). Существует древняя еврейская точка зрения, что идеальная продолжительность жизни на этой планете должна быть тысяча лет, частично основанная на возрасте их отцов, живших до потопа (хотя никто из них не достиг этого возраста, кроме Мафусала) и частично на утверждении, что для Бога «тысяча лет, как один день» (Пс. 89:5; 2 Петра 3:8).

Даже природа будет отображать смену правительства, с плодородием в растительном мире и гармонией в животном мире: «Тогда волк будет жить вместе с ягненком, и барс будет лежать вместе с козленком; и теленок, и молодой лев, и вол будут вместе, и малое дитя будет водить их. И корова будет пастись с медведицею и детеныши их будут лежать вместе; и лев, как вол, будет есть солому» (Ис. 11:6-7). Плотоядные станут травоядными, как было задумано Богом изначально (Быт. 1:30). Природа с «окровавленными зубами и когтями» не являлась результатом Божьего труда. Животные никогда не планировались быть «дикими». Однажды дети будут в безопасности играть с ними (Ис. 11:8).

Очень легко отвергнуть все это, как «миф», как метафизическую легенду, а не материальный факт. Часто этим мы прикрываем свою неспособность к воображению и, следовательно, неспособность поверить в подобное преображение. Вопрос заключается либо в возможности Творца, либо в Его намерениях: Если Он однажды создал Вселенную, которая была «хороша» во всех отношениях, Он, наверняка, сможет сделать это снова. И если цель искупления заключается в восстановлении творения, Он *сделает* это снова.

Давайте вернемся к Новому Завету. В отношении тысячелетнего царства упоминались два аспекта: хорошая новость и плохая новость.

Хорошая новость – верующие, как иудеи, так и язычники, будут править на Земле со Христом (Откр. 5:10). Люди «из всякого колена и языка, и народа и племени» (Откр. 5:9) будут представлять правительство среди своих соотечественников. Такой чести удостоятся те, кто устоял в гонениях последнего и самого ужасного тоталитарного режима, вплоть до мученичества (Откр. 20:4; заметьте, что эта группа людей представляла только одну часть тех, кто сидел на «престолах»). Какая перемена! «Кроткие... наследуют Землю» (Мф. 5:5).

В Писании часто упоминается о том, что святые будут править – не только в Откровении (2:26 – еще один пример), но в книге Даниила (7:18), в Евангелиях (Мф. 19:28; 20:21-23; Лк. 19:15-19) и в Посланиях (1 Кор. 6:2; 2 Тим. 2:12). Основной характеристикой для наделения ответственностью потом будет верность сейчас, честность, как противоположность нечестности, особенно в таких практических вопросах, как деньги и имущество (Лк. 16:10-12). Иисусу понадобится много представителей, которым Он сможет доверить ключевые должности в Своем правительстве.

Плохая новость – несмотря на самое лучшее правительство, какое мир когда-либо видел, и наслаждение такими идеальными условиями, все еще будет много тех, кто захочет выйти из царства Христа. Это – ложь, что идеальные условия создадут идеальных людей, что процветание приносит удовлетворение, что в глубине души каждый предпочитает мир войне. Человеческая сущность может быть изменена только изнутри, не извне.

Этот печальный факт в полной мере проявится в конце тысячелетнего царства, с необычным результатом. Диавол будет освобожден из-под ареста для одной последней возможности обмануть народы. Он найдет людей, которые пожелают «свободы» от власти Бога и своих людей в каждой части земного шара. Он введет их в заблуждение, убедив в том, что военное нападение на местопребывание правительства в Иерусалиме принесет им политическую независимость (неужели он не извлек урок из Армагеддона или это суицидный акт сопротивления, чтобы взять с собой как можно большее количество других?). Он соберет огромную армию, возможно, самую большую из когда-либо существовавших, выступающих под лозунгом «Гог и Магог» (Откр. 20:8). В книге Иезекииля 38-39 записано очень подробное пророчество, которое помещает это событие *после* установления монархии Давида в Израиле (имена станут понятными во свете того события).

Попытка окажется абсолютно тщетной. Огонь с неба положит конец ей и всем, кто в ней участвовал. Почему это вообще должно произойти?

Тысячелетнее царство можно рассматривать с двух точек зрения: как завершение мировой истории и как прелюдию ко Дню Суда. Оно окончательно докажет суверенность Бога и грех человека; Его благость и нашу испорченность – две стороны исторической реальности, которые, наконец, должны быть соединены, чтобы стать разделенными навеки.

С одной стороны, мир будет иметь возможность увидеть, какой может быть жизнь под божественным руководством, когда Бог действует так, как того хотел от Него человек и постоянно критиковал Его за то, что Он не поступает так, решительно освобождая Землю от злых сил. Но что произойдет, когда человеческий крик об освобождении будет услышан?

С другой стороны, мир будет разоблачен в том, что он не желает быть освобожденным от греха, который причиняет страдания. Все еще существует движение повстанцев, мятежное стремление к нравственной независимости, желание быть, как боги (Быт. 3:5), быть хозяевами Земли больше, чем ее временными жителями.

Для рода человеческого нет оправдания. Люди, которым были даны самые лучшие возможности и стимулы, все еще выбирают безбожное существование, которое не может оставаться нейтральным. Бог или Его народ должны стать враждебными к обоим. Необходимость в Дне Суда стала очевидной. Приговоры вынесены еще до того, как были оглашены. Уже все для этого готово.

Осудить нечестивых

Те, чья вера, в значительной степени, сформировалась на заучивании символов веры в Церкви, будут хорошо знакомы с этой причиной возвращения Христа. И «Апостольский», и «Никейский» символы веры напоминают нам, что Он придет судить живых (т.е. живущих в данный момент) и мертвых (которые уже умерли). К несчастью, они создают впечатление, что это – основная, даже единственная, цель Второго пришествия Христа. Как мы уже видели, это – одна из нескольких целей. Тем не менее, это – существенная цель, чтобы Ему привести к концу этот «нынешний злой век», как его называл иудейский народ.

Необходимо, чтобы история завершилась Днем Суда. Небольшое размышление раскроет, почему именно так.

Этого требует несправедливость жизни. Крайне несправедливым является то, что грешники благоденствуют, а невинные страдают. Большинство преступлений не раскрыты и остаются безнаказанными. Кажется, что есть некая связь между личным характером и обстоятельством, честностью и процветанием, святостью и счастьем. Кажется, Вселенная основана на чистой случайности – разве что есть что-то большее, чем просто существование от колыбели до могилы. Интуитивно мы понимаем, что наступит время, когда добро должно быть вознаграждено, а зло – наказано.

Этого требует Божье правосудие. Если Бог никогда не исправляет зло, которое Он допустил, Его благость оказывается под вопросом. Если Он, на самом деле, «Царь Вселенной», это положение также требует ответственности Судьи. Если верно, что «Бог поругаем не бывает. Что посеет человек, то и пожнет» (Гал. 6:7), тогда *должен* быть день расплаты, когда все счета будут выставлены и оплачены сполна.

Но почему «День» суда? Если после смерти выбор невозможен, поскольку она устанавливает пропасть между добром и злом (Лк. 16:26), тогда почему каждый человек не предстает пред судом в момент смерти, а ожидает, пока все человечество предстанет перед Судом?

Потому что Бог должен быть публично оправдан. Все должны увидеть, что Он справедлив в Своих решениях в отношении нашей судьбы. Его так часто обвиняли в несправедливости! Эта критика должна прекратиться, чтобы все могли сказать вместе с Авраамом: «Судия всей Земли поступит ли неправосудно?» (Быт. 18:25).

Потому что Иисус должен быть публично оправдан. Его казнь была самой величайшей несправедливостью, самым темным днем (в буквальном смысле) в истории человечества. Последний раз мир видел Его, как обесчещенного преступника. Все должны стать свидетелями аннулирования этого приговора.

Потому что Божий народ должен быть публично оправдан. Они сделали правильный выбор, встали на сторону Бога и справедливости, хотя в грешном мире им пришлось заплатить цену за свои взгляды, часто цену своей жизни. Тем, кого Иисус не стыдится называть Своими «братьями» (Евр. 2:11; Мф. 25:40), должна быть оказана честь в присутствии тех, кто презирал и ненавидел их.

Поэтому должен быть «День», когда справедливость будет восстановлена. У каждого человека в будущем будет два события, ни одно из которых не записано в дневнике и не отмечено в календаре. «Человекам положено однажды умереть, а потом суд» (Евр. 9:27). Первая дата у каждого своя; вторая – одна для всех.

Когда состоится этот Великий Суд? Существует распространенное мнение, что он произойдет на небе. Возможно, это связано с общепринятым, но ошибочным мнением, что все «идут на небо», когда умирают. Христиане зачастую путают понятия «престола» (в Откр. 4-5) и «великого белого престола» (в Откр. 20:11). Речь идет о двух разных престолах, в двух разных местах, на них сидят две разных личности. Один – престол Бога на небе, другой – престол Христа на Земле.

Люди будут судимы на Земле. Там, где они жили и где они согрешили. Там, где будет решена их судьба. Как святой Бог может позволить грешникам войти на небо даже на один день? На самом деле, даже Земля «убежит» (Откр. 20:11).

Конечно, многие уже умерли, и их нужно будет вернуть к жизни, чтобы предстать перед судом. Библия говорит, что грешники воскреснут так же, как и праведники (Дан. 12:2; Ин. 5:29; Деян. 24:15). Преисподняя, место обитания умерших духов, отдаст своих обитателей для того, чтобы им снова обрести тело. Каждый, независимо от того, был ли он похоронен, кремирован или погиб в море, предстанет перед своим Судьей (Откр. 20:12-13).

Проницательные читатели придут к выводу, что будут *два* дня воскресения, разделенные между собой Тысячелетним царством. Именно этому учит Новый Завет (Откр. 20:4-6). На самом деле, существуют *три* воскресения, если учитывать пасхальное воскресение (1 Кор. 15:23-24; обратите внимание на порядок).

Люди будут судимы – человеком! Это станет настоящим сюрпризом для тех, кто ожидает, что Сам Бог будет судьей. Но Он передал эту функцию одному из нас: «Ибо Он назначил день, в который будет праведно судить Вселенную, посредством предопределенного Им Мужа» (Деян. 17:31). На «великом белом престоле» будет сидеть

Иисус (Откр. 20:11; заметьте неопределенное слово «Сидящего»). «Ибо всем нам должно явиться пред судилище Христово» (2 Кор. 5:10).

Во время Своей жизни на Земле, Иисус часто заявлял о том, что Он имеет власть решать вечную судьбу народов и отдельных людей (Мф. 7:21-23; 13:41-43; 25:30-33). Подобное заявление можно объяснить одним из трех способов – либо Он был сумасшедшим, больным, или Богом; душевнобольным, лжецом, или Господом. Только если Он был Богочеловеком, Богом в равной степени, как и человеком, Он мог идеально подойти для Судьи всех. И Он уже сделал все возможное, чтобы спасти нас от суда.

Двойственная природа Иисуса позволяет Ему в совершенстве вершить правосудие. Его человеческая природа дает Ему понимание. Иисус жил в наших обстоятельствах, испытывая нужду, которую переживаем мы, с нашими искушениями, не пользуясь никакими преимуществами – и все же, без греха. Его Божественная природа дает Ему знание. Он знает нас от и до: наши тайные грехи, легкомысленные слова, скрытые мотивы, глубочайшие чувства. Его правосудие будет абсолютно справедливым.

С одной стороны, Иисус примет во внимание наше знание или непонимание того, что правильно или неправильно в Божьих глазах. Библия ясно говорит о том, что мы будем судимы в соответствии со светом, который мы получили – либо это полный свет Евангелия, либо это половина света десяти заповедей или меньший свет, сияющий через окружающее нас творение и совесть внутри нас (Рим. 1:20; 2:12-16).

С другой стороны, вся наша жизнь будет обнажена, каждая мысль, слово и поступок (Рим. 2:6). Все, что мы сделали, пока были «в теле» (2 Кор. 5:10). Все это было записано в «книгах», что-то наподобие телевизионной программы *«Это твоя жизнь»*, за исключением лишь того, что Бог оценивает обстоятельно, а не избирает достойные похвалы фрагменты! Эти книги будут раскрыты в тот день (Откр. 20:12).

Какой приговор может быть, кроме «Виновен»? Кто, оказавшись лицом к лицу перед такими изобличающими уликами, сможет оспаривать этот приговор? Кто всегда поступал, по его мнению, правильно, даже если его единственным руководством была его собственная совесть? Кто никогда не критиковал и не осуждал других (Мф. 7:1)? Действительно, «нет [постоянно] делающего добро, нет ни одного» (Рим. 3:12); «все согрешили и лишены славы Божией» (Рим. 3:23).

Ни один из нас не был тем, кем Бог хотел, чтобы мы были, даже если в лучшие моменты нашей жизни, мы и знаем, кем мы могли бы и должны были быть.

Приговор – ужасное, безнадежное существование в месте, называемом ад, при этом быть отделенным от Бога, источника всех благ, без допуска к новому небу и новой Земле, быть заключенным с диаволом, демонами и всеми, кто разделял их гнев на их Творца, мучаясь телом и душой, день и ночь, во веки веков в «озере огненном» (Откр. 14:11; 20:10) с болью и разочарованием от осознания того, что упущенные возможности никогда не вернутся… Неудивительно, что Иисус с ужасом говорил о таком конце, предупреждая Своих учеников об опасности и желая принести Себя в жертву, чтобы спасти их от этого. (Поскольку эта, приводящая в трепет, тема не является предметом рассмотрения в этой книге, читателям рекомендуется обратиться к книге «Дорога в ад» этого же автора).

Неужели ни для кого нет надежды? Все ли человечество будет осуждено в этом Суде? Посмотрите еще раз на сцену. В дополнение к миллионам биографических томов, «иная книга раскрыта, которая есть книга жизни» (Откр.

20:12). Все, кто записан в этой книге, будут оправданы, избежав приговора и осуждения. Чьи имена находятся там и как они там оказались?

Это – книга, которая существовала от начала времен. Она упоминалась как в Ветхом, так и в Новом Заветах (Исх. 32:32-33; Фил. 4:3), но наиболее часто в Откровении (3:5; 13:8; 17:8; 20:12, 15; 21:27; 22:19). Сам Бог записывает в нее имена. Это список людей, которых Он дал Своему Сыну (Ин. 17:6); поэтому она названа: «книга жизни Агнца» (Откр. 21:27).

Как они оказались достойными войти в этот список? Они полагались на Христа, как своего Спасителя. Они жили верой. Они доверяли и повиновались Божьим словам. Их вера подтверждалась делами. Некоторые имена были внесены еще до Христа (Евр.11). Авраам – классический тому пример; его вера, подтвержденная поступками, была «вменена ему в праведность» (Быт. 15:6; Пс. 105:31; Рим. 4:3; Евр. 11:8-12; Иак. 2:21-24). Большинство имен появилось после Христа, потому что намного больше людей доверяло и повиновалось «Слову», которое послал Бог.

Нужно сказать, что истинная вера – это не один единственный шаг, а длинный путь. Она играет существенную роль в доверии кому-то, кто верит в них, несмотря ни на что. «Вера» и «верность» – одно и то же слово в еврейском и греческом языках. «Праведный своею верою жив будет» (Авв. 2:4) значит, что «те, кого Бог считает праведными, будут жить благодаря верности» (заметьте, как продолжительное действие веры раскрыто в Рим. 1:17 и Евр. 10:38-39). Ветхозаветные герои веры «умерли в вере» (Евр. 11:13).

Можно отпасть от веры, потерпеть в ней кораблекрушение (1 Тим. 1:19-20). Имена могут быть «изглажены» из книги жизни, как Бог открыл Моисею (Исх. 32:33). Только те, кто останутся верными, кто «противостоит» всем натискам, которых будут склонять к сомнению и неповиновению, сохранят свои имена в книге до того дня, когда она будет, наконец-то, открыта (Откр. 3:5).

Они будут признаны невиновными или, используя термин, взятый из римских судов, будут «оправданы» – не потому, что они невиновны, но потому что они *постоянно* полагались на Иисуса, Который уже понес наказание за их грехи. Только благодаря кресту Бог может быть «праведным и оправдывающим» (Рим. 3:26). Его правосудие и Его милость в полной мере проявились на Голгофе.

* * * * *

Когда пройдет День Суда, все, наконец-то, будет готово для искупления творения. Своим возвращением на планету Земля Господь Иисус Христос сделает все необходимое, чтобы это стало возможным. Он сделает святых совершенными, обратит иудеев, победит диавола, будет управлять миром и осудит нечестивых.

Новое человечество было создано из старого. «Homo Sapiens» были заменены на «Homo Novus». Они – новые люди, часть нового творения. Они не сами по себе эволюционировали в этот новый вид; их изменила сила Евангелия Бога. «Древнее прошло, теперь все новое» (2 Кор. 5:17).

То же самое произойдет со всей Вселенной. Новым людям необходима новая окружающая среда. «Первые» небо и Земля, которые все еще содержат в себе остатки тех повреждений, что нанес им грех ангелов и людей, минуют (Откр. 21:1). Они «сгорят» (2 Петра 3:10). Согласно открытию, что каждый атом, содержащий энергию, может быть освобожден в огне, такое развитие событий становится вполне вероятным. Из пепла, как мифический феникс, возникнут новые небо и Земля, чья красота превзойдет любое воображение.

СМЫСЛ ЕГО ВОЗВРАЩЕНИЯ

То, что плотник из Назарета будет вовлечен в это преобразование, не вызывает сомнений. Он участвовал в первом творении. Прежде, чем Он стал делать столы и стулья, двери и оконные рамы, Он создал деревья, из которых позже будет брать древесину. Прежде, чем Он произнес Нагорную проповедь, Он сотворил гору для Своей кафедры. Ветер и волны повиновались Ему, потому что они были делом Его рук. «Все чрез Него начало быть, и без Него ничто не начало быть, что начало быть» (Ин. 1:3).

Где будет Он (и Его) воля во время этого преобразования Вселенной, нам не сказано. Мы можем только предполагать. Возможно, в этой новой столице, городе Иерусалиме, который задумал и построил Бог в космическом пространстве, и о котором было известно еще со времен Авраама (Евр. 11:10).

Одно будет наверняка. Это огромное городское строение, хотя и было возведено на небе, будет установлено на новой Земле (Откр. 21:2, 10). Оно будет постоянным домом для всего Божьего народа, иудеев и язычников.

Оно также будет вечным местопребыванием Бога людей! Отец, Сын и Дух Святой будут жить *здесь* с людьми (Откр. 21:3, 23). Мы привыкли думать о том, что Сын и Дух Святой с нами, но всегда в молитве обращаемся: «Отче наш, Сущий на небесах» (Мф. 6:9). Мы представляли, что пойдем на небо и будем жить с Ним во веки веков. Но Бог приходит на Землю, чтобы жить с нами! Как и в начале, Его шаги будут слышны здесь (Быт. 3:8). Даже Его лицо будет видимо (Откр. 22:4).

Все это может казаться немного неуместным ко Второму пришествию. Но на самом деле, это очень важно. Слишком много христиан сосредоточили свое внимание на небе. Именно Земля является центром Божьего замысла творения и преобразования. Именно обновленная Земля будет Его и нашим вечным домом.

Земля – центр наших ожиданий на будущее. Она является основной причиной, почему Иисус возвращается сюда, чтобы завершить историю, которую мы знаем. Его возвращение на Землю – самая суть нашей надежды, на которой держится все остальное.

Возможно, христиане более чем кто бы то ни было, практичны в своих размышлениях, или должны быть таковыми. В следующей главе мы рассмотрим, как эта вера в будущее влияет на поведение в настоящем.

ГЛАВА ВТОРАЯ

Убедиться в нашей готовности

Почему так много говорят о Втором пришествии? Мы знаем о нем больше, чем о любом другом событии в будущем, предсказанном в Писании. Для этого должна быть причина.

С другой стороны, почему не говорят о нем больше? Провоцирующие намеки оставляют нас с большим количеством вопросов, на которые не получено ответа: нам так много хотелось бы узнать, но мы не можем.

Должно быть одно объяснение, которое охватывало бы и наше знание, и наше неведение, какая-то причина, ради которой мы должны знать все, что необходимо знать, ни много, ни мало.

Причина практическая. Она заключается в слове быть *готовым* к возвращению Иисуса.

Откровение о будущем дано для того, чтобы повлиять на настоящее; не для того, чтобы удовлетворить умственное любопытство, но для того, чтобы привести к моральному соответствию; не для информации, а для побуждения.

Мы живем надеждой. Вот почему она «вселяет будущее в человеческую грудь» (цитата Александра Поупа). Будущее влияет на настоящее во всех нас. То, что мы верим, произойдет в будущем и влияет на то, как мы поступаем сейчас.

Это абсолютно верно в отношении христиан, для которых надежда – это скорее абсолютная уверенность, чем желаемое стремление (греческое слово *elpis* передаёт именно такую абсолютную уверенность). На грешников больше влияния оказывает их прошлое, с учётом их склада ума и физического состояния. На святых больше влияния оказывает их будущее, с надеждой, подкрепляемой Святым Духом (Рим. 8: 23-25). Это – устойчивый фактор в изменчивом мире, якорь для души, «безопасный и крепкий» (Евр. 6:19).

Христиане – это люди завтрашнего дня. Они – дети нового века, который уже открылся для них и однажды придёт для всего мира. Они ожидают, стремятся и живут ради этого грандиозного искупления. Их можно описать, как тех, которые «обратились к Богу от идолов, чтобы служить Богу живому и истинному и ожидать с небес Сына Его, Которого Он воскресил из мёртвых, Иисуса, избавляющего нас» (1 Фес. 1:9-10).

Бог дал много обещаний послать Своего Сына на Землю, чтобы завершить спасение. Но обещания всегда сопровождались указаниями. Его люди должны быть готовы к возвращению их Искупителя.

В Новом Завете надежда на приход Христа является основным мотивом для божественной жизни в «настоящем злом веке». Даже книга Откровение, в которой содержится больше предсказаний, чем в любой другой книге Библии, имеет свою практическую цель – не столько, чтобы её читатели могли узнать, что грядёт, но чтобы они были готовы к тому, что произойдёт.

Единственная возможность нам подготовиться к будущему – настоящее. Медлить – подвергнуться риску прийти слишком поздно.

Как тогда мы можем подготовиться к Его возвращению? Есть семь способов.

УБЕДИТЬСЯ В НАШЕЙ ГОТОВНОСТИ

ЛИЧНАЯ ВЕРА

«В явление Господа Иисуса с неба, с Ангелами силы Его, в пламенеющем огне совершающего отмщение не познавшим Бога и не покоряющимся благовествованию Господа нашего Иисуса Христа» (2 Фес. 1:77-8). Здесь без труда видны среди обвиняемых две группы – те, кто не ответил должным образом Богу, и те, кто не ответил должным образом Евангелию.

Бог так расположил людей на Земле, чтобы они «искали Бога, не ощутят ли Его, и не найдут ли, хотя Он и не далеко от каждого из нас» (Деян. 17:27). Искать – значит «разыскивать или расследовать, пытаться или стремиться найти или получить, спрашивать, стремиться, рассматривать вопрос, прилагать усилия, направляться или прибегать к чему-то» (*Oxford English Dictionary*). Иисус Сам убеждал людей «Ищите и найдете… ибо всякий… ищущий находит» (Лк. 11:9-10; я в точности передал грамматическое время глаголов).

Как мы уже видели, Бог вложил достаточно доказательств Своей власти и божественности в творение, в работу Своих рук, чтобы оставить атеистов и агностиков «безответными» (Рим. 1:20). Хотя это является достаточным основанием Его существования, есть еще два условия для того, чтобы увидеть Его присутствие.

Одно условие – это вера. «А без веры угодить Богу невозможно; ибо надобно, чтобы приходящий к Богу веровал, что Он есть, и ищущим Его воздает» (Евр. 11:6).

Второе – покаяние. «Ищите Господа, когда можно найти Его; призывайте Его, когда Он близко. Да оставит нечестивый путь свой и беззаконник – помыслы свои, и да обратится к Господу, и Он помилует его, и к Богу нашему, ибо Он многомилостив» (Ис. 55:6-7).

Мы не знаем, много ли будет тех, кто вот так серьезно ищет Бога, абсолютно не зная Евангелия, или никого. Бог Сам будет судить об этом.

В результате наблюдения кажется, что общая модель – это то, что человеческое тщеславие ищет удовольствия, богатства, известности, власти – всего, только не Бога. Человеческая жажда знаний простирается от приготовления блюд до компьютеров, от ДНК до динозавров, от психологии до социологии – все, кроме Бога.

Маловероятно, что эта книга попадет в руки к кому-то, кто никогда не слышал об Иисусе, но даже если это и произойдет, они должны начать искать Бога сразу же. Если они не найдут Его прежде, чем Он разоблачит их, для таких людей было бы лучше не родиться вовсе.

А как в отношении тех, кто слышал Евангелие? Это – дополнительная привилегия и ответственность, поскольку мы судимся в свете того, что мы получили. Но услышать Евангелие или даже поверить ему еще недостаточно для того, чтобы быть истиной. Стих, которым мы начинали эту часть, говорит о повиновении *Евангелию*. Нам нужно что-то с этим делать.

Для начала нужно покаяться и поверить, доказывая это на деле через водное крещение и получение Святого Духа (обратитесь к моей книге «Объясняя водное крещение» из серии книг «Суверенный мир», или к моей книге «Нормальное рождение христианина». Но это – не конец, а только начало. Увы, у многих создается впечатление, что, начав христианскую жизнь, они уже сейчас готовы к возвращению Иисуса. Это будет чистой случайностью, если Его возвращение последует сразу за их обращением (на самом деле, подобного еще ни с кем не произошло!).

Самое раннее название для христианской религии было «Путь» (Деян. 18:25-26; 19:9, 23). Евангелие – это путь к жизни и путь жизни. Его нельзя заработать, но его нужно достигать (Еф. 2:9-10; Фил.2:12-13). Однажды ступив на этот «узкий» путь (Мф. 7:14), нужно продолжать идти по нему (Ис. 30:21; 35:8-10; Еф. 4:1; 5:2, 8). Те, кто идут с Богом, готовы встретить Его. Енох – классический пример (Быт: 5:24).

Поэтому не достаточно просто стать «верующим» в Бога и в Христа. Конечно, это – основное условие, но Сам Иисус дал ясно понять, что некоторые верующие будут готовы к Его возвращению, а некоторые – нет.

Что еще необходимо?

ПОСТОЯННОЕ СЛУЖЕНИЕ

После того, как Иисус указал ученикам на признаки Своего пришествия (в Мф. 24, которую мы уже рассматривали), Он многозначительно перешел на тему готовности к нему (в Мф. 25). Он рассказал несколько притч, которые были разными вариациями одной темы: «поэтому и вы будьте готовы» (24:44). Это настойчивое повеление проиллюстрировано примерами из разных сфер: домашнее хозяйство, свадьба и коммерческая деятельность.

В историях одна и та же структура, и одна и та же суть. В каждой кто-то уезжает, но ожидается, что он вернется, хотя точное время неизвестно. Очевидно, что в образе хозяина дома, жениха и предпринимателя Иисус изображал Себя. Справедливо и то, что оставшиеся были Его последователями.

Последние также делятся на два типа или две группы: мудрые, которые готовы к возвращению – и неразумные, которые не готовы. Обратите внимание на то, что «мудрые» означают скорее благоразумных, чем способных, а «неразумные» – скорее глупых, чем наивных.

Их готовность проверяется одинаково. В каждой притче существует указание на то, что возвращение ключевой фигуры происходит позже, чем ожидалось – жених «замедлил», хозяин вернулся «по долгом времени». Это – ключевой момент в понимании и применении этих историй. Настоящая проверка – это не то, как люди поступают, когда они думают, что возвращение произойдет в скором времени, а что они делают, когда считают, что это произойдет нескоро (Мф. 24:48). То, что рождается в постоянстве, намного ценнее, чем то, что возникает из паники. Настоящая готовность мотивируется фактом возвращения Господа, а не временем Его возвращения.

В «мудрых» есть такое же хорошее качество, как верность. В отсутствие ключевой фигуры они ведут себя так же, как поступали бы в его присутствии. Даже затянувшееся отсутствие не вносит изменений; они были полностью готовы к этому. Они доказали свою надежность. Таким образом они доставили радость тому, кому были подотчетны. Их наградой было как участие в этой радости, так и большая ответственность. Они «жили долго и счастливо».

В «неразумных» же есть такой порок, как халатность. Только в одном случае был совершен действительно плохой поступок (домоправитель угрожал другим слугам и не отказывал себе в удовольствиях). В других случаях хорошие дела оставались не сделанными – это скорее находиться в бездействии, чем совершить проступок; будучи призванными, они пренебрегли обязанностями. Библия много говорит о грехе праздности или лености, особенно в Притчах (6:6; 10:26; 15:19; 19:24; 21:25; 26:15 и т.д.). Это серьезное преступление.

Иисус использует очень сильные выражения, описывая наказание, приготовленное для подобных бездельников. «Рассечет его, и подвергнет его одной участи с лицемерами: там будет плач и скрежет зубов» (Мф. 24:51). «Негодного раба выбросьте во тьму внешнюю: там будет плач и скрежет зубов» (Мф. 25:30). Это – словарь ада, и говорит он о бесконечном сожалении и угрызениях совести в этом жутком месте.

Кто эти ленивые люди, которые упустили свои возможности? Самодовольные христиане слишком охотно определили их, как неверующих. Но они – слуги в доме, подруги невесты, приглашенные на свадьбу, наемники, которым вверено имущество их нанимателя. Подобные описания намного больше подходят верующим. И нам нужно помнить, что эти притчи не были адресованы общей массе народа, а двенадцати ученикам, из которых один (Иуда) уже проявил себя ненадежным, хотя он проповедовал и исцелял во имя Иисуса.

Однако, достаточно очевидно, что за такой вот ненадежностью скрывается разрыв во взаимоотношении, недостаточное знание человека, который возвращается. На восклицание нечестивого слуги: «Я знал тебя, что ты человек жестокий…» (Мф. 25:24) прозвучал упрек: «Ты думал, что знал меня; тогда ты также должен был знать, что я хотел, чтобы ты выполнил и что я сделал бы на твоем месте… но ты не сделал этого». Подругам невесты, которые оказались не готовыми к задержке жениха, тот сказал: «Истинно говорю вам: не знаю вас» (Мф. 25:12; в это время он не сказал им: «Вы не знаете меня», что на самом деле было справедливым в отношении их; не сказал даже: «Я никогда не знал вас», как в Мф. 7:23; а просто «Я не признаю вас, как тех, которые имеют что-то общее со мной»).

Тогда верное служение – основной элемент в готовности к возвращению Господа. Часто говорилось, что Господь скорее похвалит тех, кто был *верным*, чем успешным. Это неверное противопоставление и использовалось для того, чтобы объяснить настойчивость в бесполезной деятельности. Господь хочет, чтобы слуги были одновременно и верными, и плодотворными, возвращая в некоторой степени Ему Его вложение – даже если в наших наилучших стремлениях мы все же «ничего не стоящие» (Лк. 17:10).

В нашем служении важно не только количество, но также и качество. «Строит ли кто на этом основании [Иисусе Христе] из золота, серебра, драгоценных камней, дерева, сена, соломы, – каждого дело обнаружится; ибо день покажет, потому что в огне открывается, и огонь испытает дело каждого, каково оно есть» (1 Кор. 3:12-13). Не всегда самым занятым оказывается тот, кто приносит лучшие результаты.

Необходимо рассмотреть еще одно неверное представление. Верное служение Господу не ограничено лишь «духовной» деятельностью в наше свободное время для Церкви. Наш ежедневный труд может и должен совершаться для Господа. Адам был садовником. Библия оценивает физический труд намного выше, чем это делает мир. Пастушество, рыболовство, производство палаток и плотничество играют значительную роль. Человек был сотворен, чтобы трудиться своими руками (Пс. 89:17; 1 Фес. 4:11).

Господь более заинтересован в том, *как* мы выполняем нашу работу, а не *какую* работу мы имеем. Он скорее будет использовать добросовестного водителя такси, чем небрежного миссионера. Он более заинтересован в личности, чем в карьере. Его, должно быть, очень огорчает, если у Него спрашивают водительства только тогда, когда ожидается смена места работы.

Как говорил Мартин Лютер, Бог одинаково расценивает любую работу. Каждый христианин все время находится на служении у Господа. Любая форма занятости (за исключением лишь нелегальной или аморальной) является святым призванием. Тем, как мы совершаем наш ежедневный труд, мы записываем нашу будущую рекомендацию, наше CV (« curriculum vitae», латинское выражение, обозначающее «короткий отчет о чьей-то предыдущей работе»). От этого будут зависеть наша роль и ответственность в царстве, которое установит Христос после Своего возвращения.

Он будет искать не только способность, но и надежность. Он будет использовать тех, кому сможет сказать: «Хорошо, добрый и верный раб! В малом ты был верен, над многим тебя поставлю; войди в радость господина твоего» (Мф. 25:21, 23).

ЛИЧНАЯ СВЯТОСТЬ

Евангелие – это Благая Весть о святости так же, как и о прощении. Это не только предложение прощения и требование святости – распространенное представление, которому часто учат проповедники. Предлагается и то, и другое. Сейчас возможно победить грехи так же, как и отменить их. У нас есть способность так же, как и желание жить правильно, быть праведными.

Дары должны быть получены. Доступны и прощение, и святость, и одно, и другое должны стать чьим-то достоянием. Слишком высокие требования у одного без другого. Они хотят быть оправданными сейчас и освященными позже!

Конечно, так и будет. Мы «будем подобны Ему, потому что увидим Его, как Он есть» (1 Ин. 3:2). Когда мы встретимся с Ним в наших прославленных телах, мы будем совершенными, абсолютными, с полностью преобразованной каждой частичкой нашего естества. Наконец-то мы оправдаем то звание, которое Он дал нам, когда мы начали следовать за Ним: «святые» (Рим. 1:7; 2 Кор. 1:1; Еф. 1:1; и т.д.). Слово значит «благочестивые».

Но Иоанн представляет очень практическое применение из этого ожидания будущего. «Всякий, имеющий сию надежду на Него, очищает себя, так как Он чист» (1 Ин. 3:3). Другими словами, если мы действительно уверены в том, что наша будущая судьба – быть святыми, эта вера будет подтверждена нашим поведением в настоящем.

Будет не совсем естественно, если кто-то, ожидая унаследовать большое состояние, не будут желать его как можно больше и как можно скорее. Если будет возможность получить часть этого состояния заранее, они, без сомнения, заявят свое право на эту часть, особенно, если действительно нуждаются в ней.

Другими словами, это – вопрос искреннего желания. Если мы действительно надеемся однажды быть полностью похожими на Христа, мы будем добиваться этой цели уже сейчас. У нас не будет желания «иметь временное, греховное наслаждение» (Евр. 11:25).

Мы захотим быть святыми здесь и сейчас, если это возможно. И это, в самом деле, возможно, хотя достижение этого не будет ни легким, ни быстрым. Это потребует «усилия» – комбинации энергии, энтузиазма и выносливости.

Частые мысли о «дне», когда мы посмотрим Ему в лицо и Его глаза встретятся с нашими, пробуждают в нас стимул. Те, кто прилагал мало усилий, чтобы быть святыми, не проявляя настоящего желания быть таковыми, будут глубоко смущены от того, что не смогут встретиться с Его проницательным взглядом. Как ужасно будет услышать Его слова: «Я мог так много сделать с вами, но вы не захотели, чтобы Я это сделал».

И снова нам нужно сделать ударение на том, что только те, кто настойчив, получат одобрение. «Итак, дети, пребывайте в Нем, чтобы, когда Он явится, иметь нам дерзновение и не постыдиться пред Ним в пришествие Его» (1 Ин. 2:28).

УБЕДИТЬСЯ В НАШЕЙ ГОТОВНОСТИ

Новый Завет основывает свой призыв к многим качествам святости на факте возвращения Иисуса. Трезвость, верность, сдержанность, терпение, искренность, повиновение, усердие, чистота, благочестие, братолюбие – все это и многое другое стимулируется мыслью снова увидеть Иисуса. Этот призыв становится очень эффективным, когда верующие, все вместе, представлены как невеста, к которой идет жених.

Иисус не был женат во время Своего первого посещения Земли, но будет во время Своего второго прихода! В полном смысле слова, верующие только «обручены», помолвлены со Христом в настоящем. Когда Он вернется, отношения достигнут совершенства; и будут отпразднованы на «брачной вечере Агнца» (откр. 19:9; ср. Мф. 22:2).

Эта метафора проходит через всю Библию. Она применялась к Израилю в Ветхом Завете так же, как к Церкви в Новом. Божий завет с Его людьми представлен в виде брачного обета. Метафора невесты и жениха применяется двумя разными способами.

Негативно: неверность представлена, как прелюбодеяние, даже проституция. Если подобное произошло во время обручения, это было основанием для развода, что едва не произошло с матерью Иисуса (Мф. 1:19). Подготовиться к свадьбе – сохранить свою девственность. Невеста хранит себя только для своего будущего жениха. «Я обручил вас единому мужу, чтобы представить Христу чистою девою» (2 Кор. 11:2).

Положительно: невеста также будет переживать о своем появлении на свадьбе, как и о своем воздержании до нее. Церковь захочет быть такой, какой Христос желает, чтобы она была в тот день: «представить ее Себе славною Церковью, не имеющею пятна, или порока, или чего-либо подобного, но дабы она была свята и непорочна» (Еф. 5:27).

Это будет включать и ее одежду, и ее характер. Образ одежды появляется во многих утверждениях о Втором пришествии. «Се, иду как тать: блажен бодрствующий и хранящий одежду свою, чтобы не ходить ему нагим и чтобы не увидели срамоты его» (Откр. 16:15). Даже желание выйти замуж в белом, символе чистоты, имеет свой моральный аналог: «наступил брак Агнца, и жена Его приготовила себя. И дано было ей облечься в виссон чистый и светлый; виссон же есть праведность святых» (Откр. 19:7-8). Обратите внимание на баланс между «дано было ей» и «приготовила себя». Одежда может быть подарком, но ее нужно одеть и носить на свадьбе. Иисус рассказал притчу, чтобы предупредить тех, кто приглашен участвовать, но кто не беспокоится о том, чтобы переодеться, о том, что таких самонадеянных ожидает ад (Мф. 22:11-13).

Важно также стараться «иметь мир со всеми и святость, без которой никто не увидит Господа» (Евр. 12:14). Только поступая так, «ваш дух и душа и тело во всей целости да сохранится без порока в пришествие Господа нашего Иисуса Христа» (1 Фес. 5:23).

СОВМЕСТНОЕ ОБЩЕНИЕ

Святость, или единство, имеют и общее, и личное применение. «Невеста» – это и одна личность, и множество. «Христос возлюбил Церковь и предал Себя за нее, чтобы освятить ее» (Еф. 5:25-26).

Верующие призваны быть «родом избранным, царственным священством, народом святым, людьми, взятыми в удел» (1 Петра 2:9). Они призваны показать общую особенность в мире упадка, убедительное единство в мире разделений. Иисус хочет найти таких людей, когда вернется. Что из этого следует?

По крайней мере, это значит, что христиане не должны изолировать себя от других верующих. «Не будем оставлять собрания своего, как есть у некоторых обычай; но будем увещевать друг друга, и тем более, чем более усматриваете приближение дня оного» (Евр. 10:25). В большом количестве безопасность, и когда давление на Божий народ усиливается с приближением конца, находиться вместе будет жизненно необходимо.

Совместное служение – это и ответственность, и моральная поддержка. У слуг есть обязанности по отношению и к друг другу, и к их господину. Иисус говорил о слуге, которому было дано задание питать остальных слуг во время отсутствия его господина. Он не только пренебрег этим заданием, но был виновен в том, что оскорблял их, находясь в нетрезвом состоянии. После возвращения господина, он был брошен в ад за такое злоупотребление своим положением (Мф. 24:45-51).

По тому же поводу Иисус рассказал «притчу» об овцах и козлах (на самом деле, это вовсе не притча, а пророчество, содержащее аналогию). «Когда же приидет Сын Человеческий во славе Своей и все святые Ангелы с Ним, тогда сядет на престоле славы Своей, и соберутся пред Ним все народы; и отделит одних от других, как пастырь отделяет овец от козлов» (Мф. 25:31-32).

Принцип правосудия заключается в том, заботились ли практически о «братьях Моих меньших», откликнулись ли на их нужды и разделили ли с ними их испытания. Конечно, применение зависит от толкования фразы «Моих братьях». Кто они? Недостаточно будет просто сказать, что они Земляки Иисуса, иудеи. Сказать, что они – все Его люди, вся раса, будет слишком пространно. Это звание применяется к Его ученикам из всех народов (Мф. 12:49; 28:10; ср. Евр. 2:11). Отвергнутые «козлы» с левой стороны от Него – это те, кто пренебрегал Его учениками.

То, что в эту группу могут входить некоторые из учеников, видно из того, что они обращаются к Иисусу

«Господи» (Мф. 25:44; ср. 7:21), и из того факта, что эта «притча» не рассказывалась всему народу, но узкому кругу из двенадцати человек. Тема небрежности среди Его собственных последователей прослеживается во всех притчах этой главы так же, как и ужасное наказание, которое необходимо будет понести за это.

Безусловно, что «овцы» – это те, кто служил Его братьям, даже «наименее» значимым из них, в час их нужды. Ими двигала любовь к братьям, и они даже не думали, что их действия расцениваются так же, как будто они делали это для Самого Иисуса (Мф. 25:37-38). Их поступки были актом полной сочувствия спонтанности, а не просчитанной собственной выгоды.

Необходимость быть готовым относится как к Церкви в целом, так и к каждому отдельному ее члену. Те, кто действительно надеются на Его возвращение, пожелают столько святости, сколько возможно достигнуть сейчас всем Его людям и им самим.

Они будут переживать о *единстве* Церкви. Когда все соберутся, чтобы встретить своего Господа в воздухе, все различия станут несущественными. Названия деноминаций, стили проведения литургии, Церковные структуры, богословские доводы – все исчезнет из виду, когда мы увидим Его лицо. В тот день будет атмосфера совершенной гармонии, которая будет выражаться в едином поклонении.

Те, кто имеют такую надежду, будут и желать, и трудиться в предвкушении этого здесь и сейчас. Они серьезно воспримут молитву Иисуса, которой Он молился в последний вечер перед Своей смертью и которая была демонстрацией именно того, что должно было произойти (Ин. 17:20-24).

Конечно, единство должно определять путь Христа. Это – не союз и не единая система, но единство сердца, разума и воли, так же, как было у Него с Отцом. Оно основано скорее на истине, чем на терпимости. Те, кто стремится к этому, не будут безразличны к тому, что не соответствует истине.

Они будут переживать о *чистоте* Церкви. В вопросах веры и поведения они будут стремиться очистить запятнанные Церкви и сохранять их в соответствии с Евангелием, которое они проповедуют. Это повлечет за собой противостояние и конфликт (1 Кор. 11:19).

Насколько важным является то, что книга Откровение, все послание которой сконцентрировано на Втором пришествии, начинается с повелений поместным Церквям принять меры в отношении ереси и безнравственности в их среде. Угроза наказания идет наряду с обещанием награды, когда Он вернется (Откр. 2:7, 10, 17, 26; 3:5, 12, 21). Однако, хотя все Церкви будут «изглажены» за то, что не навели порядок, будут награждены отдельные члены, которые стремились сделать хоть что-нибудь для этого. Любой человек может открыть дверь Церкви, чтобы позволить Иисусу вернуться (Откр. 3:20, стих, который не имеет ничего общего с личным возрождением, а конкретно относится к восстановлению общины).

Одновременное переживание за единство и чистоту Божьего народа как единого целого, является неотъемлемым компонентом в готовности к Его возвращению.

Невеста, которая является Его Церковью, должна «приготовить себя» (Откр. 19:7).

ВСЕМИРНОЕ БЛАГОВЕСТИЕ

Кто-то верно сказал, что Церковь – единственное общество на Земле, которое существует преимущественно ради тех, кто не является ее членами! У нее есть задание наполниться до возвращения Иисуса; вернее, прежде чем

Он *сможет* вернуться. «И проповедано будет сие Евангелие Царствия по всей вселенной, во свидетельство всем народам; и тогда придет конец» (Мф. 24:14). Даже есть возможность, что взявшись за исполнение этого задания безотлагательно и с энтузиазмом, можно «ускорить приход этого дня» (2 Петра 3:12; хотя этот глагол можно перевести и как «ожидать с нетерпением», и как «торопиться» – контекст не говорит о поручении).

Все четыре Евангелия завершаются этим «Великим Поручением» апостолам (Мф. 28:18-20; Мк. 16:15-18; Лк. 24:47-48; Ин. 20:21-23) и через них – Церкви, сквозь время и расстояние, поскольку двенадцать не смогли бы сами завершить этот труд. Евангелие должно быть проповедано каждому человеку и учениками должны стать люди из каждого «народа» (это значит этнические группы, а не политические государства).

Бог желает и стремится иметь в Своей семье, в новом человечестве, живущем на новой Земле, мужчин и женщин «из всякого колена и языка, и народа и племени» (Откр. 5:9; 7:9). Он сотворил их всех «от одной крови» (Деян. 17:26) и снова соединит все их многообразие в одно целое «под главою Христом» (Еф. 1:10). Это не поощряет нас верить в то, что все народы будут спасены; цель – спасти некоторых из каждого народа.

Поэтому поручение – всемирное, «до края Земли» (Деян. 1:8; ср. Ис. 45:22; 49:6; 52:10). Труд не закончится до тех пор, пока каждый уголок нашей планеты не услышит Благую Весть на своем родном языке.

Приближение двадцать первого столетия, третьего тысячелетия с того времени, как Иисус был здесь, послужило возобновлению интереса к благовестию, напоминая нам, как много мы должны еще сделать для завершения задания и как мало времени, возможно, для этого осталось.

УБЕДИТЬСЯ В НАШЕЙ ГОТОВНОСТИ

Однако уходящее время не должно быть нашим основным мотивом. Для нас достаточным должно быть то, что это повелел нам сделать наш Господь. Всегда важным остается простой долг повиновения. Но благодарность Господу за наше личное спасение сделает больше, чем просто возбудит желание исполнить то, что Он повелел нам сделать. Она даст нам жгучее желание поделиться тем, что мы приобрели, с теми, кто «потерян», знают они об этом или нет. «Ибо любовь Христова объемлет нас» (2 Кор. 5:14). Это сказал человек, который сам чувствовал бы себя под проклятием, если бы оставил Благую Весть для себя: «Горе мне, если не благовествую» (1 Кор. 9:16).

Очень просто то, что те, кто действительно лично ожидает встречи со Христом, когда Он вернется, не захотят прийти одни. Они захотят привести с собой как можно больше других.

Те, кто наиболее готов, сделают больше для того, чтобы подготовить других! Их будет вдохновлять мысль дать большему количеству людей возможность разделить совершенную радость пребывания с Богом на абсолютно новой Земле. На них также будет влиять ужас ожидающей тех людей участи, если они не услышат и не ответят. Эта настойчивость не побудит их к использованию агрессивных методов, которые приводят к обратным результатам в передаче Благой Вести, но она сделает их готовыми использовать любую возможность совершать это с любовью, которая мудра и чувствительна.

Радость от того, что другие поверили во Христа сейчас - это предвкушение того, что мы будем чувствовать, когда увидим, как они встретятся с Ним лицом к лицу. И если Ангелы сейчас радуются об одном кающемся грешнике (Лк. 15:7, 10), что будет с ними, «когда войдут все святые»?

ОБЩЕСТВЕННАЯ ДЕЯТЕЛЬНОСТЬ

Сейчас, в целом, принято считать, что благовестие и общественная деятельность в равной степени являются частью поручения, которое выполняет Церковь, хотя многие по праву отдают предпочтение первому.

Существует ясное библейское основание служению неверующему миру. Иисус подтвердил вторую «великую» заповедь – любить наших ближних, как самих себя (Мк. 12:31); и Он объяснил, что «ближним» может быть любой человек, находящийся в нужде, которому мы можем помочь (Лк. 10:29-37). Павел убеждает нас: «Доколе есть время, будем делать добро всем» (Гал. 6:10); он добавляет: «а наипаче своим по вере». И хотя это наиболее часто цитируемое место Писания в таком контексте, мы уже отмечали, что, так называемая, «притча» об овцах и козлах не совсем подходит в данном случае, поскольку «братья» и «ближний» – не равнозначные понятия; и это высказывание не стоит подтверждать этим отрывком.

Необходимо точно определить, что мы не спасаемся добрыми делами (широко распространенное, но ошибочное утверждение), но спасены *для* того, чтобы делать добрые дела (Еф. 2:9-10). Мы спасены для того, чтобы служить, и служить всем подряд, кто нуждается в нас, независимо от того, какое у них к нам отношение или ответное чувство. В греческом языке есть особое слово, описывающее подобную безусловную любовь: *agape* (произносится «agapay»). Редко используемое в древнем мире, оно пришло в наше время для описания Божьей любви к миру, выраженной в Христе, и любви, которую, как следствие, проявляют христиане; оба эти проявления любви распространяются даже на врагов.

Любовь к нашим ближним может проявляться на трех уровнях общественной деятельности.

УБЕДИТЬСЯ В НАШЕЙ ГОТОВНОСТИ

Первый: в *работе*. Наша ежедневная работа должна рассматриваться как практическое применение любви к ближним, если мы сталкиваемся с реальной нуждой в обществе. Очень часто она расценивается как средство достижения наших собственных целей – получения денег, статуса или удовольствий для себя. На самом деле, она будет приносить нам больше удовольствия, как того желал Бог, если мы будем рассматривать ее, главным образом, как средство помощи другим. Понятно, что с некоторыми профессиями (например, работа медицинской сестры) легче, чем с другими (работа на заводском конвейере), но каждая из них может ответить на нужду, помочь людям.

Второй: в *благотворительности*. Христиане оставляют добрый след в благотворительном служении страдающим. Они первыми оказывали помощь больным, пожилым, людям с физическими недостатками и тем, кто был брошен на произвол судьбы эгоистичным обществом. Иаков, брат Иисуса, особо призывал к этому в своем определении: «Чистое и непорочное благочестие пред Богом и Отцем есть то, чтобы *призирать сирот и вдов в их скорбях и хранить себя неоскверненными от мира*» (1:27; заметьте, что активная благотворительность не заменяет моральную честность).

Третий: в *преобразовании*. Здесь идет речь о том, что христиане имеют явные отличия. Это единство – в облегчении страданий, но не в преобразовании систем, потому что оно включает в себя политическую деятельность на местном или государственном уровнях. Часто оно требует компромисса, особенно в условиях демократии, постоянного поиска некоего среднего между моральными ценностями и материальной необходимостью, между тем, что применимо в идеале, и тем, что допускается обществом (типичный тому пример – сокращение периода беременности, при котором может применяться аборт).

Наряду с пониманием, что законодательство не может навязать добро, оно может удержать зло – и тем самым ослабить страдание. Помочь тем, кого эксплуатирует или притесняет система зла – это одно. Пытаться изменить саму систему – это другое. Это не настолько прямой и более объективный путь решения проблемы. А если он приводит к тому же результату, облегчает страдание, и, возможно, на более высоком уровне, может ли это также выражать любовь к нашим ближним?

Павел увещевает нас делать добро *всем* людям, «доколе есть время» (Гал. 6:10; в NIV – «пока у нас есть возможность». – *Прим. пер.*). Христиане, занимающие должность, которая требует от них несения ответственности за других, в торговле и промышленности, на гражданской службе и в политике, имеют такую «возможность» изменить систему к лучшему.

Они будут сознавать опасность навязывания очевидного «набожного» поведения в правовых санкциях (например, считать воскресенье религиозным днем или праздником), но будут только искать законы, которые противостоят бесчеловечности. Израильские пророки обвиняли окружающие Израиль народы именно за нарушение законов, данных избранному народу Божию (например, Амос 1:3-2:3).

Те, кто верит в тысячелетнее правление Христа на Земле после Его возвращения, имеют серьезные причины для общественного преобразования. Вместе с надеждой на совершенных людей и совершенную Церковь ожидание совершенного общества вызывает желание достичь как можно больше в этом отношении здесь и сейчас. Уверенность в том, что однажды будет установлен совершенный мировой порядок, побуждает их прилагать еще больше усилий для достижения мира и справедливости сейчас.

УБЕДИТЬСЯ В НАШЕЙ ГОТОВНОСТИ

Не то, чтобы они надеялись достигнуть этого на всемирном или даже государственном уровне прежде, чем Царь вернется установить Свое царство. Но они могут, по крайней мере, показать природу этого царства, применяя его принципы в современных условиях. Это, по сути, и повелевает «Евангелие Царствия» (Мф. 24:14).

Есть нечто даже более личное и практическое, чем это. Если миром будут править христиане, «царствуя со Христом», и общественные учреждения будут находиться в их руках (например, суды, 1 Кор. 6:2), тогда чем больше опыта они приобретут на этих должностях, тем лучше.

Позвольте закончить этот раздел примером об одном таком верующем в девятнадцатом веке.

В Западной части Лондона, а если быть точнее, то на Площади Пикадилли, стоит алюминиевая статуя. Этой статуе, похожей на Купидона, бога любви, дали популярную кличку «Эрос» (греческое слово, обозначающее сексуальную привлекательность, от которого произошло слово «эротический»). Это грубое заблуждение. Ее нужно было бы назвать «Агапе». Она представляет собой ангела милосердия и является памятником Энтони Эшли Куперу, более известному, чем Лорд Шефстбери.

Он сделал, возможно, больше, чем кто-либо другой в его время, для облегчения страдания, вызванного «Индустриальной революцией», которая переместила огромное количество населения из сельской в городскую местность, заставив их работать на заводах и шахтах, в нездоровых и даже нечеловеческих условиях. Они были просто «рабочей силой», эксплуатируемой бессовестными работодателями. Его тактикой было вызвать обоснованное чувство вины в общественном мнении, чтобы сделать возможным выход закона, который ограничил возможное жестокое обращение.

Немногие знают, что за этими общественными усилиями лежит неизменное и сознательное ожидание возвращения Христа для царствования, к которому он был готов. В начале каждого письма он писал слова: «Ей, гряди, Господи Иисусе» – молитва, записанная на последней странице Библии (Откр. 22:20).

ВЕРНОСТЬ В ТЕРПЕНИИ

Каким, вероятнее всего, становится мир: лучше или хуже? В начале двадцатого века общее мнение было оптимистичным; ключевое слово было «прогресс». Теперь, в конце этого столетия, перспективы пессимистичны; ключевое слово теперь – «выживание».

Христиане и коммунисты разделяют «апокалиптический» взгляд на историю. И те, и другие взяли его из еврейских источников, где он берет свое начало: – одни заимствовали его у Иисуса Христа, другие – у Карла Маркса.

Короче говоря, в будущем предвидятся две фазы развития истории. Первая: все станет значительно хуже, прежде чем стать лучше. Вторая: все станет значительно лучше после того, как все ухудшится. Это – основная структура книги Откровение (в главах 4-17 ситуация ухудшается; в главах 18-22 – она становится лучше).

В то время как в мире все становится хуже, у Божьего народа в этом мире дела становятся даже намного хуже. Опосредованно они переносят страдания общего характера, но в конце Великой скорби будут страдать от особых атак, направленных на них, главным образом потому, что они откажутся подчиниться тоталитарному режиму с претензиями на божественность.

Некоторые заплатят цену своей собственной кровью. Количество мучеников значительно возрастет с приближением кульминации. Более того, иной раз книга Откровение, кажется, предполагает, что почти все верующие умрут за веру, поэтому слова «победившие» и «мученики» – почти синонимы. Знаменательно то, что греческое слово *martus* или *martur* изначально значило «свидетель», а теперь означает того, кто хранит верное свидетельство ценой самой жизни.

На протяжении двух тысяч лет, начиная с побития камнями Стефана (Деян. 7:54-60), существовала «доблестная армия мучеников». Не проходит и десяти лет без того, чтобы люди не умирали за свою веру в Иисуса. Грядущее Великое Бедствие или Великая скорбь может быть в значительно большем масштабе, чем когда-либо раньше, но ее уже испытывали на местном и даже государственном уровнях.

В безбожном мире страдание – один из верных признаков истинного ученика. «Все, желающие жить благочестиво во Христе Иисусе, будут гонимы» (2 Тим. 3:12). Ранняя Церковь учила своих новообращенных ожидать скорби (Деян. 14:22). Они даже считали это за честь (Деян. 5:31). В конце концов, Иисус обещал это: «В мире будете иметь скорбь» (Ин. 16:33).

Что помогает верующим переживать настолько тяжелые обстоятельства, даже превозмогать их и «преодолевать» (Рим.8:37)? Их твердая надежда на Его возвращение, когда они получат свою награду и станут частью Его царства. Особенным будет их публичное оправдание в глазах мира, который изгнал их.

Новый Завет полон подобных ободрений. Одним из любимых высказываний Ранней Церкви было: «Если мы с Ним умерли, то с Ним и оживем; если терпим, то с Ним и царствовать будем» (2 Тим. 2:11-12). Мученики будут сидеть на престолах (Откр. 20:4). На них будут венцы, которые даются тем, кто «верен до смерти»

(Откр. 2:10). Павел, ожидая казни, знал, что имеет право на такой венец: «Подвигом добрым я подвизался, течение совершил, веру сохранил; а теперь готовится мне венец правды, который даст мне Господь, праведный Судия, в день оный» (2 Тим. 4:8).

Победители будут осыпаны наградами – правом есть от дерева жизни, сокровенная манна, белый камень, новое имя, власть над народами, утренняя звезда, белые одежды, постоянное пребывание в храме Божием и многое другое (Откр. 2:7, 17, 26; 3:5, 12).

С Его приходом все это будет принадлежать им. В этой перспективе, страдание уменьшается в размере и теряет свою устрашающую силу. «Ибо кратковременное легкое страдание наше производит в безмерном преизбытке вечную славу» (2 Кор. 4:17).

Наряду с положительными стимулами, существуют также и отрицательные устрашающие средства, связанные с Его приходом. «Верное высказывание», уже цитированное ранее, продолжает: «Если отречемся, и Он отречется от нас» (2 Тим. 2:12). Это предупреждение основано на словах Самого Иисуса: «А кто отречется от Меня пред людьми, отрекусь от того и Я пред Отцом Моим Небесным» (Мф. 10:33).

Именно об этой опасности говорилось в Послании к евреям. У верующих иудеев было искушение покинуть Церковь и вернуться в синагогу, чтобы избежать усиливающихся преследований христиан. Чтобы быть принятыми обратно, от них требовалось отказаться от веры в то, что Иисус был их Мессией. Их предупреждали, что невозможно покаяться в подобном отступничестве (Евр. 6:4-6; ср. 2:1; 3:12-14; 10:26). Иисус не будет «благоволить» к тем, кто уклоняется (буквально «спустить свои паруса») – таковы погибнут (Евр. 10:37-38).

УБЕДИТЬСЯ В НАШЕЙ ГОТОВНОСТИ

В книге Откровение есть много таких предупреждений. Имена «боязливых» будут изглажены из книги жизни Агнца, и они будут брошены в озеро огненное (Откр. 3:5; 21:8). Вечное мучение, ожидающее тех, кто не устоял перед натиском враждебной власти, призывает к верности в терпении со святыми, которые повинуются Божьим заповедям и остаются верными Иисусу (Откр. 14:12). Вся книга говорит верующим смело переносить испытание их веры и указывает им на возможность пройти через них с успехом. Может быть, поэтому читатели, не сталкивающиеся с подобными трудностями, считают эту книгу трудной для понимания!

Когда начнется преследование, терпение верующих укрепит уверенность в том, что Иисус придет победить притеснителя и защитить притесненного. Они знают, что «претерпевший же до конца спасется» (Мф. 24:13).

* * * * *

Способы, помогающие подготовиться к Его возвращению – личная вера, постоянное служение, личная святость, совместное общение, всемирное благовестие, общественная деятельность и верность в терпении.

Столкнувшись с подобной задачей, многие могут прийти в уныние, даже лишиться мужества. Давайте не забывать, что вопрос не в том, достигли ли мы этих целей ко времени Его прихода, а продолжаем ли мы стремиться к их достижению (Фил. 3:14).

Сможем ли мы когда-нибудь достигнуть такого состояния, когда будем уверены, что мы уже готовы? Существует очень простой способ определить это, а именно: как скоро мы хотим, чтобы Он пришел!

Истинные верующие не только «ожидают с небес Сына» (1 Фес. 1:10). Они страстно желают Его появления (2 Тим. 4:8; буквально, «возлюбившим явление Его»). Они не только думают об этом. Они ищут этого. Они стремятся, даже жаждут этого дня. Они желают, чтобы он настал не позднее завтрашнего дня, а если возможно, то и сегодня.

Как невеста, готовящаяся к своей свадьбе, с нетерпением ожидает этого дня, желает, чтобы он настал поскорее, так Церковь должна ожидать возвращения Жениха. «Дух и невеста говорят: прииди!» (Откр. 22:17). Как много романтических романов заканчивалось словами: «Они женились и жили долго и счастливо». Библия – не исключение!

Самая короткая молитва в Ранней Церкви состояла из двух слов на арамейском языке: «*marana tha*». Это значило просто: «Господи, гряди!» Возможно, лучший показатель нашей готовности встретить Его – это частота, с которой эта фраза на любом языке спонтанно приходит нам на ум и звучит из наших уст.

Кажется, естественным будет закончить эту главу мудрыми словами Августина, которые были произнесены много веков назад: «Кто любит приход Господа, не утверждает, что он еще далеко, и не говорит, что он близко; но он, скорее всего, является тем, кто, независимо от того, далеко ли он или близко, ожидает его с искренней верой, непоколебимой надеждой и пылкой любовью».

Б. ЗАГАДКА ОТКРОВЕНИЯ

ГЛАВА ТРЕТЬЯ

Расхождение во мнениях

Мнения по поводу книги Откровение охватывают огромный спектр. Если сложить их вместе, кажется невозможным, чтобы все они относились к одной книге.

ЧЕЛОВЕЧЕСКОЕ

мнение чрезвычайно варьируется. Реакция неверующих понятна, потому что эта книга не предназначалась для них. Возможно, это самая худшая книга, которую можно использовать, чтобы представить христианские писания. Мир предполагает, что она – результат «расстройства, в лучшем случае, или безумия, в худшем» – пример типичного комментария.

Даже среди христиан существуют различные взгляды, начиная с тех, кто испытывает страх и не может вникнуть в книгу, и, кончая фанатиками, которые не могут отойти от нее! Ученые, изучающие Библию, высказали много отрицательных мнений: «загадок столько, сколько слов»; «бессистемная масса непонятных символов»; «либо признает человека сумасшедшим, либо оставляет его сумасшедшим».

Удивительно, большинство протестантских реформаторов («влиятельных», называемых так, потому что они использовали гражданские власти, чтобы достичь своих целей) были очень низкого о ней мнения:

Лютер: «Ни апостольская, ни пророческая... каждый думает о книге то, что предполагает его дух... существует множество более замечательных книг, которые следовало бы запоминать... мой дух не может согласиться с этой книгой».

Кальвин исключил ее из своего Комментария Нового Завета!

Цвингли сказал, что ее заявления могут быть отвергнуты, потому что «она – не Библейская книга».

Такая низкая оценка повлияла на многие деноминации, которые возникли в результате Реформации.

В Ранней Церкви, как мы знаем, существовали разногласия по поводу включения ее в «канон» (правило или стандарт) Писания; но к пятому веку она была с уверенностью и всеми включена в него.

Некоторые комментаторы очень положительны в своих оценках: «единственный образец чистого искусства в Новом Завете»; «настолько прекрасна, что не поддается описанию». Даже Уильям Баркли, который собирал все это разнообразие мнений, но сам был склонен к «либеральной» точке зрения на Писание, говорил своим читателям, что она была «без сомнения достойна того, чтобы биться над ней до тех пор, пока она не даст свои благословения и не раскроет свои богатства».

САТАНИНСКОЕ

мнение, равным образом, отрицательное. Диавол ненавидит первые несколько страниц Библии (которые раскрывают, как он получил контроль над нашей планетой) и несколько последних (которые открывают, как он утратит контроль над ней). Если бы он смог убедить людей, что Бытие состоит из невозможных мифов, а Откровение – из непостижимых тайн, он был бы доволен.

У автора есть поразительное основание считать, что сатана особенно ненавидит 20 главу Откровения. Много кассет с записями, описывающими эту главу, были повреждены в период между отсылкой и получением. В некоторых случаях, части, в которых говорилось о кончине диавола, были стерты прежде, чем достигли места своего назначения; в других – на слова, записанные первоначально, налагался кричащий на иностранном языке голос, и это приводило к тому, что слова оригинала невозможно было разобрать!

Книга раскрывает его обман. Он является князем и властелином этого мира только с Божьего позволения. И оно было дано только на время.

БОЖЕСТВЕННОЕ

мнение, равным образом, положительное. Это – единственная книга в Библии, к которой приложены божественные меры награждения и наказания. С одной стороны, особыми благословениями будет наделен тот, кто читает ее вслух для себя и для других (1:3) и «соблюдающий слова» через размышление и применение (22:7). С другой стороны, особому проклятию подвергнутся те, кто вносит изменение в ее текст. В книге описаны наказания, которые постигнут виновного в его жизни, если он к ней что-то добавит, вставит. Если будет что-то отнято, удалено, у виновного будет отнято участие в вечной жизни в новом Иерусалиме.

Подобное благословение и проклятие говорит нам, насколько серьезно Бог относится к фактам и истинам, раскрытым здесь. Едва ли можно более конкретно показать ее важность.

Рассмотрев мнения в отношении этой книги, мы перейдем к самой книге.

Для начала рассмотрим ее положение в Библии. Точно так же, как Бытие не может быть ни в каком другом месте, кроме как вначале, Откровение не может быть нигде, как только в конце. Во многих отношениях оно завершает «историю».

Если бы Библия рассматривалась просто, как история нашего мира, Откровение было бы необходимо, чтобы завершить ее. Конечно, библейская история отличается от всех остальных публикаций в этом роде. Она начинается раньше, еще до того, как появились первые наблюдатели, чтобы записать события. Она заканчивается позже, предсказывая события, которые невозможно еще проследить и записать.

Отсюда, конечно, возникает вопрос, имеем ли мы дело с работой человеческого воображения или с божественным вдохновением. Ответ зависит от веры. Выбор прост: верить или не верить. Выходя за пределы разумного, вера не становится противоположностью разуму. Библейское повествование о происхождении и судьбе нашей Вселенной может стать лучшим объяснением ее настоящего состояния. Знание конца является чрезвычайно важным для нашей жизни в настоящем.

Но Библия более заинтересована в человеческой расе, и в частности, в избранных Богом людях, чем в окружении. Именно с ними у Него отношения «завета», являющиеся аналогом брачного завета. С одной точки зрения, Библия – романтическая история, в которой Небесный Отец ищет Земную невесту Своему Сыну. Как в любом хорошем романе, они «жили долго и счастливо». Но эта кульминация происходит только в книге Откровение, без которой мы никогда бы не узнали, привела ли помолвка (или «обручение»; 2 Кор. 11:22) к чему-либо или была разорвана!

Действительно, трудно представить, на что была бы похожа Библия без книги Откровение, даже если мы и не часто ею пользуемся. Представьте, что Новый Завет заканчивался бы маленьким Посланием от Иуды, адресованном Церкви во втором поколении, в которой были искажены ее вероисповедание, управление, характер и суждение. Чем все это кончится? Какая депрессивная развязка! (В русском Синодальном переводе Новый Завет заканчивается Посланием к Евреям. *Прим. пер.)*

Поэтому большинство христиан рады, что книга Откровение находится на своем месте, даже если они не очень хорошо знакомы с ней. Они чаще всего обращаются к первым нескольким главам и нескольким последним, но не чувствуют почвы под ногами в ее центральной, основной части (главы 6-18). Это происходит, по большому счету, потому, что эта часть очень отличается от всего другого. Она сложная, потому что другая. Что делает ее такой?

ГЛАВА ЧЕТВЕРТАЯ

Природа Откровения

Книга Откровение отличается от других книг Нового Завета не только по содержанию. Она также уникальна и по своей природе.

Все остальные книги имели план и намерение прежде своего написания. Каждый автор решил взяться за перо либо сам, либо с помощью «amanuensis» (т.е. секретаря; например, в Рим. 16:22). Он рассуждал над тем, что хотел сказать, прежде чем оно было записано. На результате отражался его собственный темперамент, характер, мировоззрение и опыт – даже если он был «вдохновлен» Духом Святым, направляющим его мысли и чувства.

Ученые увидели многообразные различия между книгой Откровение и другими писаниями апостола Иоанна (одно Евангелие и три Послания). Стиль, грамматика и лексика настолько необычны для него, что они пришли к выводу – она должна была быть написана другим «Иоанном». Они, в самом деле, нашли некую неясную ссылку на неизвестного старца с этим именем в Ефесе, чтобы подтвердить данное предположение. Но человек, написавший Откровение, просто представляется как «Я, Иоанн» (1:9), и это указывает на то, что он был хорошо и широко известен.

ПРИРОДА ОТКРОВЕНИЯ

Есть более простое объяснение такому контрасту, даже не учитывая очевидного отличия содержания. Иоанн никогда не планировал писать Откровение. Он никогда даже не думал об этом. Оно пришло к нему, как совершенно неожиданное «откровение» в устной и наглядной форме. Когда он «слышал» и «видел» эту удивительную серию голосов и видений, ему постоянно говорилось «запиши» это (1:11, 19; 2:1, 8, 12, 18; 3:1; 7:14; 14:13; 19:9; 21:5). Повторяющееся повеление намекает на то, что его настолько поглотило происходящее с ним, что он время от времени забывал это записывать.

Данный факт объясняет «посредственный греческий» по сравнению с его обычной беглостью. Оно было записано в спешке, в очень трудных обстоятельствах. Представьте, что вы смотрите фильм и вам говорят «все записать» по ходу просмотра. Студенты колледжа поймут «обрывочный» стиль, посмотрев на свои конспекты лекций. Почему тогда Иоанн не переписал позже свой неразборчиво написанный конспект, чтобы его постоянная форма была более отточенной? Он едва ли мог это сделать, потому что последние продиктованные слова содержали проклятие в адрес того, кто вмешивается в то, что было написано!

Все это указывает на то, что Иоанн не был автором Откровения. Он был просто «amanuensis», который записал его. Тогда кто был «автором»? Часто послание передавалось ему ангелами. Но также было и то, что Дух говорил Церквям; и было откровение Иисуса Христа. Но оно было дано Иисусу Богом. Поэтому в сложную цепь передачи информации были вовлечены Бог, Иисус, Дух, ангелы, Иоанн. Не один раз бедный Иоанн запутывался, кому воздать славу за то, что он переживал (19:10; 22:8-9). В этой книге воздавалось поклонение только двум первым звеньям в цепи.

КОГДА ИИСУС ВЕРНЕТСЯ

Среди всех книг Нового Завета именно эта книга достойна быть названной «Откровение». Греческое слово, переведенное в первом предложении, как *apokalypsis*, от которого произошло существительное «Апокалипсис» (Откровение; *прим. пер.*) и прилагательное «апокалиптический» (пророческий; *прим. пер.*) сейчас более широко используется в другой литературе, сходной по стилю и содержанию. Корень слова значит «снятие покрывала».

Это сходно с тем, как снимают покрывало с того, что было скрыто (снятие покрывала с картины или мемориальной доски).

В контексте Писания это снятие покрывала с того, что было скрыто от человека, но известно Богу. Есть то, что человек не может знать до тех пор, пока Бог не пожелает известить его. В частности, он не может знать, что происходит на небе, и он не может знать, что произойдет в будущем. Поэтому его запись и толкование событий четко ограничены временем и пространством. Это может быть только, в лучшем случае, частичный отчет о ходе истории.

Когда Бог записывает историю, Он предоставляет полную картину именно потому, что Он руководит и следит за событиями. История – Его повествование. «Я возвещаю от начала, что будет в конце, и от древних времен то, что еще не сделалось» (Ис. 46:10). В Нем взаимосвязаны прошлое, настоящее и будущее.

Таким же образом взаимосвязаны небо и Земля. Есть взаимосвязь между тем, что происходит там, наверху, и тем, что внизу. Одна из волнующих особенностей в Откровении – постоянная перемена сцен с Земли на небо и обратно. Это происходит потому, что существует связь между событиями, происходящими наверху и внизу (например, война на небе приводит к войне на Земле; 12:7; 13:7).

«Апокалиптическая» история – это история, написанная с Божьей точки зрения. Она расширяет наше понимание мировых событий, если мы видим их во свете того, что находится за пределами нашего ограниченного восприятия. Она дает нам проницательность и предвидение, расширяя наше понимание того, что происходит вокруг нас, намного больше, чем это может сделать обыкновенный историк.

Характер истории и ее цели явлены. История – это не просто случайная последовательность событий. Случайность уступает предвидению. У истории есть направление.

Время всегда важно. Время и вечность взаимосвязаны. Бог не находится за пределами времени, как полагала греческая философия. Он во времени, или вернее, время в Боге. Он – Бог, Который был, есть и грядет. Даже Сам Бог не может изменить прошлое, если оно уже однажды произошло! Смерть и воскресение Иисуса никогда не могут быть изменены или вычеркнуты.

Бог составляет Свои планы и замыслы в пределах времени (классическая книга по этой теме – *Христос и время* Оскара Калмана (*Christ and Time* by Oscar Cullmann, SCM Press, 1950). Он – Господь истории. Это Его структура, которую можно будет понять только тогда, когда Он покажет отсутствующие частички в картинке, которую мы складываем. То скрытое от наблюдения людей, что Бог раскрывает, в Новом Завете называется «тайнами».

Направление событий в прошлом и настоящем становится очевидным во свете будущего. Состояние истории невозможно определить за короткий период, только за долгосрочный. Для Бога время и относительно, и реально. «У Господа один день, как тысяча лет» (Пс. 89:5, процитированный во 2 Петра 3:8). Его удивительное терпение по отношению к нам дает повод считать, что Он «медлит» (2 Петра 3:9).

Библия содержит «философию истории», достаточно отличающуюся от тех философий, что принял беспомощный человеческий разум. Контраст станет очевидным, когда мы сравним ее с четырьмя самыми общепринятыми идеями:

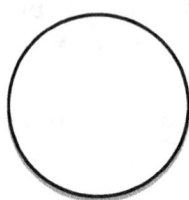

1) Циклическая. «История повторяется». Она просто движется по кругу, бесконечно повторяясь, или циклами. Иногда мир становится лучше, потом хуже, потом лучше, потом снова хуже… и так далее. Это была греческая идея.

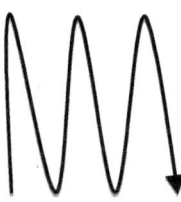

2) Ритмическая. Это колебания в цикле. Мир все еще колеблется между лучшим и худшим, н никогда в точности не повторяется. Он всегда движется вперед, но никто не может предположить, закончится ли он на подъеме или на падении!

3) Оптимистическая. Мир становится все лучше и лучше. Как сказал один британский премьер-министр в начале двадцатого столетия: «Выше и выше, дальше и дальше». Следующим словом у всех на устах было «прогресс». История была поднимающимся эскалатором.

4) Пессимистическая. У всех на устах в конце двадцатого столетия было слово «выживание». Эксперты-пессимисты верят, что мы на спускающемся эскалаторе. Он может замедлиться, но никогда не остановится. Мир будет становиться хуже до тех пор, пока жизнь не станет

невозможной (по последним оценкам это произойдет около 2040 года!).

Библейская структура отличается от всех остальных, объединяя пессимизм и оптимизм в реализм, основанный на всех фактах.

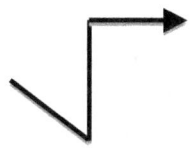 5) Апокалиптическая. Мир будет постоянно становиться хуже, потом неожиданно станет лучше, чем когда-либо был – и таким и останется.

Последнюю точку зрения разделяют иудеи, христиане и коммунисты. Все они взяли ее из одного источника: у еврейских пророков (у Карла Маркса мать была иудейкой, а отец – лютеранином). Основным отличием между ними служит их вера в то, что вызовет резкую смену направления. Коммунисты верят, что это будет человеческая революция. Иудеи верят, что это будет божественное вмешательство. Христиане верят, что это будет возвращение Богочеловека Иисуса на планету Земля.

Те, кто прочитал книгу Откровение, теперь поймут, что она, на самом деле, построена именно на этом основании. Рассмотрев настоящее в первых главах, она обращается к будущему ходу истории, которая становится все хуже (в главах 6-18), потом резко улучшается (в главах 20-22), изменение совпадает со Вторым пришествием Христа (в 19 главе).

Есть еще две характеристики «апокалиптической» истории, о которых мы должны поговорить прежде, чем пойдем дальше.

Первая характерная черта – характер, который, в основном, имеет *моральный* оттенок. Поскольку историей руководит Бог и Он совершенно благ и всемогущ, мы бы ожидали увидеть, что Он совершит правосудие для вознаграждения добра и наказания зла.

Но кажется, что ничего подобного не происходит ни в международных событиях, ни в событиях личного характера. Жизнь представляется ужасно несправедливой. История, кажется, безразлична к вопросам морали. Праведники страдают, а нечестивые благоденствуют. Звучит постоянный вопль: «Почему благой Бог позволяет подобному происходить?» Библия достаточно честно отражает недоумение Иова, Давида (Пс. 72:1-4), Самого Иисуса (Мк. 15:34, слова из Пс. 21:2) и христиан, которые были мучимы за Него (Откр. 6:10).

Подобные сомнения возникают из краткосрочного взгляда, сфокусированного, в основном, на настоящем и, частично, на прошлом. Долгосрочный взгляд берет во внимание будущее, окончательный результат. Это может абсолютно изменить понимание (Иов 42; Пс. 72:15-28; Евр.12:2; Откр. 20:4; Павел подводит итог этому в Рим. 8:18).

Все «апокалиптические» части Библии требуют такого долгосрочного взгляда, который раскрывает, что история поддерживает моральность (Дан. 7-12, с которым у Откровения много общего, служит потрясающим примером этому). Мы живем во Вселенной с моральными устоями. Благой Бог все еще на престоле. Он все приведет к правильному завершению. Он накажет нечестивых и вознаградит праведных. Он снова вернет мир в правильное состояние и даст его тем, кто сам пожелал быть преобразованным в правильное состояние. Тогда в конце истории будет написано: «долго и счастливо».

Поэтому «апокалиптическая» литература, включая Откровение, сосредоточена на таких темах, как вознаграждение, возмездие и восстановление. И прежде всего, она изображает Бога, правящего на престоле, под абсолютным контролем Которого находятся все мировые события. Обратите внимание на слово «изображает», которое представляет другую характерную черту.

Вторая характерная черта – это то, что изложение часто *символическое*. Так должно быть, поскольку сообщается о чем-то незнакомом. Каждый учитель знает, незнакомое каким-то образом соотносится со знакомым, обычно при помощи аналогии («это похоже на…»). В большинстве притч о Царстве Небесном Иисус использует Земные ситуации, чтобы облегчить понимание («Царство Небесное подобно…»).

Для того чтобы помочь людям что-то понять, в такой же мере, как и информация, необходимо воображение. Если они могут себе это «представить», им легче будет это понять. Очень важным является то, что обычно звучит ответ: «Теперь я понимаю».

В Откровении очень часто используются образные выражения. Благодаря постоянному использованию «символов», мы можем представить себе то, что при других обстоятельствах было бы непостижимым. Не будет лишним подчеркнуть, что использование образной речи предназначалось для того, чтобы помочь нашему пониманию, а не препятствовать ему. Очень многие игнорировали или даже отвергали учение этой книги из-за ее «чрезвычайно символичной» природы, как будто символы слишком непонятны для передачи ясного послания. Но если разделить их на четыре категории, тогда станет очевидным то, что это мнение не отвечает действительности:

Некоторые *очевидны* по своему значению. «Дракон» или «змей» – это диавол. «Озеро огненное» – ад. «Великий белый престол» – место, на котором Господь совершает суд.

Некоторые объясняются контекстом. «Звезды» – ангелы. «Светильники» – Церкви. «Печати», «трубы» и «чаши» – бедствия. «Фимиам» представляет возносящиеся молитвы. «Десять рогов» – цари.

У некоторых есть *аналогии* где-то в Писании. В Ветхом Завете можно найти дерево жизни, радугу, утреннюю звезду, жезл, всадников, тиранические режимы, изображенные в виде диких «зверей». Можно спокойно предположить, что эти образы сохранили свое первоначальное значение.

Некоторые *непонятны*, но их очень мало. Примером таких символов может служит «белый камень», которому ученые давали огромное количество объяснений. Является ли это объявлением невиновности? Или это знак одобрения? Или это знак превосходства? Возможно, мы не узнаем об этом до тех пор, пока не получим такой камень.

Номера также используются в качестве символов. В Откровении много чисел «семь» – звезды, подсвечники, светильники, печати, трубы, чаши. Это «круглое» число в Библии, завершенность, совершенное число. «Двенадцать» ассоциируется с древними людьми Божьими (их колена) и новыми (их апостолы); «двадцать четыре» – объединяет их вместе. «Тысяча» – самое большое число. «Двенадцать тысяч» – общая сумма от каждого колена Израилева будет составлять «сто сорок четыре тысячи».

«666» – число, которое притягивает к себе внимание. Оно состоит из шестерок, чисел, которые всегда указывают на неспособность человека достигнуть семи – «полного совершенства». Оно используется здесь, как подсказка к определению последнего мирового диктатора перед тысячелетним правлением Иисуса (на латинском – Миллениум). Важно, что «666» – это сумма всех римских цифр (I=1+V=5+X=10+L=50+C=100+D=500), за исключением одной (M=1000)? Но все попытки определить его по этому числу приведут к неудаче, пока его появление не внесет предельную ясность.

В Откровении настолько много достаточно для нас понятного, что мы можем смириться с несколькими непонятными моментами, веря, что будущие события прояснят их тогда, когда информация, действительно, будет необходима. А пока мы можем благодарить Бога за то, что Он сказал нам так много.

Конечно, Он говорит с помощью человеческих голосов, через уста Своих «пророков». Иоанн понимал, что послание, которое он передал, не было его. Он называет написанное «это пророчество» (1:3; 22:7, 10, 18, 19). Поэтому он – пророк так же, как и апостол. Это – единственная пророческая книга в Новом Завете.

Пророчество, одновременно «провозглашающее» (Божье слово о настоящем) и «предсказывающее» (Божье слово о будущем). Откровение содержит в себе и то, и другое, хотя большая часть – предсказание событий, которым еще предстоит произойти.

Когда они исполнятся? Они уже исполнились? Они исполняются сейчас? Или они все еще должны произойти? Теперь нам нужно рассмотреть разные ответы, которые даются на эти вопросы.

ГЛАВА ПЯТАЯ

Школы толкования

Приблизительно третья часть стихов в книге Откровение содержит пророчество. В них предсказано около пятидесяти шести отдельных событий. Половина из них изложена простым языком, а другая – в форме символических описаний.

Большинство из них появляются после 4 главы, которая начинается с очевидного изменения перспективы – с Земли на небеса, от настоящего к будущему («взойди сюда, и покажу тебе, чему надлежит быть после сего»; 4:1).

Ясно, что это относится к событиям, которые являются будущими для записывающего эти строки и для читателей в первом веке после РХ. Но насколько к далекому будущему они относились? Предсказанные события – это прошлое, настоящее или будущее для нас, живущих девятнадцать столетий спустя? Мы оглядываемся назад, смотрим вокруг или ожидаем их исполнения?

Отсюда начинаются разногласия. В период между тем временем и настоящим появилось четыре основных мнений, ведущих к четырем «школам толкования». Большинство комментариев написаны с одной точки зрения. Важно рассмотреть все мнения, прежде чем предположить, что одно является верным. Очень просто и рискованно последовать первому услышанному или прочитанному мнению.

Все четыре мнения сейчас твердо установившиеся, им даны знакомые названия: претеризм, историцизм (он делится на два отдельных вида), футуризм и идеализм. Пусть вас не смущает этот достаточно технический жаргон. Важно уметь определить различные подходы, с которыми вы можете столкнуться.

1. ПРЕТЕРИЗМ

Эта школа считает, что пророчества исполнились во время упадка и падения Римской империи, когда Церковь находилась под давлением императорских преследований. Они были написаны для христиан первого столетия, чтобы подготовить их к тому, что произойдет во втором и третьем столетиях. «Великий город» Вавилон, расположенный на «семи горах» (17:9), отождествлялся с Римом (похоже, что Петр делает то же сравнение; 1 Петра 5:13).

Хотя большая часть Откровения является для нас «прошлым», это не значит, что уменьшается ее ценность. Мы можем извлечь уроки из всех исторических повествований в Писании. Более того, они составляют большую часть Библии. Мы можем извлечь вдохновение и наставление из того, что произошло ранее.

Сильная сторона этой точки зрения заключается в том, что все изучение Библии должно начинаться с первоначального контекста писателя и читателей. Какое значение это имело для них? Что писатель имел в виду и что читатели могли понять в их ситуации – это важные шаги к толкованию и применению.

Но существует и большое количество слабых сторон. Во-первых, очень немногие, или вообще какие-то конкретные пророчества действительно исполнились во время Римской империи. Можно выделить только несколько общих тенденций, но никакого конкретного отношения (некоторые пытались извлечь число «666» из букв «Нерон Кесарь», хотя Откровение, возможно, было написано через тридцать лет после его смерти!). Это также значит, что после падения Рима большая часть книги потеряла свою значимость и, действительно, очень мало говорила Церкви, которая существовала позже. Поскольку практически все ученые согласны с тем, что последние несколько глав касаются конца света, который для нас все еще является будущим, остался большой пробел между началом и концом истории Церкви, без единого точного руководства для многих столетий между этими событиями. Этот недостаток восполняется вторым подходом.

2. ИСТОРИЦИЗМ

Эта школа верит, что предсказания относятся ко всему «веку христианства», между первым и вторым приходом Христа. Это – систематизированная история «anno domini» (с латинского буквально «от лета Господня» – новая эра, от Рождества Христова; *Прим. пер.*) в символической форме, охватывающая основные фазы и кризисы всего периода. Поэтому исполнение – это прошлое, настоящее и будущее для нас. Мы – непосредственные участники истории, и из того, что уже произошло, мы можем узнать, что будет следующим в программе.

Один ученый выпустил каталог перекрестных ссылок между каждой частью Откровения и многими томами «Кембриджской античной и современной истории» (*Cambridge Ancient and Modern History*). Он, в общем, настаивает на том, что мы находимся где-то в 16 или 17 главе!

По крайней мере, эта теория сделала книгу значимой для каждого поколения христиан. Она также стимулирует интерес. Но в ней более чем достаточно недостатков.

ШКОЛЫ ТОЛКОВАНИЯ

Один недостаток – это то, что многие детали скорее подогнаны под известные события, что выглядит довольно неестественно. Но основная проблема заключается в том, что не найдется и двух «историцистов», у которых было бы общее мнение в отношении взаимосвязи Писания и истории! Если бы они использовали правильный метод, тогда было бы больше единства в их заключениях. Они все еще работают над многими не исполнившимися деталями.

Пока мы рассмотрели только один вид «историцизма». Мы назовем его *линейным*, так как он придерживается мнения, что центральная часть Откровения продвигается по прямой линии событий от первого до второго пришествия Христа.

Есть еще один вид, который мы назовем *циклическим*, поскольку он придерживается мнения, что Откровение несколько раз охватывает всю историю Церкви, постоянно возвращаясь к началу и «повторяя» события с другой стороны. Одна широко распространенная книга «Больше чем победители» Уильяма Хендриксена (*More than Conquerors* by William Hendriksen, Baker, 1960) утверждает, что обнаружено семь таких циклов, каждый из которых охватывает весь век христианства (в главах 1-3, 4-7, 8-11, 12-14, 15-16, 17-19, 20-22)! Это позволяет ему поместить Миллениум (в 20 главе) перед Вторым пришествием (19 глава) и таким образом придерживаться «пост-миллениумной» точки зрения (см. стр. 326-330). Но такой «прогрессивный параллелизм», как его называют, кажется больше притянутым к тексту, чем находится в нем. В частности, совершенно необоснованным является радикальное разделение 19 и 20 глав.

Толкование историцизма – это, возможно, наименее удовлетворительный и наименее убедительный подход как в линейной, так и циклической форме.

3. ФУТУРИЗМ

Эта школа верит, что центральный блок предсказаний относится к последним нескольким годам перед Вторым пришествием. Поэтому это все еще в будущем для нас, как следует из названия. Речь идет о кульминации контроля зла в мире, которая для людей Божьих будет Великой скорбью (Откр 7:14 также соотносится с тем, что сказал Иисус в Мф. 24:12-22).

Все события будут помещены в достаточно короткий промежуток времени – три с половиной года, если быть точным (конкретно названный «конец времени, времен и пол-времени» или «сорок два месяца» или «тысяча двести шестьдесят дней»; 11:2-3; 12:6 и 12:4, цитируя Дан. 12:7).

Поскольку события все еще являются будущим, есть тенденция рассматривать пророчества более буквально, как подробное описание того, что произойдет. Нет никакой нужды привязывать их к прошедшей истории. Безусловно, последовательность бедствий, кажется, ведет прямо к концу света.

Тогда что это говорит Церкви, существующей на протяжении веков? Большая часть книги, в этом случае, будет относиться только к самому последнему поколению верующих. Удивительно, многие футуристы также верят, что Церковь будет «восхищена» на небо до начала скорбей (см. стр. 227), поэтому даже последним христианам совершенно не нужно знать этого!

Самый большой недостаток – это то, что футуристы склонны рассматривать Откровение, как «альманах», который вызывает чрезвычайный интерес схемами и планами будущего. Тот факт, что они не всегда согласуются, предполагает, что Откровение не было, главным образом, написано для подобных гипотетических целей.

4. ИДЕАЛИЗМ

Этот подход отбрасывает все конкретные временные ссылки и лишает взаимосвязи определенные события. Откровение описывает «вечную» войну добра и зла, и «истины», содержащиеся в его повествовании, могут быть применимы к любому веку. Битва между Богом и сатаной продолжается, но божественную победу может одержать «победившая» Церковь в любое время. «Суть послания» может быть применима всеми в любое время и в любом месте.

Основным и, возможно, единственным достоинством этой точки зрения является то, что послание, записанное в книге, начинает непосредственно относиться ко всем, кто его читает. Они борются, как и было описано и уверены в том, что «Тот, кто в вас, больше того, кто в мире» (1 Ин. 4:4). Это возможно «все преодолевать силой Возлюбившего нас» (Рим. 8:37).

Эта точка зрения, однако, рассматривает Откровение, как «миф». Оно истинно в духовном смысле, но не исторически. События выдуманы, но истории содержат истины – как в баснях Эзопа или в «Путешествии Пилигрима». Истину необходимо откопать в повествовании прежде, чем применить. Цена такого процесса «демифологизации» – пренебрежение большим количеством материала, опуская его, как поэтическую вольность, которая скорее является частью упаковки, чем содержимого.

За всем этим стоит греческая философия, которая разделяла божественное и физическое, духовное и мирское, вечность и время. Бог, говорили они, вечен. Итак, истина вечна, поэтому она также своевременна. Но она находится вне «времени». Их представление о том, что история циклична, исключает понятие «конец времени», идею того, что время может достичь кульминации или завершения.

Это несет в себе серьезные последствия для «эсхатологии» (учение о «последних событиях», от греческого слова *eschatos* = «конец» или «последний»). Такие события, как Второе пришествие и День Суда, перенесены из будущего в настоящее, из тогда – в теперь. Эсхатология становится «экзистенциальной» (т.е. заинтересованной в настоящем моменте существования, или как говорят, является «реализованной» (как «реализуемые» вложения – иметь деньги для того, чтобы потратить в данный момент).

Конечно, необходимо было радикально изменить «предсказания», чтобы они подходили к настоящему времени – обычно посредством «одухотворения» их («платонический» образ мышления). Например, «Новый Иерусалим» (в 21 гл.) становится скорее описанием людей, чем места, «идеализированной» (обратите внимание на слово) картиной Церкви, архитектурные детали просто забыты!

Пришло время подвести итоги этому обзору. Есть четыре разных ответа на вопрос: какой период времени охватывает Откровение?

Претеризм отвечает: первые несколько веков после РХ.

Историцизм отвечает: все века после РХ от первого до Второго пришествия.

Футуризм отвечает: последние годы последнего века после РХ.

Идеализм отвечает: любой век после РХ, никакой конкретно.

Итак, какой ответ правильный? В каждом есть свои «за» и «против». Нужно ли нам делать среди них выбор? Могут ли они все быть верными? Могут ли они все быть неверными?

Последующие наблюдения могут помочь читателю прийти к заключению.

ШКОЛЫ ТОЛКОВАНИЯ

Во-первых, кажется, что ни один ключ не раскрывает всю книгу. Каждая «школа» имеет долю истины, но ни одна не раскрыла всю истину. Когда используется только один подход, всегда присутствует некоторая манипуляция текстом.

Во-вторых, нет причины, почему не может быть использовано больше одного подхода. Тексты содержат разные значения и применения. Но, все же, необходим некоторый контроль, чтобы избежать произвольного использования разных подходов для поддержания уже принятого мнения, прежде изучения Писания. Такое ограничение обеспечивается контекстом и постоянным вопросом: подразумевалось ли это значение автором Богом или писателем-человеком?

В-третьих, части каждого из четырех методов могут помочь пониманию. Некоторые элементы из всех четырех совместимы и могут быть использованы в соединении друг с другом, хотя следует добавить, что другие элементы абсолютно несовместимы и не могут быть соединены.

В-четвертых, акцент может изменяться в разных разделах книги. На каждом этапе должен быть выбран и использоваться наиболее подходящий метод или методы толкования. В заключение этой главы мы проиллюстрируем это практически, рассмотрев три основных деления книги:

А. Начало (гл. 1-3)

Этот раздел не слишком спорный и, таким образом, чаще и увереннее объясняемый, по сравнению с остальными (для примера смотри «Что Христос думает о Церкви» Джона Стота (*What Christ thinks of the Church* by John Stott, Lutterworth Press, 1958). Большинство устраивает традиционное толкование (но не устраивает применение!). Проблема с этим разделом заключается в том, что мы *не просто* понимаем его, но понимаем очень хорошо. Есть несколько проблем с деталями (ангелы) и символами (белые камни и сокровенная манна). Но письма к семи Церквям в Азии не отличаются от других новозаветных посланий. Итак, какая «школа» наиболее подходящая?

«Претеризм», без сомнения, прав, направляя наше внимание к первому веку. Любое истинное толкование должно начинаться с того, что это значило для них тогда. Но нужно ли на этом останавливаться?

«Историцизм» верит, что семь Церквей представляют всю Церковь на протяжении всего *времени*, семь последовательных эпох в истории Церкви. Ефес охватывает Раннюю Церковь, Смирна – римские преследования, Пергам – времена Константина, Фиатир – Средние века, Сардис – Реформацию, Филадельфия – всемирное миссионерское движение, а Лаодикия – двадцатый век. Но параллели натянуты (западные церкви могут выглядеть «лаодикийскими», но церкви «третьего мира» – абсолютно нет!) Эта схема просто не подходит.

«Футуризм» даже более неестественный, веря, что семь Церквей будут снова основаны в тех же городах в Азии перед самым возвращением Иисуса, опираясь на ошибочное предположение, что слова «Я приду» (2:5, 16; 3:4) относятся ко Второму пришествию. На самом деле, эти Церкви давно исчезли, их «светильники сдвинуты».

«Идеализм» обычно разделяет точку зрения «претеризма» по этому разделу, но добавляет уверенность в том, что семь исторических Церквей представляют Церковь в целом на протяжении *всего времени* ее существования. Ефес представляет традиционные отношения, но без любви, Смирна – страдание, Пергам – выносливость, Фиатир – безнравственность, Сардис – смерть, Филадельфия – немощность, но евангелистскую, Лаодикия – равнодушие.

Охватывают ли они вместе взятые весь объем Церковной характеристики, остается предметом дискуссий. Но ободрение и вызов их примера может быть применен везде и в любое время.

Итак, претеризм с каплей идеализма кажется правильной смесью для первого раздела.

Б. Середина (гл. 4-18)

Эта часть вызывает больше всего разногласий. Видение Божьего престола во вступительной части представляет несколько проблем, но побуждало к поклонению на протяжении веков. Споры начинаются с места, где Иисус Лев/Агнец изливает бедствия на мир и страдание на Церковь. Когда это происходит? Это должно быть когда-то между вторым веком («после» обращения к семи Церквям; 4:1) и Вторым пришествием (в гл. 19).

«Претеризм» ограничивает этот раздел «упадком и падением Римской империи». Но остается фактом то, что большинство предсказанных событий, особенно «природных» катастроф, не произошли на протяжении того периода. Большую часть текста следовало бы рассматривать, скорее, как «поэтическую вольность», чем смутный намек на то, что должно произойти.

У «историцизма» похожая проблема, когда пытаются уместить всю историю Церкви в эти главы, то ли как непрерывное повествование, то ли неоднократные «повторения». Детали не сойдутся.

«Футуризм», конечно, свободен верить в буквальное исполнение детального предсказания, поскольку ни одно из них еще не исполнилось. Две особенности, кажется, подтверждают, что это – наиболее верное применение. Во-первых, «скорби», очевидно, хуже всего того, что мир когда-либо видел (как предсказал Иисус в Мф. 24:21). Во-вторых, они, вероятно, приведут прямо к событиям в конце истории. Но все ли это? Неужели этот раздел не имеет ценности до того времени?

«Идеализм» ошибается в том, что «демифологизирует» этот раздел, совершенно отделяя его от времени. Но правильным будет найти послание, которое можно применить к любой фазе истории Церкви. Подсказка находится в самом Писании, которое ясно учит, что будущие события отбрасывают тень во времени. Иисус по-разному «предсказан» в Ветхом Завете (как объясняет Послание к евреям). Приходу антихриста будут предшествовать «многие антихристы» (1 Ин. 2:18); приходу лжепророка – многие лжепророки. (Мф.24:11). Грядущее всемирное преследование уже испытывают на местном уровне во многих регионах. Великая скорбь отличается только по масштабу от обычной во все времена скорби (Ин. 16:33; Деян. 14:22). Итак, эти главы могут помочь нам понять настоящие тенденции и их окончательную кульминацию.

Поэтому футуризм и некоторое количество идеализма самым лучшим образом открывают этот раздел.

В. Конец (гл. 19-22)

Кажется, что Откровение становится более понятным к концу, но все равно еще остаются несколько спорных моментов. Большинство относит эти главы к отдаленному будущему, к «самым последним» событиям, которые произойдут, начиная с возвращения Христа (в гл. 19).

«Претеризм» здесь выбывает. Очень немногие пытаются подогнать эти главы ко дням Ранней Церкви.

Школа «историцизма» делится резко пополам. «Линейный» вид неизменно рассматривает этот раздел, как «последние времена», следующие за эпохой Церкви. Но «циклический» находит «повторения» даже здесь. Некоторые рассматривают Миллениум в 20 главе, как описание Церкви перед Вторым пришествием в 19 главе!

ШКОЛЫ ТОЛКОВАНИЯ

Другие рассматривают «новый Иерусалим» в 21 главе, как описание тысячелетнего царства перед последним Судом в 20 главе! Настолько радикальное перемещение событий не подтверждается самим текстом и предполагает манипуляцию в интересах богословских систем и догм.

У «футуризма» есть несколько противопоставлений в этом разделе. Второе пришествие, День Суда, новое небо и Земля определенно еще не наступили.

У «идеализма» есть несколько предложений в этом разделе. Они склонны совершенно не придавать значения новой Земле и говорят о небе, как о бесконечной сфере, в которую перемещены верующие после смерти. «Новый Иерусалим» изображает эту вечную реальность («Сион» в Евр. 12:22), которая никогда не «спустится с небес» (не смотря на Откр. 21:2, 10!).

Итак, монополию в подходе к этому разделу можно передать футуризму.

В следующей главе мы поделимся «вступлением» в сам текст Откровения, используя приемы, которые мы считаем подходящими (которые не включают историцизм). Однако прежде чем мы сделаем это, необходимо рассмотреть еще один важный момент.

Четыре «школы» толкования разделяют одно общее предположение, что самый важный вопрос – КОГДА? То есть, когда по времени исполнятся предсказания?

Это, в первую очередь, предположение, что Откровение, главным образом, занимается прогнозом будущего, чтобы удовлетворить наше любопытство или уменьшить наш страх, открывая то, что произойдет в ближайшем и отдаленном будущем.

Но это крайне спорный вопрос. Новый Завет никогда не потакает бесполезным предположениям, но напротив, предупреждает о них. Все «скрытое», что исполнится в будущем, имеет практическую, более того, моральную цель. Будущее раскрывается только лишь для того, чтобы оказать влияние на настоящее.

Поэтому основной вопрос не «когда?», а ЗАЧЕМ? Зачем было написано Откровение? Зачем оно было открыто Иоанну? Зачем ему было сказано передать его? Зачем нам нужно читать и «соблюдать» эти слова?

Не только для того, чтобы сказать нам, чему предстоит произойти, а чтобы подготовить нас к тому, чему предстоит произойти. Как мы подойдем к этому ответу?

ГЛАВА ШЕСТАЯ

Осознавая цель

Почему была написана книга Откровение? Ответ сразу становится понятным, если задать другой вопрос: кому она была написана?

Она не была задумана, как университетский учебник для богословов-преподавателей или студентов. Часто именно они представляли ее настолько сложной, что это пугало простого человека. Пусть один из них признает это:

> Мы с уверенностью утверждаем, что изучение этой книги не допустит ни единой ошибки, если бы необъяснимое, часто смешное предубеждение богословов во все времена не затрудняло бы ее настолько и не наделяло ее изобилием трудностей, от чего большинство читателей в страхе избегают ее. Без этих предубеждений Откровение стало бы самой простой, самой открытой книгой, которую когда-либо записывал пророк (Reuss, в 1884 году, процитирован в *The Prophecy Handbook*, World Bible Publishers – 1991).

С тех пор ситуация практически не изменилась, и это раскрывает недавний комментарий:

Это – одна из неудач нашей, ориентированной на экспертную оценку, культуры, когда все, что кажется сложным, отправляется для изучения в университет (Юджин Петерсон, написавший об Откровении в *«Reversed Thunder»*, Harper Collins, 1998, p. 200).

Это привело к распространенному мнению, что эту книгу не поймет «непрофессионал» (независимо от того, используется ли это понятие в духовном или педагогическом смысле).

ОБЫЧНЫЕ ЧИТАТЕЛИ

Не будет лишним подчеркнуть, что Откровение было написано для самых обычных людей. Оно было адресовано членам семи Церквей в то время, когда было «не много мудрых по плоти, не много сильных, не много благородных» (1 Кор. 1:26).

Об Иисусе было сказано, что «множество народа слушало Его с услаждением» (Мк. 12:37). Это было наградой и для них, и для Него. Они признавали, что Он «говорил со властью», что Он знал, о чем говорил. Намного легче ввести в заблуждение высокообразованного!

Книга Откровение раскрывает свои сокровища тем, кто читает ее с простой верой, открытым умом и чутким сердцем.

В Америке рассказывали историю, которая подчеркивает идею, хотя звучит, как придуманная проповедником история, как один маленький сын пастора спрашивал у своего отца: «Папа, та история была правдой, или ты только проповедовал?» Как-то несколько студентов-богословов, устав и запутавшись в «апокалиптической» лекции, решили поиграть в баскетбол в спортзале университета. Играя, они обратили внимание на сторожа, который читал свою Библию в ожидании времени, когда нужно будет запереть на ночь спортзал. Они спросили, какую часть Библии он изучал, и были удивлены, когда обнаружили, что он читает Откровение. «Ты же не понимаешь ее, не так ли?» «Конечно, понимаю». «Тогда о чем она?» С искрящимися глазами и широкой улыбкой прозвучал ответ: «Просто! Иисус побеждает!!!»

Конечно, можно сказать намного больше этого. Но это неплохое обобщение основной темы. Множество людей изучало содержание, но упустило основную тему. Основное требование – это общий смысл. Никто не воспринимает книгу буквально. Никто не воспринимает ее абсолютно символически. Но где нужно провести черту между буквальным и символическим? Это окажет сильное воздействие на толкование. Общий смысл станет огромной помощью. Четыре всадника – это символы, но войны, кровопролитие, голод и болезни, безусловно, представлены буквально. «Озеро огненное» – символ ада, но вечные «мучения» в нем – буквальны (Откр. 20:10).

Было бы полезно применить правила простой речи. Слова нужно понимать в их самом доступном и простом смысле, кроме тех случаев, где ясно указано на их другое значение. Следовало бы предположить, что говорящие (включая Иисуса) и писатели (включая Иоанна) имеют в виду то, что говорят. Их взаимосвязи должны восприниматься по «номинальной цене».

Другое правило – это то, что одно и то же слово в одном и том же контексте должно бы иметь одно и то же значение, опять-таки, если только ясно не указано на другое их значение. Неожиданное изменение значения слова, к тому же, даже без предупреждения, будет так же сбивать с толку, как и изменение произношения или написания. Это правило непосредственно касается двух «воскресений» в 20 главе Откровения.

К сказанному нам нужно добавить важное замечание, что Откровение было написано для обычных людей, во время и в месте, которые разительно отличаются от наших. Не удивительно, если то, что было очевидным для них, является непонятным для нас, живущих две тысячи лет спустя и на таком же расстоянии от них.

Они были язычниками из смешанных народов, живших в римской провинции, говоривших на греческом языке, читавших еврейские Писания и объединенных вместе христианской верой. Поэтому нам нужно использовать как можно больше информации об их окружении, культуре и языке. Предмет изучения – выяснение, что *они* понимали, когда слышали читаемое им (возможно за один присест) вслух Откровение. Оно будет достаточно отличаться от того, что мы понимаем, читая его про себя, небольшими частями каждый день.

Но книга так же понятна для нас в наше время, или она бы не была в Новом Завете. Господь имел в виду это, когда давал ее Иоанну. Из этого мы можем предположить, что наше расстояние во времени и пространстве не является непреодолимым препятствием.

Намного более важный фактор, чем культурное различие – различие обстоятельств. Важно спросить, какая ситуация потребовала написания этой книги. Это – универсальное средство для понимания всей книги. За любой другой книгой в Новом Завете стоит причина для ее написания – нужда, на которую она должна ответить. Откровение – не исключение.

ПРАКТИЧЕСКИЕ ПРИЧИНЫ

Мы уже говорили, что основная цель книги – не представить график будущих событий, а подготовить людей к тому, что произойдет. Итак, что такое приближается, к чему без этой книги они не будут готовы? Ответ приходит на первой странице (1:9-10).

Иоанн, писатель, уже страдает за свою веру. Он находится в заключении, но не за преступление. Он – «политический» заключенный на острове Патмос в Эгейском море (современным эквивалентом будет Алкатрас, или остров Роббен). Он был арестован и сослан по религиозным причинам. Его уникальная преданность «Слову Божьему и свидетельству Иисуса» рассматривалась, как измена власти, угроза «pax Romana» («Римскому миру»; *прим. пер.*), основанному на политеистической терпимости и культе императора. Ожидалось, что граждане будут верить во многих богов, и император был одним из них.

В конце первого столетия эта ситуация достигла переломного момента, вызвав кризис сознания для христиан. Юлий Цезарь первый провозгласил себя богом. Его преемник Август поощрял строительство храма в свою честь; в Азии было построено несколько подобных храмов (сейчас западная Турция). Время, когда Нерон начал преследование христиан (он делал из них факелы для своих вечеринок в ночных садах, измазывая их смолой и сжигая заживо или зашивая их в шкуры диких животных, чтобы потом натравить на них собак) было ограничено по длительности и месторасположению.

В последней декаде первого столетия стал править Домициан, который инициировал самые жестокие выпады против христиан, которые продолжались, периодически, на протяжении двухсот лет. Он потребовал всеобщего поклонения себе, под страхом смерти. Раз в году должен был «возжигаться на огне жертвенника фимиам перед его бюстом с восклицанием: «Цезарь – Господь». Установленный день, в который должно было это совершаться, был назван «Днем Господним».

Именно в этот день Иоанн начал записывать Откровение. Можно простить современных читателей, которые считают, что это было воскресенье. На самом деле, так и могло быть, но в Ранней Церкви воскресеньем называли «первый день недели». В греческом тексте два элемента указывают на ежегодный императорский праздник. Первый – определенный артикль перед словом «Господь». Второй – тот факт, что слово «Господь» используется в форме имени прилагательного, а не существительного («Господний день»), именно так назвал этот день Домициан, который также потребовал титул «Господь и наш Бог».

Тяжелые времена ожидали впереди. Для тех, кто отказывался говорить что-либо, кроме «Иисус – Господь», это было вопросом жизни и смерти. Слово «свидетель» (в греческом: *martur*) приобрело новое, смертельное значение. Церковь столкнулась с самым жестоким испытанием. Сколько человек останутся верными под таким давлением?

К тому же, Иоанн остался единственным из двенадцати апостолов. Все остальные уже умерли мученической смертью. Христианские предания говорят о том, что Андрей умер на кресте в форме Х в Патрасе в Ахаии, Варфоломею (Нафанаилу) заживо содрали кожу в Армении, Иаков (брат Иоанна) был обезглавлен Иродом Агриппой в Иерусалиме; Иаков (сын Клеопы и Марии) был сброшен с храмовой башни и побит камнями, Иуда (Фаддей) был убит стрелами в Армении, Матфей умер от меча в Парфе, Петр был распят вниз головой в Риме; Филипп был повешен на столбе в Иерополе во Фригии, Симон (Зилот) был распят в Персии, Фома умер от копья в Индии, Матфий был побит камнями и обезглавлен. Павел также был обезглавлен в Риме. Поэтому писателю Откровения была слишком хорошо известна цена верности Иисусу. Тогда он не знал, что он будет единственным апостолом, который умрет своей смертью.

Откровение – это «руководство для мученика». Оно призывает верующих «быть верными до смерти»(2:10). На его страницах часто изображаются мученики.

Верующих ободряют «держаться до конца». Одно из часто встречающихся призывов – «терпеть», пассивная позиция. Прямо в середине величайшей скорби звучит призыв: «Здесь терпение святых, соблюдающих заповеди Божии и веру в Иисуса» (14:12). Можно сказать, что это – ключевой стих всей книги.

Но также звучит и призыв к активной позиции в страданиях за Иисуса: «побеждать». Этот глагол используется даже чаще, чем «терпеть» и может считаться ключевым словом всей книги.

Каждое письмо к семи Церквям оканчивается призывом к каждому члену быть «победителем», то есть, побеждать все испытания и преследования, как внутри, так и вне Церкви. Отступление от истинной христианской веры и поведения – это неверность Христу.

Послание говорит не только о том, что Иисус побеждает, но и что христиане также должны побеждать. Они следуют за Господом, Который говорил:

«Мужайтесь: Я победил мир» (Ин. 16:33) и Который теперь говорит в Откровении: «Вы также должны победить мир».

Вот почему эта книга становится настолько значимой для христиан, которых преследуют. Может быть, поэтому западные христиане в уютных Церквях не могут определить, в чем же заключается ее важность. Ее нужно читать со слезами.

Книга предлагает два стимула, чтобы побудить преследуемых быть «победителями». Один стимул положительный: *награда*. Много наград предлагается тем, кто останется непоколебимым – право есть от дерева жизни в Божьем раю; не пострадать от второй смерти; есть сокровенную манну и получить белый камень с тайным именем на нем; иметь власть управлять народами; сидеть с Иисусом на Его престоле; быть одетым в белые одежды; стать столпом в храме Божьем, имея на себе Его имя, и никогда не покидать его. Больше и превыше всего страдания верующему обещается место на новом небе и новой Земле, вовеки наслаждаясь Божьим присутствием. Потрясающая перспектива.

Но предлагается также и отрицательная мотивация: *наказание*. Какова судьба верующих, которые оказались неверными под давлением? Одним словом, у них не будет ни одного из перечисленных благословений. Более того, они разделят судьбу неверующих в «озере огненном». Эту ужасную возможность подтверждают два стиха, взятые из первого и последнего разделов.

«Побеждающий...не изглажу имени его из книги жизни» (3:5). Если язык абсолютно ничего не значит, это говорит о том, что тем, кто не побеждает, грозит опасность того, что их имена будут изглажены (буквально, «выскобленны» ножом с пергамента). «Книга жизни» встречается в четырех книгах Библии (Исх. 32:32; Пс. 68:29; Фил. 4:3; Откр. 3:5). В трех местах содержится упоминание о том, что Бог изгладил имена людей, которые согрешили против Господа. Читать стих в Откровении так, как будто он включает в обещание тех, «кто не побеждает», является тем же, что и сделать награду бессмысленной.

«Побеждающий наследует все [новое небо и Землю с новым Иерусалимом] и буду ему Богом, и он будет Мне сыном. Боязливых же и неверных, и скверных... участь в озере, горящем огнем и серою; это смерть вторая» (21:7-8). Следует помнить, что все Откровение адресовано верующим, а не неверующим. Во всех отношениях оно адресовано «святым» и «Его слугам». Оно относится здесь к малодушным и ненадежным верующим. Это подтверждается словом «но», что прямо противопоставляет тех, кто заслуживает подобную участь, тем верующим, которые «побеждают».

Другими словами, Откровение ставит перед *христианами* две участи. Они либо воскреснут со Христом и будут править с Ним в новой Вселенной, либо утратят свою часть в царстве и окажутся в аду.

Подобная альтернатива подтверждается всем Новым Заветом. Евангелие от Матфея – это «руководство для учеников», в котором содержатся пять основных бесед, относящихся к «сынам царства». Здесь находится большая часть учения Иисуса об аде, и все Его предупреждения, за исключением двух, обращены к Его ученикам. Нагорная проповедь (в гл. 5-7), которая благословляет тех, кого преследуют за Иисуса, говорит об аде и заканчивается напоминанием, что существуют два пути. Поручение нести Благую Весть (в гл. 10) включает напутствие: «Не бойтесь убивающих тело, души же не могущих убить; а бойтесь более того, кто может и душу, и тело погубить в геенне» (стих 28) и «кто отречется от Меня пред людьми, отрекусь от того и Я пред Отцем Моим Небесным» (стих 33). Беседа на горе Елеонской (в гл. 24-25) осуждает ленивых и небрежных слуг господина, определяя их «одной участи с лицемерами» (24:51) и выбрасывая их «во тьму внешнюю: там будет плач и скрежет зубов» (25:30).

Павел придерживается того же направления, напоминая Тимофею о надежности, говоря:

Если мы с Ним умерли,
    то с Ним и оживем;
Если терпим,
    то с Ним и царствовать будем;
Если отречемся,
    и Он отречется от нас… (2 Тим. 2:11-12).

Многие христиане отрицают последствия всего этого. Конечно, еще многое следовало бы сказать (автор более подробно рассматривает этот важный вопрос в книге «Однажды спасен, спасен навсегда?») Между тем, позиция Откровения кажется очень понятной. Верующие могут утратить их «право на древо жизни и святой город», просто исказив текст этой книги (22:19), таким образом изменив ее послание.

Мы можем подытожить цель Откровения, сказав, что оно было написано, чтобы убедить христиан, столкнувшись с невероятным давлением, «терпеть» и «побеждать» и, таким образом, избежать «второй смерти», сохранив свои имена в «книге жизни». Мы увидим, что каждая глава и стих легко подойдут к этой общей цели, когда мы посмотрим на форму или структуру всей книги.

ГЛАВА СЕДЬМАЯ

Анализ структуры

Если мы правильно определили, что цель Откровения – подготовка верующих ко встрече с гонением и даже мученичеством, она, вероятно, должна соотносить это с каждой частью книги. Более того, общая структура должна раскрывать развитие этой темы.

Анализируя содержание с разных точек зрения и для разных целей, начиная с самых простых, мы составим несколько планов. Наиболее очевидное разделение встречается в 4:1, где происходит радикальное перенесение взгляда с Земли на небо, и из настоящей ситуации к планам на будущее:

> 1-3 НАСТОЯЩЕЕ
> 4-22 БУДУЩЕЕ

Обширная вторая часть также четко делится на плохие и хорошие новости. Смена одних на другие происходит в 19 главе. Итак, у нас выходит:

> 1-3 НАСТОЯЩЕЕ
> 4-22 БУДУЩЕЕ
>   4-18 *Плохие новости*
>   20-22 *Хорошие новости*

Теперь мы рассмотрим, как каждый раздел соотносится с основной целью книги. То есть, как каждая часть подготавливает верующих к наступлению Великой скорби? Мы можем расширить план следующим образом:

1-3   НАСТОЯЩЕЕ
        Все должно быть исправлено сейчас.
4-22   БУДУЩЕЕ
4-18   *Плохие новости*: все станет намного хуже прежде, чем улучшится.

20-22   *Хорошие новости*: все станет значительно лучше после того, как все станет хуже.

Остается добавить только один пункт, а именно 19. Что происходит в этой главе такого, что изменяет всю ситуацию? Второе пришествие Иисуса на планету Земля! Это, в самом деле, – основа всей книги, согласно введения и эпилога (1:7 и 22:20). Теперь мы можем вставить «19 Возвращение Иисуса» между плохими и хорошими новостями (чтобы не повторять без необходимости план, читателям предлагается написать его самостоятельно в пробеле, оставленном выше).

Если держать в уме этот простой план при прочтении книги, многое прояснится. Более того, станет очевидной целостность всей книги. Ее цель достигается в три этапа.

Первый: Иисус говорит Церквам, что они должны заняться внутренними проблемами, если они испытывают внешнее давление. Компромисс между верой и делами, терпимость к идолопоклонству или безнравственности ослабляют Церковь изнутри.

Второй: Иисус, Который всегда был честным, показывает им самое худшее, что может с ними произойти. Им никогда не нужно будет проходить через что-то еще более худшее! И самое худшее время в будущем будет длиться, самое большее, только несколько лет.

Третий: Иисус открывает то чудесное, что будет впоследствии. Упустить такие надежды на вечность, чтобы только избежать временных страданий, будет величайшей из всех трагедий.

Во всех трех случаях Иисус ободряет Своих последователей «терпеть» и «побеждать», пока Он не вернется. Один стих подводит всему этому итог: «Только то, что имеете, держите, пока приду» (2:25). Потом Он сможет сказать: «Войди в радость господина твоего» (Мф. 25:21).

Конечно, есть другие способы анализировать книгу. «Тематический» план более похож на предметный указатель, который поможет нам «разобраться» в книге.

Такой план упускает переходы с Земли на небо и обратно. Мы сможем работать с тремя временными периодами:

А. Что уже происходит в настоящем (1-5)
Б. Что произойдет в недалеком будущем (6-19)
В. Что произойдет в далеком будущем (20-22)

Мы рассмотрим основные признаки каждого периода и постараемся расположить их в таком порядке, чтобы можно было легче запомнить. Вот один пример такой «каталогизации» событий:

А. НАСТОЯЩЕЕ
    1-3   Один вознесшийся Господь
           Семь избранных светильников
    4-5   Создатель и творение
           Лев и Агнец

Б. НЕДАЛЕКОЕ БУДУЩЕЕ
    6-16   Печати, трубы, чаши
           Диавол, антихрист, лжепророк

17-19	Вавилон – последняя столица
	Армагеддон – последняя битва

В. ДАЛЕКОЕ БУДУЩЕЕ

20	Тысячелетнее царство
	Судный день
21-22	Новое небо и новая Земля
	Новый Иерусалим

Обратите внимание, что 4-5 главы теперь в первом разделе. Это потому, что «действие», ведущее к Великой скорби, на самом деле, начинается в 6 главе. 19 глава теперь во втором разделе, потому что здесь заканчивается Великая скорбь, со Христом, побеждающим «нечестивую троицу».

Такой план легче запоминается и обеспечивает полезной, «нужной ссылкой» при поиске конкретных тем.

Важно сделать подобное упражнение прежде, чем проводить более тщательное исследование в нескольких разделах. Есть хорошо известная поговорка о «невозможности увидеть лес за деревьями»! Откровение – одна из самых легких книг, в которой, заинтересовавшись деталями, можно упустить из виду все остальное.

Однако пришло время сменить телескоп на микроскоп – или, по крайней мере, на увеличительное стекло!

ГЛАВА ВОСЬМАЯ

Систематизация содержания

В книгу таких размеров, как эта, невозможно включить полный комментарий. То, что мы хотим сделать – это сделать вступление к каждой части, что даст студенту, изучающему Библию, возможность «читать, отмечать, изучать и постоянно для себя систематизировать, как предлагает Книга общей молитвы.

Мы осветим основные моменты, попытаемся решить некоторые проблемы и, в общем, поможем читателю пройти через некоторые опасности. Много вопросов останется без ответов, но они могут рассматриваться в некоторых опубликованных комментариях (комментарий Джорджа Элдона Лэдда – один из лучших; Eerdmans, 1972).

Советуем прочитывать каждую часть Откровения до и после соответствующего раздела в этой главе.

ГЛАВЫ 1-3: ЦЕРКОВЬ НА ЗЕМЛЕ

Это – самая простая, легко читаемая и понимаемая часть. Это, как плыть у края моря, когда вы перестаете чувствовать под ногами почву и оказываетесь во власти прибоя, кружась в панике на месте!

Хотя Откровение часто описывает себя как «пророчество», на самом деле, оно написано в форме письма (сравните 1:4-6 со вступительными «обращениями» в других посланиях). Однако оно было разослано скорее семи Церквям, чем одной. И хотя оно содержит конкретное послание для каждой из них, ясно видно, что каждая Церковь должна услышать послания, адресованные к другим Церквям.

После обычного христианского приветствия («благодать и мир»), объявляется основная тема: «Он грядет», событие, которое принесет несчастье миру и радость Церкви. Событие абсолютно определенное («Аминь»).

Посылающий письмо – Сам Бог, Господь времени, Который был, есть и грядет, Альфа и Омега (первая и последняя буквы греческого алфавита, символизирующие начало и конец всего). Те же титулы будут даны Иисусу Им Самим (1:17; 22:13), доказательство того, что Он верил в Свою собственную божественность.

«Секретарь», который записывает письмо – апостол Иоанн, сосланный на остров Патмос размером тринадцать на шесть километров в «Дадеканесе» в Эгейском море, политический заключенный по религиозным причинам.

Содержание было передано в устной и наглядной форме. Заметьте, что он «слышал» что-то прежде, чем что-либо «видел». Голос, повелевающий ему писать, сопровождался потрясающим видением Иисуса, каким Его Иоанн прежде никогда не видел: волосы белые, как снег, горящие глаза, громоподобный голос, острый язык, сверкающие ноги. Даже на горе Преображения Он так не выглядел. Неудивительно, что Иоанн оказался в бессознательном состоянии, пока не услышал очень знакомые слова: «Не бойся».

Любая великая историческая личность жила и умерла. Только Иисус был мертв и теперь жив «во веки веков» (1:18; буквально: «на веки и веки»).

СИСТЕМАТИЗАЦИЯ СОДЕРЖАНИЯ

Иоанну было сказано написать «что есть» (гл. 1-3) и «что будет после сего» (гл. 4-22). Слово для настоящего времени – состояние семи Церквей в Азии, у каждой из которых есть «Ангел», которым Иисус руководит (так же, как понимает и предвидит!). Они представлены изначально, как семь звезд (ангелы) и семь светильников (Церкви). Заметьте, что Иисус характерно «ходит» среди них, как делал Иоанн, когда был на свободе. В Евангелиях большинство посланий Иисуса доносились и чудеса совершались, когда Он был «в пути», как перед Его смертью, так и после Его воскресения.

Семь писем семи Церквям лучше изучать одновременно и сравнивать их друг с другом. Их написание одного за другим привносит ясность и подчеркивает их сходства и различия.

Сразу становится очевидным то, что они одинаковы по форме и состоят из семи элементов (еще одно число «семь»):

1. ОБРАЩЕНИЕ:
    «Ангелу… Церкви»
2. ОТЛИЧИТЕЛЬНАЯ ЧЕРТА:
    «Так говорит…»
3. ОДОБРЕНИЕ:
    «Знаю дела твои …»
4. ОБВИНЕНИЕ:
    «Но имею против тебя»
5. СОВЕТ:
    «… а если не так, скоро приду и…»
6. ОБЕЩАНИЕ:
    «Побеждающий…»
7. ПРИЗЫВ:
    «…имеющий ухо (слышать) да слышит, что Дух говорит»

Отклонение от этого порядка наблюдается только в последних четырех письмах, где изменены последние два пункта (причина этого не ясна). Теперь мы сравним и противопоставим письма.

Обращение

Оно абсолютно одинаково во всех семи письмах, за исключением названия места назначения. Города расположены на окружной дороге, начиная с крупного порта Ефеса (о Церкви которого мы имеем больше информации, чем о любой другой в те дни), следуя на север вдоль побережья, потом вглубь страны на восток и, наконец, на юг, к плодородной долине реки Меандр.

Единственный спорный вопрос – относится ли слово *angelos* (буквально «посланник») к небесной или человеческой личности. Поскольку во всех остальных местах в Откровении оно точно переведено, как ангел, в высшей степени, вероятно, что также обстоит дело и здесь. Ангелы очень связаны с Церквями (даже обращают внимание на прически поклоняющихся! 1 Кор. 11:10). Поскольку Иоанн абсолютно изолирован, небесные «посланники» должны будут передать письма. Только современный скептицизм по поводу существования ангелов привел к переводу: «служитель» (вероятно с названием: «Откр.»!)

Отличительная черта

Заметно то, что Иисус никогда не называет Себя по имени, только по титулам, многие из которых новые. Фактически, у Него более *двухсот пятидесяти* титулов, больше, чем у любой другой исторической личности (выписывать их – очень полезное благочестивое занятие). В каждом письме очень тщательно подбирается титул Иисуса для описания того аспекта Его характера, который эта Церковь склонна забыть или о котором необходимо напомнить. Некоторые из них мы находим в видении Иоанна о Нем. Все они очень важны. «Корень Давида» указывает на исполнение Им мессианских надежд Израиля. «Владеющий Божьим творением» означает Его власть над всем (Мф. 8:18).

Одобрение

Оно раскрывает наиболее личностную часть каждого письма, переходя с третьего лица («Ему») на первое («Я»). Это – одна и та же личность? «Ему» определенно относится ко Христу, но «Я» может быть Дух, «Дух Христов», конечно. Последующие комментарии (например, «Я получил власть от Отца Моего» в 2:27) подтверждает первый вариант.

«Я знаю» указывает на Его абсолютное знание их внутреннего состояния и внешней ситуации. Его знание, более того, Его понимание абсолютно. Его суд верен. Его мнение решающее и Его честность очевидна.

Более того, Он знает их «дела», то есть, их поступки, их действия. Акцент на дела ставится на протяжении всего Откровения. Это потому, что его тема – суд. Иисус возвращается снова, чтобы судить живых и мертвых. Мы оправданы по вере, но будем судимы по делам (2 Кор. 5:10). Иисус одобряет добрые дела и побуждает продолжать делать их.

Если рассматривать одновременно все письма, сразу становится очевидно то, что Иисус не говорит ничего хорошего о двух из них, в Сардис и Лаодикию. Хотя обе эти Церкви «успешны» в человеческих глазах. Мнение Иисуса может очень отличаться от нашего.

Большие общины, большие собрания и наполненные программы не обязательно являются признаком духовного здоровья.

Пять Церквей получили похвалу: Ефес – за усилие, терпение, непоколебимость и проницательность (отвержение ложных апостолов); Смирна – за ее мужество перед лицом противостояния и лишений (несмотря на соседство «сборища сатанинского», возможно, оккультной формы иудаизма); Пергам – за то, что не отрекся от веры под давлением, даже когда один член был замучен (даже находясь в тени «престола сатаны», огромного храма, восстановленного в наше время в музее в Восточном Берлине); Фиатир – за его любовь, веру, терпение, рост; Филадельфия – за верность, достающуюся дорогой ценой (с еще одним «сборищем сатанинским», расположенным рядом).

Кстати, мы замечаем, что Иисус часто говорит о сатане, который стоит за любого рода враждебностью, проявляемой по отношению к Церквям. Он также в ответе за приближающийся кризис, с которым они столкнутся, «година искушения, которая придет на всю вселенную, чтоб испытать живущих на Земле» (3:10).

Наконец, характерная черта Иисуса – похвалить прежде, чем критиковать – пример, которому следовали апостолы. Павел благодарил Бога за то, что у коринфян были все «духовные дары» (1 Кор. 1:4-7) прежде, чем он поправлял их в том, что они неверно использовали их. Конечно, он также учитывал Церковные ситуации, в которых это было неприемлемо, как, например, в Галатии. Это – один из тех принципов, которому должны подражать все христиане.

Обвинение

И снова только две Церкви не подверглись критике, Смирна и Филадельфия. Какое облегчение они, должно быть, ощущали, когда были прочитаны их письма! Они слабее, чем остальные, и уже страдают, но они остались верными, и для Иисуса это было более приятно, чем все остальное (Мф. 25:21-23).

СИСТЕМАТИЗАЦИЯ СОДЕРЖАНИЯ

Что же было не так с остальными? Ефес утратил свою «первую любовь» (к Господу, друг другу или потерянным грешникам? Возможно, ко всем трем, потому что они взаимосвязаны); Пергам впал в идолопоклонство и развращенность (синкретизм и вседозволенность – современные аналоги); Фиатир был виновен в тех же преступлениях (как результат того, что он прислушивался к «Иезавели», лжепророчице); Сардис постоянно пускался в рискованные предприятия, что дало ему репутацию «живой» Церкви, но они никогда не продолжали и не доводили его до конца (не задевает ли это чувства?); Лаодикия была больна, но не знала об этом.

Это последнее письмо, вероятно, – самое известное и наиболее поразительное. Они гордились теплыми взаимоотношениями с теплым радушием к посетителям. Но «теплые» Церкви приносят Иисусу боль. Ему легче перенести очень холодные или очень жаркие. Это намек на соленые горячие источники на склоне горы за городом («белый замок» Памуккале – все еще популярный минеральный источник для желающих оздоровиться); к тому времени, когда вода из источника достигала Лаодикии, она становилась «теплой» и действовала, как рвотное средство, после того, как ее выпивали, она вызывала рвоту.

Иисус перестал бывать здесь на служениях! Его нет внутри, Он стоит за дверью. Стих 20 – возможно, самый обвинительный текст в Писании и практически всегда использовался, как приглашение к покаянию и в вопросах консультирования. Здесь ничего не говорится о том, как стать христианином. Более того, использование стиха подобным образом создает достаточно неверное представление (на самом деле, грешник должен стоять вне и стучаться в двери, которые есть Иисус, чтобы войти в царство; Лк. 11:5-10; Ин.3:5; 10:7). «Дверь» в 3:20 – это дверь Церкви в Лаодикии. Стих – это пророческое послание Церкви, которая утратила Христа и всю надежду. Есть только один человек, который хочет сидеть за столом с Ним, чтобы впустить Христа обратно! Для более глубокого исследования этого стиха и новозаветного пути принятия христианства прочтите мою книгу «Нормальное рождение христианина».

Прежде чем мы перейдем к следующей части, необходимо отметить, что эти обвинения исходят из любви Иисуса к Церквям. Он Сам говорит: «Кого Я люблю, тех обличаю и наказываю» (3:19). Действительно, отсутствие подобной дисциплины может быть признаком того, что некто совершенно не принадлежит к Его семье (Евр. 12:7-8)!

Он желает не осудить их, а ободрить. Более того, Он хочет подготовить их к надвигающимся гонениям, которые «испытают» их (3:10). Если они уступят сейчас, потом они сдадутся. Это будет стоить им их наследства.

Совет

Всем семи Церквям дается совет. Он убеждает даже те две Церкви, которые полностью одобряет, продолжать доброе дело, «что имеете, держите, пока приду» (2:25).

Остальные пять предупреждает двумя словами: вспомни и покайся. Они призываются задуматься, кем они были однажды и кем они должны быть. Истинное покаяние влечет за собой намного больше, чем сожаление или раскаяние; оно подразумевает исповедание и исправление. Он предупреждает тех, кто отвергает Его обещания «прийти» и судить их. Придет время, когда будет поздно что-то менять. Иногда это относится к Его второму пришествию, когда «венец жизни» будет дан тем, кто был «верен до смерти» (2:10; ср. 2 Тим. 4:6-8), а те, кто не будут готовы, услышат жуткие слова: «Я не знаю вас» (Мф. 25:12).

СИСТЕМАТИЗАЦИЯ СОДЕРЖАНИЯ

Обычно «Я приду» относится к более раннему «посещению» отдельной Церкви, чтобы сдвинуть ее «светильник» (2:5). Служение Иисуса – закрывать Церкви! Компромиссная Церковь, которая не желает исправления – хуже бесполезной для царства Божия. Лучше совсем удалить настолько плохую рекламу для Евангелия.

Мы могли бы подвести итог этой части писем: «Исправьтесь, держитесь этого, или Я закрою ее».

Обещание

Очевидно, что призыв «побеждайте» не относится к Церкви в целом, а к каждому отдельному члену. Суд всегда индивидуальный, либо для награждения, либо для наказания, а не общий (обратите внимание на слово «каждому» во 2 Кор. 5:10). Здесь нет и намека на то, чтобы оставить порочную Церковь и пересесть в колесницу лучшей Церкви, находящейся по соседству! Ни один человек не извинился за компромисс, потому что вся Церковь соскальзывает. Не стоит придерживаться неверных направлений во взаимоотношениях. Другими словами, христианин должен научиться справляться с преследованиями сначала в Церкви, прежде чем столкнется с ними в мире. Если мы не сможем «побеждать» первое, мы также не «победим» и последнее.

Иисус, не сомневаясь, предлагает награды в качестве стимулов (5:12). Он сам претерпел крест, пренебрегая его позором, для «предлежавшей Ему радости» (Евр. 12:2). В каждом из писем Он ободряет «побеждающих» думать о наградах, ожидающих тех, кто «стремится к цели» (Фил. 3:14).

Так же, как Его титул в каждом письме мы находим в первой главе, награды предлагаются в последних главах. Их получат скорее в отдаленном будущем, чем в непосредственном настоящем. Только те, кто верит, что Он сдерживает Свои обещания, будут мотивированы отдаленными вознаграждениями.

Еще раз, мы должны понимать, что радости нового неба и новой Земли будут не для всех верующих, а только для тех, кто побеждает давление искушения и преследования (21:7-8 делают это предельно ясным). Только те, кто остается послушным и верным «до конца» (2:26) будут спасены (ср. Мф. 10:22; 24:13; Мк.13:13; Лк. 21:19).

Призыв

Последний призыв: «имеющий ухо слышать да слышит» – знакомое заключение к словам Иисуса (Мф. 13:9, например). Его значение становится понятным в свете одного из наиболее часто цитируемых текстов из Ветхого Завета в Новом: «Слухом услышите, и не уразумеете... ушами с трудом слышат... и не услышат ушами, и не уразумеют сердцем, и не обратятся, чтоб Я исцелил их» (Ис. 6:9-10, процитированное в Мф. 13:13-15; Мк. 4:12; Лк. 8:10; Деян. 28:26-27).

Иисус знал, что, в основном, именно таким будет ответ иудеев. Теперь Он призывает христиан не реагировать подобным образом. Он подчеркивает различие между понятиями слышать и обратить внимание на послание. Вопрос состоит в том, насколько много внимания уделяется тому, что Он говорит. Его слова в Откровении будут служить только благословением, если их будут читать и «сохранять», то есть, если их будут не только слышать ушами, но и соблюдать (1:3). Тот из родителей, чей ребенок проигнорировал повеление «прекратить это», скажет: «Ты слышал, что я сказал?», отлично зная, что повеление услышали, но не обратили на него внимания.

Очень просто, заключительное замечание в каждом письме к семи Церквям означает то, что Иисус ожидает ответ, в форме положительного ответа – послушания. Он имеет право ожидать этого. Он – Господь.

СИСТЕМАТИЗАЦИЯ СОДЕРЖАНИЯ

ГЛАВЫ 4-5: БОГ НА НЕБЕ

Этот раздел относительно простой и нуждается только в небольшом представлении. В частности, 4 глава, возможно, знакома в контексте поклонения; ее часто читают, чтобы побудить к прославлению, и она послужила основанием для составления многих гимнов и хоровых произведений. Она приоткрывает то небесное поклонение, с которым перекликается все земное прославление.

Иоанн был приглашен «взойти сюда» (4:1) и увидеть, на что похожи небеса, – привилегия, которой удостоились только несколько человек во время их жизни (подобный опыт был у Павла; 2 Кор.12:1-6). Это место, где правит Господь и откуда Он руководит. Ключевое слово – «престол», упоминается шестнадцать раз. Заметьте ударение, которое делается на слове «сидящий» (4:2, 10; 5:1). Это – центр управления «Царством Небесным».

Сцена настолько красива, что захватывает дух, практически не поддается описанию. Зеленые радуги (!), золотые венцы, гром и молния, ярко сияющие светильники – можно представить, как взгляд Иоанна перескакивает с одного поразительного предмета на другой, когда он с благоговением и интересом осматривается вокруг. Пытаясь описать, каким он увидел Самого Бога, Иоанну удается сравнить Его только с двумя драгоценными камнями, которые ему доводилось видеть раньше (яспис и сардис).

Более того, во всей сцене присутствует состояние спокойствия, описанное как «море стеклянное», простирающееся до самого горизонта. Резкий контраст с волнениями на Земле (начиная с 6 главы и далее) представлен умышленно. Бог правит над всеми битвами между добром и злом. Ему не нужно бороться; даже сатане нужно просить Его разрешения прежде, чем он сможет прикоснуться к человеку (Иов 1). Его ничто не удивляет. Он точно знает, как поступить с теми трудностями, которые возникают, поскольку может произойти только то, что Он допустит.

Он – Бог, а не человек. Поэтому Он достоин поклонения (фраза, которая говорит, насколько кто-то ценен для вас). Творец получает непрекращающуюся хвалу от творений, которые Он создал. Четыре «животных» только «подобны» льву, тельцу, человеку и орлу; вместе взятые, они могут представлять все творения с четырех сторон Земли (хотя существуют двадцать других толкований!). Их хвала отчасти «троична»: тройное «свят» и Бог в трех временных измерениях – прошедшее, настоящее и будущее.

Двадцать четыре старца составляют «совет» небес (Иер. 23:18). Почти наверняка они представляют два завета Божьих людей, Израиля и Церкви (обратите внимание на двадцать четыре имени на воротах и основаниях Нового Иерусалима; 21:12-14). У них есть «венцы» и «престолы», но только переданные полномочия.

В 4 главе не происходит никаких действий, кроме непрерывного поклонения. Это – постоянная сцена без упоминания времени. События начинают происходить в 5 главе – с поиска кого-то «на небе и на Земле», кто был бы «достоин снять печати и раскрыть книгу».

Важность книги становится очевидной во свете событий. В ней должна быть написана программа, которая приведет к концу период земной истории, в которой мы живем. Снятие с нее печатей начинает обратный отсчет.

До тех пор, пока это произойдет, мир должен оставаться в своем настоящем состоянии. «Настоящий злой век» должен завершиться прежде, чем откроется «век грядущий». Должно произойти окончательное завершение «мировых царств», когда на Земле повсеместно установится «царство Божие». Вот почему Иоанн «много плакал» от разочарования и горя, когда не было найдено ни одного «достойного», чтобы привести все это в исполнение.

СИСТЕМАТИЗАЦИЯ СОДЕРЖАНИЯ

Но почему это было проблемой? Сам Бог отменил много приговоров на Земле за всю ее историю. Почему бы не отменить и последние? Он либо не выбрал поступать так, или не чувствует себя удовлетворенным, делая это! Последняя мысль не настолько странна или даже богохульна, как некоторые могут подумать, во свете того, что было сказано о «достойном» человеке.

Кто это? Кто-то, кто одновременно является и «львом», и «агнцем»! На самом деле, отличие между ними не настолько велико, как многие предполагают. Агнец мужского рода, совсем взрослый, как и любой другой агнец, использовавшийся для жертвоприношения («однолетний»; Исх. 12:5). В этом случае у «Овна», как мы можем, на самом деле, сказать, семь рогов (на один больше, чем у овцы Иакова), означающие полноту власти и семь глаз, означающих совершенный контроль. Еще Он был «закланный», как жертва.

Лев – царь джунглей, но здесь – колена Иудина, корень династии Давида. Итак, у нас уникальная комбинация правителя льва и жертвенного агнца, что соответствует грядущему царю и страдающему слуге, о котором предсказывали еврейские пророки (например, Ис. 9-11 и 42-53).

Но важно не только, кто Он есть, но и что Он сделал, чтобы освободить от бед, которые приведут мир к концу, и «конец» может иметь два значения: окончание или доведение до конца. Он приведет к последнему.

Он приготовил людей к тому, чтобы они приняли на себя управление миром. Он искупил их ценой Своей собственной крови из каждой этнической группы рода человеческого. Он подготовил их к исполнению обязанностей царя и священника в служении Богу и, таким образом, приготовил их к ответственности за управление Землей (это полностью раскрыто в Откр. 20:4-6).

Только тот, кто совершил все это, может начать серию бедствий, которые приведут к падению всех остальных режимов. Разрушение плохой системы, не имея при этом хорошей, чтобы заменить ее, может привести только к анархии.

И Он Сам достоин возглавить государство, которое приготовил, именно потому, что был готов отдать всего Себя, чтобы оно стало возможным. Это произошло потому, что Он был «послушным даже до смерти, и смерти крестной!», поэтому «Бог превознес Его» (Фил. 2:8-9).

Неудивительно, что тысячи ангелов согласны, в музыкальном восклицании, с тем, что только Он достоин принять силу, богатство, премудрость, крепость, честь, славу и благословение. Затем все творение во Вселенной присоединяется к исполнению гимна, но с одним важным дополнением. Сила, честь, слава и благословение должны быть разделены между Сидящим на престоле и Стоящим в центре перед Ним, между Отцом и Сыном. Это было совместное усилие. Они оба участвовали. Они оба страдали, чтобы это стало возможным, хотя совершенно по-разному.

Ничто более понятно не раскрывает Божественность нашего Господа Иисуса Христа, как принесение безусловного прославления и поклонения, как Ему, так и Богу.

ГЛАВЫ 6-16: САТАНА НА ЗЕМЛЕ

Этот раздел – сердце книги и наиболее сложная часть для понимания и применения.

Мы – среди плохих новостей. Все становится значительно хуже, прежде чем станет лучше. По крайней мере, утешительным является знание того, что ситуация никогда не станет хуже, чем предсказано в этих главах. Но и это достаточно плохо!

СИСТЕМАТИЗАЦИЯ СОДЕРЖАНИЯ

Перед толкователями стоят три основные проблемы. Первая, каков *порядок* событий? Сложно поместить их все во временные рамки, к этому заключению вскоре придут те, кто пытается сделать это.

Вторая, что означают все *символы*? Некоторые понятны. Некоторые объяснены. Но некоторые остаются труднообъяснимыми (речь идет о «жене, имеющей во чреве» в 12 гл.).

Третья, когда *исполнятся* пророчества? В нашем прошлом, нашем настоящем или в нашем будущем? Произошли ли они уже, происходят ли они прямо сейчас или им еще предстоит произойти? Поскольку мы уже обсуждали это (в главе «Школы толкования»), нам не нужно теперь снова говорить об этом.

Итак, мы сосредоточимся на порядке событий, которые при первом прочтении совсем не понятны, при этом рассматривая символы по мере их появления. Задача усложняется из-за включения трех деталей, которые, кажется, размещены беспорядочно в этих главах.

Во-первых, *отступления*. В форме «антрактов» или отступлений, они говорят о том, что, кажется, находится за пределами основного потока событий.

Во-вторых, *повторения*. Кажется, что повествование время от времени возвращается к началу, говоря о событиях, которые уже упоминались.

В-третьих, *предвосхищения*. События упомянуты, но объясняются только позже в истории (например, «Армагеддон» впервые упоминается в 16:16, но происходит только в гл. 19).

Эти детали привели к неверному пониманию и спекуляциям особенно в толковании «циклического историцизма», который уже обсуждался (стр. 115-116). Мы пойдем более простым путем, исследуя текст от очевидного – к непонятному.

Наиболее заметные детали при прочтении этих глав за один присест – три последовательности печатей, труб и чаш. Символизм в них достаточно легко расшифровать.

Печати:
1. Белый конь – военное нападение;
2. Красный конь – кровопролитие;
3. Черный конь – голод;
4. Зеленый конь – болезни, эпидемии;

* * *

5. Преследование и молитва;
6. Потрясение и террор;

* * *

7. Молчание на небе, выслушивание молитв, на которые приходит ответ в заключительной катастрофе: сильное землетрясение.

Трубы:
1. Иссушенная земля;
2. Загрязненное море;
3. Зараженная вода;
4. Ослабленное солнце;

* * *

5. Насекомые и язвы (5 месяцев);
6. Нашествие с востока (200 миллионов);

* * *

7. Царство приходит, миром правят Бог и Христос после сильного землетрясения.

Чаши:
1. Нарывы на коже;
2. Кровь в море;
3. Кровь из источников;
4. Обожженные солнцем;

* * *

5. Темнота;
6. Армагеддон;

СИСТЕМАТИЗАЦИЯ СОДЕРЖАНИЯ

* * *

7. Град и сильное землетрясение, ведущее к международному падению.

Большое количество деталей становится понятным, если их разместить следующим образом:

Нельзя сказать, что события совершенно незнакомы. Они отдалённо напоминают казни в Египте, когда Моисей противостоял фараону, вплоть до лягушек и саранчи (Исх. 7-11). Эти казни происходят и сегодня на местном и региональном уровнях. Например, последовательность четырёх коней можно наблюдать во многих частях мира, каждый из которых является результатом предшествующего. Основная новизна заключается в том, что здесь они происходят на глобальном уровне, словно скорби распространились по всему миру.

Каждая серия делится на три части. Первые четыре подходят друг к другу, самым ярким примером являются «четыре всадника Апокалипса», так они стали широко известны после того, как художник Альбрехт Дюрер изобразил их на картине. Следующие два события не настолько близко связаны, и последнее стоит отдельно, само по себе. Последние три события в каждой серии названы «горем» – слово, означающее проклятия.

При рассматривании трёх серий вместе, наблюдается *усиление* суровости событий. В то время как четверть человечества погибает при «печатях», треть оставшихся не переживут «труб». Более того, наблюдается прогрессия и в причинах болезней. «Печати» – человеческого происхождения; «трубы» кажутся естественным ухудшением окружающей среды; «чаши» непосредственно исходят от ангельских посланников.

Присутствует также *ускорение* событий. «Печати», кажется, достаточно растянуты по времени, но последующие события ограничены месяцами и даже днями.

Все это предполагает прогрессию в трех сериях, что ставит перед нами вопрос о связи между ними. Наиболее очевидным ответом является то, что они *последовательны,* и это можно представить следующим образом:

Печати: 1 2 3 4 5 6 7, потом трубы: 1 2 3 4 5 6 7, потом чаши: 1 2 3 4 5 6 7

Другими словами, серии просто следуют друг за другом.

Но на самом деле, не все так просто! Внимательное изучение раскрывает, что седьмой элемент в каждом случае относится к одному и тому же событию (сильнейшее Землетрясение на мировом уровне – общий фактор; 8:5; 11:19; 16:18). Это приводит к альтернативной теории, которую облюбовала школа «циклического историцизма», которая верит, что серии *синхронны*:

Печати: 1 2 3 4 5 6 7
Трубы: 1 2 3 4 5 6 7
Чаши: 1 2 3 4 5 6 7

Другими словами, они покрывают один и тот же период (обычно это весь промежуток времени между первым и вторым пришествиями) в исполнении разных ангелов.

Более убедительная, но и более сложная система объединяет эти два мнения, рассматривая первые шесть событий, как последовательные, а седьмой, как синхронное:

Печати: 1 2 3 4 5 6   7
Трубы: 1 2 3 4 5 6   7
Чаши: 1 2 3 4 5 6   7

СИСТЕМАТИЗАЦИЯ СОДЕРЖАНИЯ

Другими словами, каждая серия наступает вслед за предшествующей, но кульминация у всех в одном катастрофическом конце. Похоже, что это мнение наиболее подходящее и его придерживается школа «футуризма», которая верит, что все три серии находятся все еще в будущем истории.

Все три мнения сконцентрированы на том, что произойдет с миром. Кстати, следует обратить внимание на реакцию человечества. Зная, что эти ужасные трагедии являются признаком Божьего гнева (и Агнца!), ответ человека – это страх (6:15-17) и проклятия в адрес Бога (16:21) вместо покаяния (9:20-21), несмотря на то, что Евангелие прощения все еще доступно (14:6). Это печальное замечание о черствости человеческого сердца, но это – правда жизни. В несчастьях мы либо обращаемся к Богу, либо восстаем против Него (в последних словах пилоты терпящего крушение самолета часто проклинают Бога; их, как правило, стирают из «черного ящика» прежде, чем предоставить его для расследования).

Время посмотреть на главы, которые вставлены между тремя сериями печатей, труб и чаш – или, скорее, находящихся в них, как мы увидим далее. Таких вставок три: глава 7, главы 10-11 и главы 12-14. Первые два раздела помещены между шестой и седьмой печатями, но третий раздел помещен перед первой чашей, как будто для него нет временного промежутка между шестой и седьмой чашами. Мы можем показать это в виде диаграммы, используя предыдущую иллюстрацию:

```
Печати:   1 2 3 4 5 6 (гл. 7)                    7
Трубы:        1 2 3 4 5 6 (гл. 10-11)            7
Чаши:                   (гл. 12-14) 1 2 3 4 5 6 7
```

Теперь у нас есть завершенный план глав 6-16.

Тогда как три серии печатей, труб и чаш, главным образом, говорят о том, что произойдет с *миром*, три вставки говорят о том, что произойдет с *Церковью*. Здесь нам дана информация о народе Божьем во время этого ужасного беспорядка. Как это коснется их? Поскольку цель Откровения – подготовить «святых» к тому, что грядет, эти вставки наиболее существенны и важны для них.

Глава 7: *две группы*. Между шестой и седьмой печатями, мы замечаем два отдельных типа людей в двух совершено разных местах.

С одной стороны, *ограниченное число Израильтян, защищенных на Земле* (стихи 1-8). Бог не отверг Израиля (Рим. 11:1, 11). Он дал безусловное обещание, что они будут жить до тех пор, пока будет существовать Вселенная (Иер. 31:35-37). Он сдержит Свое слово. У них есть будущее.

Числа кажутся случайными, даже искусственными, в некотором роде. Возможно, они – «округленные» числа или, в какой-то степени, символические. Ясно только то, что тогда будет только небольшая часть народа, в настоящее время исчисляемого миллионами. И общее количество будет поровну и беспристрастно разделено между двенадцатью коленами. Это значит, что десять колен, взятых в Ассирию, не «потеряны» для Бога, и Он сохранит выживших из каждого, известного Ему, колена. Одно потерянное колено, Дана, которое восстало против Божьей воли и было замещено – таким же образом, как и Иуда Искариот среди двенадцати апостолов. Оба эти случая являются предупреждением, чтобы мы не рассчитывали на место в Царстве Божьем, как само собой разумеющееся.

С другой стороны, *бессчетное количество христиан защищены на небесах* (стихи 8-17). Интернациональная толпа стоит на почетном месте перед Царем, присоединяясь к старцам и животным в их песнях прославления. Но они добавляют одно новое примечание в прославлении: за их «спасение».

Иоанн не сознает их значимости и показывает свое неведение в том, за что же им оказана такая честь. Один из старцев объясняет ему: «Это те, которые пришли от великой скорби» (стих 14; используемый глагол ясно указывает на продолжающееся шествие отдельных личностей и групп на протяжении всего времени скорби). Как они спаслись? Не благодаря одному неожиданному и таинственному «восхищению» (смотрите третий раздел этого издания), а через смерть, преимущественно мученическую, которая настолько ярко изображена именно в этих главах (мы уже слышали вопль их «душ» о возмездии; 6:9-11).

Но их спасла скорее пролитая кровь Агнца, чем их собственная. Это было Его страдание – не их, жертва, которая искупила их грехи и очистила их настолько, что они могут стоять в присутствии Божьем и предлагать свое служение.

Но Бог внимателен к тому, что они пострадали во имя Его Сына, и Он удостоверится в том, что они уже «никогда больше» не испытают подобной боли. Палящее солнце не обожжет их (16:8-9). За ними будет присматривать «добрый пастырь» (Пс. 22; Ин. 10). Они будут освежаться водой, скорее, «живой» (газированной!), чем «стоячей» (Ин. 4:14; 7:38; Откр. 21:6; 22:1, 17). И Бог, как любой родитель плачущего ребенка, «отрет всякую слезу с очей их» (21:4). Заметьте, что пребывание на небесах сейчас – предвкушение жизни на новой Земле.

Главы 10-11: *два свидетеля*. Между шестой и седьмой трубами внимание сосредоточено на человеческих каналах, через которые передается Божественное откровение.

Ключевое слово в обоих главах – «пророчествовать» (10:11; 11:3, 6). В начале эры Церкви, пророк – Иоанн на Патмосе; в конце – будут два «свидетеля», которые будут пророчествовать в городе Иерусалиме.

Есть чувство надвигающегося несчастья в захватывающем явлении двух «могущественных» ангелов. Ужасная правда излагается первым громовым голосом только одному Иоанну, и она не может быть передана никому другому (ср. 2 Кор. 12:4). Второй провозглашает о том, что больше не будет отсрочки в запланированных событиях – седьмая труба станет кульминацией (подтверждая наше заключение, что седьмая печать, труба и чаша относятся к одному и тому же «концу»).

Скоро будет сообщена последняя и худшая часть «плохих новостей». Она находится в «книжке» (расширенный, более детальный текст большей и уже раскрытой книги?). Иоанну было сказано «съесть ее» (мы бы сказали: «усвой ее»). На вкус она будет «сладкой и горькой», сладкой вначале, но горькой, когда начнет усваиваться (реакция, которую вызывает вся книга Откровение в тех, кто начинает усваивать ее).

Иоанну было сказано «пророчествовать опять», продолжать свой труд, предсказывая будущее мира. Потом его «сопроводили» к городу Иерусалиму и его храму. Он измеряет его дворы, кроме внешнего, предназначенного для поклонения язычников, поскольку они скорее придут «попирать» город, чем молиться в нем. Однако они встретятся с двумя необычными людьми, которые будут проповедовать им о Боге, Которого они презирают.

В результате проповедники, а также слушатели умрут! Два свидетеля будут обладать сверхъестественной силой, останавливать дождь (как Илия; 3 Цар. 17:1; Иак. 5:17) и сводить огонь на своих врагов (как Моисей; Лев. 10:1-3). Но их убьют, когда они кончат свое свидетельство. Их тела будут лежать на улицах чуть более трех дней, пока многонациональная толпа, совесть которой «мучили» их слова, будет торжествовать и праздновать их удаление. Облегчение обернется в страх, когда те двое воскреснут на глазах у всех. Громкий голос с небес «Взойдите сюда» станет результатом их вознесения. В момент их отправления сильное Землетрясение разрушит десятую часть городских зданий и погибнет семь тысяч его населения.

Между судьбой двух свидетелей и «*пророком*» Иисусом есть поразительное сходство. Невозможно будет не вспомнить Его распятие, воскресение и вознесение в том же самом городе. Конечно, есть и различия: в Его случае землетрясение совпало с Его смертью (Мф. 27:51) и широкие массы не были свидетелями ни Его воскресения через три дня, ни Его вознесения. Но все равно это будет ярким напоминанием, особенно иудейским жителям, о тех далеких днях. Это закончится страхом и прославлением Бога.

Нам не сказано, кто те свидетели. Любые попытки определить их – всего лишь догадки. Нет никаких намеков на то, что они «перевоплощенные» личности из прошлых времен, поэтому они – не Моисей и не Илия, даже если они в чем-то и схожи с ними, также эти двое – не Иисус, хотя они и похожи на Него в какой-то мере. Мы должны «ждать – и увидим», кто они такие, но на самом деле это не имеет значения. Важно, что они делают и что сделано им.

Прежде, чем мы завершим этот раздел, следует обратить внимание на два предвосхищения.

Во-первых, здесь впервые упоминается временной промежуток в 1260 дней, что составляет сорок два месяца или три с половиной года. Эта цифра станет понятной нам в последующих главах, где она, по-видимому, указывает на длительность Великой скорби. Многие связывают ее с «половиной недели», предсказанной Даниилом (Дан.

9:27; в русском переводе точно переведена «неделя» как «седьмина»). Этот достаточно короткий промежуток времени и напоминает предсказание Самого Иисуса о том, что те дни сократятся (Мф. 24:22).

Во-вторых, впервые упоминается «зверь», о котором много будет говориться в следующем отступлении от продолжающегося повествования.

Главы 12-14: *два зверя*. Если следовать литературной структуре, то этот раздел должен быть между шестой и седьмой чашами, но они идут сразу друг за другом, и нет ни времени, ни места между ними для других событий. Поэтому эти три главы вставлены перед семью чашами, излитыми как последнее выражение Божьего гнева на мятежный мир (смотрите диаграмму на стр. 128).

Шесть печатей и шесть труб уже миновали. Вот-вот начнется последняя серия бедствий. Она будет самой худшей для мира и самой трудной для Церкви. Злые силы охватят общество сильнее, чем когда-либо прежде, хотя их власть вскоре будет уничтожена.

Раздел представляет три личности, которые образуют союз, чтобы самим править миром. Один из них – ангел по происхождению и природе: «великий дракон» и «древний змий», известный также как «сатана» или «диавол» (12:9). Двое других – люди по происхождению и природе: «звери», известные также как «антихрист» (1 Ин. 2:18; также «человек греха» во 2 Фес. 2:3) и «лжепророк» (16:13; 19:20; 20:10). Вместе они образуют своего рода «нечестивую троицу», как жуткое подражание Богу, Христу и Святому Духу.

Сатана впервые включен в «скорби». Он не упоминался в Откровении после писем семи Церквям (2:9,13, 24; 3:9). Печати и трубы утратили свою тяжесть на Земле, пока сатана был на небе. Как ангел, он имеет доступ к «небесным сферам» (Еф.6:12; ср. Иов 1:6-7). Именно там началась настоящая битва между добром и злом: все, кто входит в эти сферы через молитву, обнаружат это.

Битва между добрыми и плохими ангелами не будет длиться вечно. Во-первых, не равные силы в количественном отношении. Сторона диавола включает третью часть небесных сил (12:4); двумя третями руководит Архангел Михаил, который приведет свои войска к победе (скульптурное изображение этого завоевания украшает восточную стену Собора Ковентри).

Диавол будет «сброшен» на Землю. Позже он снова потерпит поражение и будет брошен в «бездну» (20:3). Тем временем, на протяжении нескольких оставшихся ему лет, его ярость и разочарование будут сосредоточены на нашей планете. Не имея больше возможности бросить вызов Самому Богу на небе, он объявляет войну Божьему народу внизу. Это арьергардная битва, предпринятая в надежде удержать свое царство на Земле через марионеточных правителей, одного – политического, другого – религиозного.

Пока содержание 12 главы достаточно понятное, даже если оно расширяет воображение. Но мы упустили (нарочно) еще одну важную фигуру в драме – беременную женщину, облаченную в солнце, стоящую на луне, и на голове ее венец из двенадцати звезд.

Кто она? Она – отдельная личность или, возможно, «персонификация» места или людей (как другие «женщины» в Откровении, например, «блудница», представляющая Вавилон в гл. 17-18)?

Естественно, эта фигура была источником больших обсуждений и разногласий среди тех, кто изучает Библию. Для некоторых вопрос улажен тем фактом, что диавол хотел «пожрать ее младенца, когда она родит» (стих 4), и тем утверждением, что она «родила младенца мужеского пола, которому надлежит пасти все народы жезлом железным» (стих 5). Конечно, говорят они, это – несомненно, ссылка на рождение Иисуса и на мгновенную, но безуспешную попытку Ирода уничтожить Его. Поэтому, женщина – Его мать Мария (обычное толкование католиков); или персонификация Израиля, от которого произошел Мессия (общепринятое толкование протестантов, исключающее Марию).

Но не все так просто. Зачем нужен внезапный и неожиданный возврат к самому началу христианской эры в середине отрывка, описывающего последние времена? Зачем вводить Марию в общую картину (после 1 главы Деяний она исчезает из Нового Завета, ее работа завершена)? Конечно, «циклический историцизм» рассматривает это, как еще одно «повторение» всего цикла истории Церкви, в этот раз начиная с рождения, и тогда же поражения и изгнания с небес сатаны.

Проблемы все еще остаются. По всей видимости, ребенок был «восхищен к Богу и престолу Его» практически сразу после его рождения. Это может быть «сокращенным» воплощением и вознесением, но очевидно отсутствие какого-либо упоминания служения, смерти и воскресения Иисуса между этими событиями. И если женщина – Его мать, кто те «прочие от семени ее», на кого разочарованный дракон переводит свое внимание (стих 17)? Мы знаем, что у нее были другие дети, включая четырех мальчиков и нескольких девочек (Мк. 6:3), но они неправдоподобные кандидаты. Также неопределенно, что «пасти все народы жезлом железным» обязательно указывает на Иисуса; оно применяется к Нему (19:15; исполнение Пс. 2:9), но это также было обещано Его верным последователям (2:27). Затем сохранение женщины в «пустыне» на протяжении 1260 дней (12:6) – период, который уже упоминался, как период величайшего бедствия в конце эры Церкви.

СИСТЕМАТИЗАЦИЯ СОДЕРЖАНИЯ

Толкование, которое наиболее подходит ко всем этим фактам, рассматривает женщину, как олицетворение Церкви в последние времена, сохраненную за пределами городов во время наихудших скорбей. Ее ребенок мужского пола также олицетворяет замученных в это время верующих, находящихся в безопасности на небе, вне досягаемости сатаны. Однажды они вернутся на Землю и будут управлять ею со Христом (20:4 твердо заявляет об этом). «Прочие от семени ее» – те, кто переживет истребление, но все еще останутся «сохраняющими заповеди Божии и имеющими свидетельство Иисуса» (стих 17; ср. 1:9; 14:12). В этой точке зрения все еще сохраняется некое противоречие, но намного меньше, чем в любом другом объяснении.

Еще раз кажется, что должно быть подразумеваемое сравнение переживания Христа в начале христианской эры и Его последователями в конце ее (как мы видели в предыдущей главе). В особенности, благодаря тому, что Он «победил», Его последователи «победят», «не возлюбив души своей даже до смерти» (12:11). Их победа показывает «царство Бога нашего и власть Христа Его» (12:10; ср. 11:15 и Деян. 28:31).

Два «зверя» появляются в 13 главе. Первая и самая главная – политическая фигура, мировой диктатор, обладающий тоталитарным режимом над всеми известными этническими группами. Он – «антихрист» (1 Ин. 2:18; заметьте, что «анти» на греческом означает скорее «вместо», чем «против», определяя скорее обманщика, чем соперника), «человек греха» (2 Фес. 2:3-4) признает только свою волю величайшим законом и поэтому заявляет о своей божественности и требует поклонения. Зверь – человеческая личность, которая принимает сатанинское предложение, отвергнутое Иисусом (Мф. 4:8-9; если бы Он принял, то стал бы Иисусом антихристом!).

Но он также «антихристианин» в другом смысле этой приставки. Он обладает властью «вести войну со святыми и *победить* их» (13:7; он побеждает их временно, а они победят его навсегда, 12:11).

Он обладает характеристиками других свирепых зверей – барса, медведя и льва. Кажется, что он появляется в результате объединения политических руководителей, привлекая внимание мира своим потрясающим выздоровлением от смертельной раны, по-видимому, в результате покушения. Его богохульное самомнение продолжается сорок два месяца.

Его положению способствовал второй зверь, религиозный коллега со сверхъестественной силой, который сосредотачивает поклонение мира на своем начальнике. Его чудеса введут в заблуждение народы, когда он низводит огонь с неба и говорящие образы диктатора.

Он будет выглядеть «как агнец», молоденький ягненок, только с «двумя рогами». Это скорее указывает на мягкость, чем на подобие Христа, поскольку оно контрастирует с его драконоподобной речью.

Его успешность будет выражаться не в сотворенных им чудесах, а в его господстве над рынками. Только те, у кого будет специальный знак на видимой части его тела (на руке или на лбу), смогут торговать, и число будет начертано только на тех, кто будет вовлечен в поклонение императору. Поэтому иудеи и христиане будут исключены из любой коммерческой деятельности, вплоть до приобретения самого необходимого для жизни.

Число «666» – закодированное имя диктатора (мы уже обсуждали его значение). До тех пор, пока он не объявится, и его личность с этой цифрой не станут совершенно очевидными, все попытки расшифровать это число – это всего лишь бесполезная догадка. Ясно только одно: во всех отношениях он не достигнет совершенства (7).

СИСТЕМАТИЗАЦИЯ СОДЕРЖАНИЯ

Глава 14, кажется, уравновешивает эти жуткие сцены, обращая наше внимание на группу людей, стоящую (буквально) напротив тех, которые позволили завлечь себя в систему. Вместо таинственного имени зверя, на их челах будет начертано имя Отца Агнца (еще одна черта, взятая из 22:4). Вместо высокомерной лжи их узнают по чистоте речи так же, как и по чистоте сексуальных отношений.

Не совсем ясно их местопребывание, на небе или на Земле, но контекст склоняется к первому из-за песен прославления из уст живых существ и старцев (14:3, вероятно, повторяет 4:4-11) – песен, которым могли «научиться» только искупленные. Число (144 000) непонятно. Его не нужно путать с тем же числом в 7 главе. Там оно относится к евреям на Земле, здесь – к христианам на небе. Там оно было собрано из двенадцати колен, здесь – нет. Тем более, его нельзя приравнять к «великому множеству людей, которого никто не мог перечесть» в той же главе. Еще раз, это может быть «округленное» число. Разгадка, возможно, кроется в том, что они «искуплены из людей, как *первенцы* Богу и Агнцу» (стих 4). Они – только слабое предвкушение очень большой жатвы. Решающим моментом может быть то, что общее число евреев, сохраненных на Земле – это только малая часть прославляющих христиан на небе.

Вся остальная часть главы – это шествие ангелов, передающих людям различные послания от Бога:

Первый призывает бояться Бога и воздавать Ему славу, напоминая, что Евангелие все еще может спасти всех от «наступающего гнева» (Лк. 3:7).

Второй объявляет падение Вавилона. Здесь еще одно «предвкушение», поскольку впервые упоминается это место. Все прояснится в следующем разделе (гл. 16-17).

Третий предупреждает верующих об ужасных последствиях, ожидающих тех, кто сдастся под натиском последней тоталитарной системы. Язык ада: непрекращающееся «мучение» (то же слово, которое описывает то, что переживают диавол, антихрист и лжепророк в «озере огненном»; 20:10). Другими словами, они разделят судьбу тех, кому сдались. Тот факт, что «святые» могут оказаться в этом жутком месте, подчеркивается призывом «терпеть» сразу же после предупреждения (стих 12, который повторяет 13:10). Оба контекста признают, что некоторые заплатят жизнью за свою преданность. Для них написано особое блаженство: «Отныне блаженны мертвые, умирающие в [в смысле практически «за»] Господе» (стих 13). Благословение двойное: они могут сейчас отдохнуть от тяжелых трудов и, поскольку сохраняется запись о их верности, ожидать награды. Даже те, кто умер в это время по естественным причинам, будут наслаждаться этим благословением. Но этот стих еще не использовался на погребениях; обещание ограничено словом «отныне», которое относится ко времени правления «зверя».

Четвертый кричит кому-то, «сидящему на облаке» (ясная ссылка на Дан. 7:13), говоря Ему, что теперь самое время жатвы. Не совсем понятно, идет ли речь о сборе плевелов, чтобы сжечь их, или о пшенице, чтобы сберечь ее (Мф. 13:40-43).

Пятый просто появляется с серпом в руке.

Шестой направляет серп на «гроздья винограда», которые должны быть подавлены в «точиле гнева Божьего», находящемся «за городом». На то, что это относится к массовому убийству людей, указывает огромная лужа крови (в метр глубиной и площадью более 290 кв. км – действительно, впечатляющая гипербола!). Это, возможно, предвосхищение Армагеддонской битвы, когда грифы будут убирать трупы (19:17-21). Кстати, мы замечаем связь между кровью, вином и Божьим гневом, которая встречается достаточно часто. Это бросает яркий свет на крест и, в частности, на Его мучительную молитву в Гефсимании, что означает «давка». Метафорическое использование «чаши» в Писании всегда относится к Божьему гневу (Ис. 51:21-22; Мк. 14:36; Откр. 16:19).

За этими шестью ангелами идут следующие семь, которые больше действуют, чем говорят об излитом гневе Божьем. Они несут семь чаш (а не просто чашек) гнева, чтобы вылить на Землю. Это сопровождается песней победы из уст мучеников на небе, сознательно вторящих радости Моисея, когда в Чермном море утонуло войско фараона (15:2-4). Тема – справедливость и правосудие Божье, выраженное в великих и удивительных делах, которые доказывают Его святость, наказывая притеснителей. «Царь веков» может медлить с осуждением виновных, но суд обязательно наступит – и, наконец, наступает.

* * * * *

Прежде, чем мы завершим основной средний раздел Откровения, необходимо рассмотреть еще два момента.

Первый касается *порядка* событий. Мы попытались совместить печати, трубы и чаши вместе со вставленными отступлениями в некое подобие последовательного расписания. Было ли это успешным – судить читателю, который мог уже составить другую схему.

Фактом остается то, что это чрезвычайно сложно, даже невозможно, совместить все предсказанные события в логически последовательную систему. Но Иисус – слишком хороший Учитель, чтобы скрывать Свое основное послание в настолько сложном повествовании. О чем это говорит нам?

Просто вот что: *порядок не является первостепенным вопросом* в этом разделе. Он намного больше сосредоточен на том, что произойдет, чем на том, когда что-либо произойдет. Его цель – не дать нам возможность стать аккуратными предсказателями, способными предсказывать будущее, но быть верными слугами Господа, готовыми встретиться с самым худшим, что может произойти с нами. Но произойдет ли это с нами?

Второй касается *исполнения* предсказаний. Если Великая скорбь захватывает только несколько последних лет, возможно, что мы не столкнемся с ней при нашей жизни. Не будет ли это для всех, кроме последнего поколения святых, пустой тратой времени, чтобы готовиться к этому?

Ответ заключается в том, что современные тенденции и скорость мировых событий увеличивает возможность наступления этих событий в ближайшем будущем.

Но основной ответ на подобные размышления должен напоминать, что будущие события отбрасывают свою тень перед собой. «Дети! Последнее время. И как вы слышали, что придет антихрист, и теперь появилось много антихристов» (1 Ин. 2:18). Лжепророк приближается, но даже сейчас многие лжепророки уже пришли (Мф. 24:11; Деян. 13:6; Откр. 2:20).

Другими словами, то, что однажды переживет вся Церковь на мировом уровне («ненавидимы всеми народами»; Мф.24:9), сейчас уже происходит на местном и региональном уровнях. Любой христианин может пройти через великие скорби до того, как все пройдут через Великую скорбь. Мы все должны быть готовы к бедам, которые могут достигнуть своей кульминации потом, но начаться сейчас (посмотрите на мудрые слова Корри Тен Бум на стр. 257).

Поэтому этот раздел (главы 6-16) непосредственно важен для всех верующих, независимо от их современной ситуации. Церковь уже находится под давлением в большинстве стран, и количество стран, в которых еще нет такой ситуации, ежегодно сокращается.

И над всем этим стоит возвращение Господа Иисуса Христа, к которому должен быть готов каждый верующий. Основным мотивом для подготовки быть верным под натиском – это возможность встретиться с Ним без стыда. Возможно, это объясняет следующее напоминание, помещенное между шестой и седьмой чашами гнева (кстати, подтверждающее, что некоторые христиане все еще будут на Земле в это время): «Се, иду, как тать: блажен бодрствующий и хранящий одежду свою, чтобы не ходить ему нагим и чтобы не увидели срамоты его» (16:15; заметьте, то же ударение на одежде в Мф. 22:11; Лк. 12:35 и Откр. 19:7-8).

ГЛАВЫ 17-18: ЧЕЛОВЕК НА ЗЕМЛЕ

Этот раздел – все еще часть Великой скорби, но только недолго. Он относится к самому концу, ко времени большого Землетрясения при седьмой печати, трубе и чаше (смотрите 16:17-19).

Мировая история спешит к концу. Близко окончательное завершение. Несмотря на все предупреждения, либо Божественным словом, либо делом, человечество все равно отказывается покаяться и проклинает Бога за все свои скорби (16:9, 11, 21).

Остаток Откровения контролируется двумя образами женского пола: одна – вульгарная проститутка, другая – чистая невеста. Ни одна из них не является личностью; обе – олицетворения. Они представляют города.

Мы могли бы дать название: «Рассказ о двух городах». Они – Вавилон и Иерусалим, город человека и город Бога. В этом разделе мы рассмотрим первый, который уже упоминался (14:8; 16:19).

Города, в общем, рассматривались в Библии, как плохие места. Первое упоминание (которое, обычно, важно) связывает их с линией Ламеха и производством оружия массового поражения. Они собирают людей – следовательно, грешников, следовательно, грех. При меньшей общности и большей анонимности расцветают зло и преступление. В городских местностях больше похоти (проституции) и ярости (насилия), чем в сельских.

Здесь выделены два греха: жадность и гордость. Оба связаны с поклонением деньгам. Поскольку невозможно служить одновременно и Богу, и мамоне (Лк. 16:13), тогда легче забыть Создателя неба и Земли в процветающем городе. Люди, добившиеся успеха своими силами, служат своему собственному создателю! Надменность прослеживается в архитектуре; здания часто служат монументами человеческих амбиций и успехов.

Таким монументом была Вавилонская башня при реке Евфрат, расположенная на пути между Азией, Африкой и Европой. Основана она великим охотником (на животных) и воином (среди людей) Нимродом на вере в то, что власть – право, которое наиболее способствует выживанию.

Символично то, что башня должна была стать самым высоким строением в мире, возведенным человеком, как впечатляющее утверждение и перед людьми, и перед Богом. Высказанное намерение «сделаем себе имя» (Быт. 11:4) отмечает зарождение гуманизма, человеческого самопоклонения. Бог вынес приговор этой самоуверенности, наградив его жителей даром языков! Но одновременное удаление их общего языка принесло непонятный хаос – слово, от которого мы получили глагол «болтать» (заметьте, что этого не произошло в день Пятидесятницы, тогда тот же дар принес единство; Деян. 2:44).

Этот город позже стал столицей великой и могущественной империи, особенно при Навуходоносоре, безжалостном тиране, который убивал детей, животных и даже уничтожал деревья, завоевывая новую территорию (Авв. 2:17; 3:17).

Тем временем Давид, царь Израильский, основал Иерусалим, как свою столицу. В отличие от Вавилона, он не был стратегическим местом для торговли, поскольку не был расположен у моря, основной реки или на основном пути. Однако он был «городом Бога» – местом, где Он положил Свое Имя и местом, которое Он избрал, чтобы жить среди людей – вначале в шатре, который соорудил Моисей, позже – в храме, построенном Соломоном.

Вавилон стал величайшей угрозой для Иерусалима. Навуходоносор окончательно разрушил святой город с его храмом, вывезя его сокровища и переселив его людей на семьдесят лет в изгнание. Бог позволил произойти этому, потому что жители сделали его «нечестивым» городом, как и все остальные.

Но это было скорее временным дисциплинарным взысканием, чем долговременным наказанием. Бог обещал через пророков и восстановление Иерусалима, и разрушение Вавилона (например, Ис. 13:19-20 и Иер. 51:6-9, 45-48). В самом деле, этот город зла стал пустынной грудой камней, абсолютно необитаемым, за исключением диких животных пустыни – точно так, как и было предсказано.

Неслучайно, что книги Даниила и Откровение чрезвычайно похожи. Обе содержат видения последних времен, которые потрясающе соответствуют друг другу. Откровения были даны Даниилу еще при Навуходоносоре (Даниил был молодым человеком в первом из трех переселений). Он «видел» развитие мировых империй в будущем, вплоть до времени Христа, и потом после Христа, до самого конца истории, до царствования антихриста, тысячелетнего правления, воскресения мертвых и Дня Суда.

Обе книги говорят о городе, называемом «Вавилон». Но говорят ли они об одном и том же месте?

Если да, то он должен быть восстановлен. Те, кто считает «Вавилон» из Откровения именно тем городом, рады, что его части уже были отстроены настоящим президентом Ирака, Саддамом Хусейном. Но, похоже, что он не планирует восстанавливать его как город, в котором будут жить люди; это, скорее, показательное шоу для его собственного престижа (лазерные огни освещают его профиль рядом с Навуходоносором до облаков!). Маловероятно, что древний Вавилон, даже полностью восстановленный, когда-нибудь снова станет стратегическим центром.

Школа толкования «претеризм» применяет «Вавилон» к городу Риму. Есть некоторое основание считать так, в частности, потому, что, возможно, так расценивали его первые читатели Откровения. Одно из посланий Петра, написанное с похожей целью (подготовить святых к страданиям), могло уже провести эту зашифрованную связь (1 Петра 5:13). А ссылка на «семь гор», возможно, закрепила бы её (17:9, хотя заметьте, что «горы» представляют царей).

Упадочный характер Рима также подходит под описание в Откровении. Его сильное влечение к имуществу и деньгам взамен на покровительство и его господство над мелкими царями очень хорошо подходят к этой картине.

Всё же, есть сомнение, полное ли это исполнение. Рим, на самом деле, был Вавилоном. Но он был только предзнаменованием Вавилона, который управляет концом истории, где Откровение надежно его поместило.

Некоторые решили проблему, теоретически допустив возрождение Римской империи. Их пульс участился, когда десять наций (17:12) подписали «Римский договор», как основание для нового сверхмощного Европейского сообщества. Интерес снизился с присоединением других государств; теперь уже слишком много «рогов»!

Нежелание отпустить Рим, как основного кандидата, также видно в школе толкования «историцизм».

Принимая Откровение, как общее представление о всей истории Церкви, протестанты постоянно связывают папство и Ватикан с их стремлением к политической и религиозной власти, с «женщиной, облеченной в багряницу» Вавилоном (это отождествление вызвало разрушительные «скорби» в Северной Ирландии). Католики отплатили тем, что воспринимали протестантских реформаторов в том же свете!

На самом деле, нет ни одного намека в Откровении на то, что «Вавилон», так или иначе, является религиозным центром. Ударение делается на предпринимательскую деятельность и удовольствия, как основные занятия его жителей.

Школа «футуризма», кажется, находится ближе к истине, рассматривая город, как новую столицу, которая восстанет, чтобы управлять другими в «последнее время». Поскольку это расценивалось, как «тайна» (т.е. секрет, теперь раскрытый), этот город может оказаться скорее новым творением человека, чем восстановленным старым городом (то ли древним Вавилоном, то ли Римом).

Наверняка это будет центр торговли – место, где будут зарабатывать и тратить деньги (заметьте, как его падение поразило предпринимателей; 18:11-16). Культура не будет в пренебрежении (обратите внимание на музыку в 18:22).

Он будет развращенным и разлагающимся, будет характеризоваться материализмом без нравственности, наслаждением без чистоты, богатством без мудрости, похотью без любви. Очень подходящее сравнение с проституткой, дающей всем то, что они хотят, в обмен на деньги.

До сих пор мы рассматривали только «женщину», но она сидит на «звере» с семью головами и десятью рогами, которые очень ясно представляют федерацию политических деятелей. Нам не сказано, кто они, и у нас нет достаточного количества подробностей о них. Они могущественные люди, но без территории, на которой они могли бы править. Власть им дает «зверь» – предположительно, антихрист, которому они абсолютно преданны. Кроме того, они будут открыто выступать против христиан и вести «брань с Агнцем» и теми, которые «с Ним» (17:14), возможно, потому, что их совесть была сожжена.

Вавилон обречен. Он падет вместе с ними. Их дни будут сочтены. То, каким потрясающим способом это совершилось, абсолютно вероятно в современном мире.

Женщина сидит на звере. Королева едет на спинах царей (абсолютно противоположное творению распределение половых ролей). Это еще один способ сказать, что экономика будет управлять политикой, что власть денег будет отменять другую власть. Не сложно представить сценарий, когда большая часть мировой коммерческой деятельности будет находиться в руках нескольких сотен огромнейших корпораций.

Амбициозных политиков, жаждущих власти, возмущает такое финансовое влияние. Они даже готовы вызвать экономическую катастрофу, если это даст им возможность руководить ею. Кто-то думает об обращении Гитлера с евреями, которые контролировали много банков в Германии.

«Цари» будут завидовать «женщине», которая едет на них, и решат уничтожить ее. Город будет разрушен огнем. Это будет величайшей экономической катастрофой, которую мир когда-либо видел. Много, очень много людей будут «плакать и рыдать» над руинами.

СИСТЕМАТИЗАЦИЯ СОДЕРЖАНИЯ

Бог вызовет катастрофу, не применяя физического действия. Он «положит им на сердце исполнить волю Его» (17:17). Он побудит их создать союз со зверем против города. У антихриста будет политический контроль и религиозный контроль лжепророка; теперь «цари» предложат им экономический контроль в обмен на переданную им власть. Но их радость от таких привилегий будет слишком короткой («один час»; 17:12).

Несомненно, это именно падение Вавилона описано в Откровении, как уже совершившийся факт. Христиане могут быть абсолютно уверены в этом. Но есть практические причины, почему им говорится об этом. Какая связь между Божьим народом и этим последним «Вавилоном»? По этому поводу даны три указания:

Первое, в городе будут много мучеников. Блудница «упоена была кровию святых и кровию свидетелей Иисусовых». Последняя фраза еще раз указывает на присутствие христиан и встречается на протяжении всего Откровения (1:9; 12:17; 14:12; 17:6; 19:10; 20:4). В городе, преданном безнравственности, нет места для святого народа.

Второе, христианам сказано: «Выйди от нее, народ Мой, чтобы не участвовать вам в грехах ее и не подвергнуться язвам ее; ибо грехи ее дошли до неба, и Бог воспомянул неправды ее» (18:4-5). Этот призыв почти совпадает с призывом Иеремии к иудеям в древнем Вавилоне (Иер. 51:6). Заметьте, что они сами должны были «выйти»; Господь не выводит их. Очевидно, не все христиане будут замучены; некоторые спасут свою жизнь, хотя им придется оставить свои деньги и имущество.

Третье, при падении Вавилона объявляется праздник: «Веселись о сем, небо и святые Апостолы и пророки, ибо совершил Бог суд ваш над ним» (18:20). Это произошло в 19:1-5. Очень немногие осознают, что известный хорал

«Аллилуйя» из оратории Генделя *Мессия* – это празднование падения мировой экономики, закрытия фондовых бирж, банкротства банков и разрушения торговли и коммерческой деятельности! Только Божий народ будет петь «Аллилуйя» (что значит «Слава Богу») в этот день!

Проститутка исчезает и появляется невеста. Вот-вот начнется «брачная вечеря Агнца». Иисус собирается жениться – точнее, Он грядет, чтобы жениться (Мф. 25:1-13). Невеста «приготовила себя», приобретя платье из чисто белого полотна (заметьте, снова ссылка на «одежду»); оно объясняется, как символ «праведности святых» (19:8). Список гостей составлен, и «блаженны» те, кто записан в нем.

Мы уже перескочили на 19 главу, которая подводит к следующему разделу, завершая данный. Но дальнейшее разделение на главы не является частью первоначального текста и часто происходит в неправильных местах, разрывая то, что Бог соединил вместе, это происходит только в предпоследнем разделе Откровения.

ГЛАВЫ 19-20: ХРИСТОС НА ЗЕМЛЕ

Эта серия событий подводит историю, как мы знаем, к завершению. Наш мир, наконец-то, подошел к концу. Теперь мы имеем дело с отдаленным будущим.

Увы, этот раздел вызвал больше разногласий, чем любой другой во всей книге, главным образом сосредоточенный на Миллениуме и постоянном упоминании «тысяча лет». Это настолько важный вопрос, что будет рассматриваться, как отдельная тема (см. стр. 259). Этот подход будет включать исчерпывающее толкование текста, поэтому здесь будет дано только краткое изложение.

Необходимо отметить изменение отношений словесного и наглядного. В предыдущем разделе Иоанн гово-

СИСТЕМАТИЗАЦИЯ СОДЕРЖАНИЯ

рит: «Я услышал» (18:4; 19:1,6). Потом начала повторяться фраза «Я увидел», пока она снова не вернулась к «Я услышал» (в 21:3).

При анализе наглядной части стали ясно различимы серии из семи видений. Но если бы не необоснованное вторжение разделения глав («20» и «21»), это семикратное откровение заметило бы большинство читателей. В данной ситуации только некоторые отметили это. К тому же, это последнее «семь» в Откровении. Как и в предыдущих семи, первые четыре идут вместе, следующие два не настолько близко связаны, и последнее стоит само по себе (мы отложим их изучение, пока не рассмотрим главы 21-22). Их можно перечислить следующим образом:

I. ПАРУСИЯ (19:11-16)
   («Второе пришествие», *прим. пер.*)
   Царь царей, Господь господствующих (и «logos» = слово)
   Белые кони, одежды, обагренные кровью

II. УЖИН (19:17-18)
   Ангел приглашает птиц…
   …насытиться трупами.

III. АРМАГЕДДОН (19:19-21)
   Цари и армии уничтожены («словом»=logos)
   Два зверя брошены в озеро огненное

IV. САТАНА (20:1-3)
   Скован и брошен в «бездну», но на ограниченное время

* * * * *

V. МИЛЛЕНИУМ (20:4-10)
    Царствование святых и мучеников (первое воскресение)
    Сатана освобожден и брошен в озеро огненное

VI. СУД (20:11-15)
    Общее воскресение «остальных»
    Книги и «Книга жизни» открыты

* * * * *

VII. НОВОЕ ТВОРЕНИЕ (21:1-2)
    Новое небо и Земля
    Новый Иерусалим

Безусловно, это указывает на последовательные серии событий, начиная со Второго пришествия и заканчивая новым творением. Все это подтверждается внутренними перекрестными ссылками (например, 20:10 ссылается на 19:20). К сожалению, комментаторы пытались разорвать последовательность в интересах богословской системы (утверждая, например, что 20 глава предшествует 19 главе). Но порядок в этих последних главах намного четче, чем середина Откровения – и это очень важно.

Например, враги Божьего народа исключены из сцены в обратном к их представлению порядке. Сатана появляется в 12 главе, два «зверя» – в 13 главе и Вавилон – в 17 главе. Вавилон исчезает в 18 главе, два «зверя» – в 19 главе и сатана – в 20 главе. Город разрушается перед возвращением Христа, но ему необходимо еще быть на Земле, чтобы иметь дело с «нечестивой троицей» диавола, антихриста и лжепророка.

Вступительное видение признано картиной Второго пришествия практически всеми учеными (только несколько, в законных богословских интересах, говорят, что оно относится к Его первому пришествию). Но возвращение Иисуса на Землю вызовет испуг у власть имущих. Шокированные Его появлением, они будут планировать повторное убийство. Но в этот раз маленького охранного отряда будет совершенно недостаточно, поскольку миллионы Его преданных последователей встретятся с Ним в Иерусалиме (1 Фес. 4:14-17). Огромные вооруженные силы соберутся в нескольких километрах к северу в Изреельской долине у подножия горы Мегиддо (на еврейском, Har-mageddon): это перекресток мира, обозреваемый из Назарета. Здесь совершалось много битв; многие цари погибли здесь (среди них – Саул и Иосия).

Иисусу нужно только «слово», чтобы воскресить мертвого или умертвить живого. Это скорее приговор, чем борьба. Грифы имеют дело с телами, потому что их слишком много, чтобы захоронить.

Здесь происходят несколько удивительных событий. Два «зверя» не убиты, а «ввержены живыми» в ад – первые люди, попавшие туда. Диавол не послан туда, а взят под стражу – чтобы позже быть снова освобожденным!

Более того, тогда Иисус не приводит мир к концу, но Сам возглавляет со своими верными последователями и особенно мучениками правительство, заполняя вакуум, оставшийся после «нечестивой троицы». Конечно, они должны будут воскреснуть из мертвых, чтобы исполнять эту обязанность. Царство будет длиться тысячу лет, но придет к концу, когда досрочно освобожденный диавол обманет народы для последнего, но безуспешного восстания, которое будет остановлено огнем с неба.

Промежуток времени между возвращением Иисуса и Днем Суда часто отвергается сегодня в Церкви, но это была общепринятая точка зрения в Ранней Церкви. Причины подобного изменения и множество вопросов, возникающих в связи с этим, подробно рассмотрены в разделе «Загадки Миллениума» (стр. 261–342).

Есть широко распространенное согласие с тем, что следует. О последнем дне расплаты говорится на протяжении всего Нового Завета.

Его предвещают два потрясающих знамения. Земля и небо исчезнут. Мы знаем (из 2 Петра 3:10), что они будут «разрушены» огнем. Снова восстанут мертвые, включая тех, кто погиб в море. Это – второе, или «основное» воскресение (20:5) и подтверждает то, что нечестивые, как и праведные, получат новые тела прежде, чем последуют своей вечной участи (Дан. 12:2; Ин. 5:29; Деян. 24:15). И «душа и тело» будут брошены в озеро огненное (Мф. 10:28; Откр. 19:20). «Мучение» будет и физическим, и психическим (Лк. 16:23-24). Поэтому и «смерть», которая разделяет душу с телом, и «ад» – местопребывание бестелесных духов, теперь упразднены (20:14). «Вторая смерть», которая не разделяет душу с телом, ни, тем более, уничтожает, вступает с тех пор в силу.

Все это теперь видимо: Судья, сидящий на престоле, осужденные, стоящие перед ним, и огромное количество книг. Престол – большой и белый, представляющий абсолютную власть и чистоту. Это, вероятно, не тот престол, который Иоанн видел на небе (4:2-4). Он не был описан, как «великий» и «белый». Более того, маловероятно, что воскресшим грешникам будет позволено находиться где-то возле неба. К тому же, нет ни единого намека на то, что сцена в 20 главе будет перенесена обратно на небо; скорее всего, она будет располагаться в том месте, где была Земля; Земля исчезла, оставив после себя только своих жителей из прошлого и настоящего. Более того, не указано, что личность, сидящая на престоле, является Богом (как в 4:8-11). Она на самом деле – не Бог. Из других мест Писания мы знаем, что Он поручил задание судить людей Своему Сыну, Иисусу: «Ибо Он назначил день, в который будет праведно судить вселенную, посредством предопределенного Им мужа (Деян. 17:31; ср. с Мф. 25:31-32; 2 Кор. 5:10). Человечество будет судить Человек.

Судебный процесс не будет долгим. Все доказательства уже были собраны и изучены Судьей. Они находятся в «книгах», которые, в действительности, можно было бы озаглавить: «Это – твоя жизнь»! Это не будет подборка достойных похвалы случаев для телевизионного представления, а полная запись дел (и слов; Мф. 5:22; 12:36) всей жизни: с рождения до смерти. Мы можем быть оправданы по вере, но будем судимы по делам.

Если бы рассматривались все доказательства, мы бы все были осуждены на «вторую смерть». Какая была бы у всех тогда надежда?

Слава Богу, что в тот ужасный день будет открыта еще одна книга. Это – запись жизни на Земле Самого Судьи, оправдывающая Его и дающая Ему право судить других. Это – «Книга жизни Агнца» (21:27). Помимо Его имени, в ней также будут и другие имена. Там будут перечислены те, кто «во Христе», те, кто жил и умер в Нем, те, кто был присоединен и оставался на этой «истинной лозе» (Ин. 15:1-8). Они принесли плоды, которые подтверждают их непрекращающийся союз с Ним (Фил. 4:3 – противопоставление Мф. 7:16-20). Плодоносность – основание их верности.

Их имена были занесены в эту книгу, когда они пришли, чтобы быть во Христе, когда они покаялись и поверили. (Фраза «от начала мира» в 17:8 говорит о тех, чьи имена не записаны в книге, и просто означает «на протяжении всей человеческой истории»; так же, как в 13:8 говорится о смерти Агнца). Их имена не были «изглажены» из книги жизни, потому что они «победили» (3:5).

Только те, чьи имена все еще в этой книге, избегнут «второй смерти» в «озере огненном». Другими словами, без Христа нет никакой надежды, поскольку «все согрешили и лишены славы Божией» (Рим. 3:23). Поэтому Евангелие *исключительно*: «Нет другого имени под небом, данного человекам, которым надлежало бы нам спастись» (Деян. 4:12). Но оно также должно быть *содержательным*: «Идите по всему миру и проповедуйте Евангелие всей твари» (Мк. 16:15; ср. с Мф. 28:19; Лк. 24:47).

С того момента человечество будет разделено на две группы (Мф. 13:41-43, 47-50; 25:32-33). Судьба одних уже «приготовлена» (Мф. 25:41). Огненное озеро (или «море») существовало, по крайней мере, тысячу лет (19:20). Для других был «приготовлен» новый город (Ин. 14:2), но нет Земли, на которой он может располагаться, тем более, неба над ним. Нужна новая Вселенная.

ГЛАВЫ 21-22: НЕБО НА ЗЕМЛЕ

Какое облегчение, что мы дошли до завершающего раздела. Атмосфера изменилась драматически. Черные тучи рассеялись и снова светит солнце – за исключением лишь только того, что солнце тоже исчезло, чтобы его заменила намного более яркая слава Божия (21:23).

Это завершающий акт искупления, который принесет спасение всей Вселенной. Обновление неба и Земли – это «космическая» работа Христа (Мф. 19:28; Деян. 3:21; Рим. 8:18-25; Кол. 1:20; Евр. 2:8) (заметьте, что «небо» означает буквальное «небо», то, что мы называем «пространством»; то же самое слово в 20:11 и 21:1). Когда Иисус вернулся на старую Землю, христиане уже получили новые тела. Теперь им дадут новую окружающую среду, соответствующую их новым телам.

Первые два стиха говорят о последнем видении в последовательности семи событий, которые «видел» Иоанн (19:11 до 21:2), кульминация последних событий истории. Здесь больше, чем новая Вселенная. Среди «общего» творения есть «особое» творение. Так же, как в первой Вселенной Бог «насадил сад» (Быт 2:8), так и здесь Он разработал и построил «город-сад», о котором знал даже Авраам и ожидал его (Евр. 11:10).

Так же, как новое «небо и Земля» достаточно похожи на старые, чтобы иметь те же названия, этому городу дано то же имя, что и столице Давида. Иерусалим имеет место в Новом Завете так же, как и в Ветхом. Иисус назвал его «городом великого Царя» (Мф. 5:35; ср. с Пс. 47:3). Как раз «за городской стеной» Он умер, воскрес и вознесся на небо. Именно в этот город Он вернется, чтобы сесть на престоле Давида. В тысячелетнем царстве он будет «станом святых и городом возлюбленным» (20:8).

Конечно, земной город был временной копией «града Бога живого, небесного Иерусалима и тем Ангелов» (Евр. 12:22-23). Но это не значит, что первый город каким-то образом менее реальный, чем копия, что один – материальный, а другой – «духовный». Основное различие между ними – месторасположение. И оно изменится.

Небесный город «спустится с небес» и будет установлен на новой Земле. Это будет реальный город с материальными конструкциями, хотя и достаточно различными материалами! К сожалению, со времени платонического разделения Августином физической и духовной сфер, у Церкви были серьезные трудности с применением понятия новой Земли, и уж тем более, нового города на ней. Равенство «духовного» и «нематериального» нанесло непоправимый ущерб христианской надежде на будущее. Новая Вселенная и ее город не будут менее «материальными», чем старые.

Стихи 3-8 – пояснительный комментарий последнего видения. Внимание сразу переводится с нового творения на его Создателя. Заметьте переход с того, что Иоанн «видел», к тому, что он «услышал». Но чей «громкий голос» он слышал? Он говорит о Боге от третьего лица, потом – от первого. Без сомнения, это говорит Христос (ср. с 1:15). Фраза «Сидящий на» престоле – та же, что и в предыдущей главе (ср. 20:11 с 22:13). В обоих контекстах изображается суд и упоминается «озеро огненное» (ср. 20:15 с 21:8). Более того, этим «голосом» высказывается то же заявление, какое делает Иисус в эпилоге (ср. 21:6 с 22:13). Однако «престол Бога и Агнца» далее рассматривается, как один (22:1).

Следуют три поразительных утверждения:

Первое – самое удивительное откровение о будущем во всей книге. Сам Бог меняет Свое местопребывание с неба на Землю! Он придет, чтобы жить с человеком по его месту жительства, Он – больше уже не «наш Отец на небесах» (Мф. 6:9), а «наш Отец на Земле», что ведет к наиболее близким отношениям, которые когда-либо были между человеком и божественной личностью. Поскольку любая смерть, скорбь и боль противоречат Его природе, для них больше не будет места. Больше не будет разделения и слез. В процессе изучения, мы вспоминаем только одно упоминание о Боге на Земле в Библии: Его вечерняя прогулка в саду Эдемском (Быт. 3:8). И вот, Библия прошла полный цикл.

Второе – заявление о том, что «Я творю все новое» (21:5). Плотник из Назарета заявляет, что Он – Творец всей Вселенной, так же, как и старой (Ин. 1:3, Евр. 1:2). Его труд не ограничивается только лишь восстановлением людей, хотя они – тоже «новое творение» (2 Кор. 5:17). Он также восстанавливает все остальное.

Ведется немало споров вокруг слова «новое». Как новое становится «новым»? «Новая» Вселенная – это просто «восстановленная» старая, или это абсолютно новое произведение? В греческом языке есть два слова, обозначающие «новый» (*kainos* и *eos*), но они в какой-то мере синонимы между собой, и использование первого слова не решает проблемы. Ссылка на то, что старая Вселенная была «сожжена огнем» (2 Петра 3:10) и «миновала» (21:1), предполагает, скорее, уничтожение, чем преобразование. Но процесс уже начался – с воскресением Иисуса. Его «старое» тело разложилось в погребальных пеленах, и Он воскрес в новом «славном» теле (Фил. 3:21); прочтите также мою книгу: *Объясняя воскресение* (Sovereign World, 1993). Конкретная «связь» между двумя телами сокрыта во мраке могилы, но то, что произошло тогда, однажды произойдет на мировом уровне.

Третье разъясняет читателям Откровения практическое применение этого нового творения (заметьте, что Иоанну напомнили, чтобы он продолжал записывать то, что слышит, потому что «слова сии истинны и верны»; 21:5). Положительная сторона – обещание удовлетворить жажду тех, кто ищет «воду жизни» (21:6; 22:1, 17). Но это должно вести к «побеждающей» жизни для того, чтобы унаследовать место на новой Земле и наслаждаться на ней семейными отношениями с Богом.

Отрицательная сторона – предупреждение о том, что те, кто не побеждает, а боязливы, неверны, скверны и убийцы, никогда не станут частью этого наследия, но окажутся в «озере, горящем огнем и серою; это – смерть вторая» (21:8). Необходимо отметить, что это предупреждение дается сбившимся с пути христианам, а не неверующим, как вся книга. Большинство предупреждений об аде, сделанных Иисусом, были адресованы не грешникам, а Его собственным ученикам (прочтите мою книгу «Дорога в ад»).

* * * * *

В этом месте ангел берет Иоанна в тур с проводником по Иерусалиму и его жизни (идея того, что это, на самом деле, «повторение» «старого» Иерусалима в Миллениуме, настолько неестественна, что мы не рассматриваем ее; стих 10 ясно расширяет стих 2). Захватывающее описание, сведенный до минимума язык, который вызывает основной вопрос: сколько здесь буквального, а сколько – символического?

С одной стороны, воспринимать все буквально кажется неверным. Очевидно, что Иоанн описывает неописываемое (у Павла были те же трудности, когда он показывал небесные реалии; 2 Кор. 12:4). Заметьте, как часто он может использовать только сравнение («подобно» или «как» в 21:11, 18, 21; 22:1), к тому же, все аналогии только приблизительные и, в конце концов, неадекватные. Но реалии, несовершенно описанные здесь, должны быть более, а не менее прекрасны.

С другой стороны, воспринимать все символически также кажется неверным. Из-за этой крайности, вся картина становится «духовной» нереальностью, и это не дает судить о «новой Земле», как о конкретном месте.

Чтобы решить проблему, нам нужно задать вопрос: «новый Иерусалим» представляет место или людей? Вопрос возникает потому, что она названа «невестой», что ранее относилось к людям, к Церкви (19:7-8). Во-первых, это – только сравнение (в 21:3; «как невеста»), и любой, кто видел семитскую свадьбу, представит разноцветную одежду, украшенную ювелирными изделиями. Позже, однако, город описан конкретно, как «невеста, жена Агнца» (21:9). Ангел, обещая *показать* Иоанну «невесту», *показывает* ему город (21:10), далее видение переходит к раскрытию жизни его жителей (21:24-22:5).

Ответ на эту дилемму более очевиден для еврея, чем для христианина. «Израиль», невеста Иеговы, был всегда народом *и* местом, неразрывно связанными между собой, следовательно, все пророческие обещания говорят об окончательном восстановлении народа на их собственной Земле. Для сравнения, христиане не имеют здесь места, странники, пилигримы, временные жители, новая «диаспора» или рассеянный и изгнанный народ Божий (Иак. 1:1; 1 Петра 1:1). Небеса – наш «дом». И небо, наконец, спускается на Землю. Евреи и язычники будут единым народом в одном «доме». Вот почему на городе написаны имена двенадцати колен и двенадцати апостолов (21:12-14).

Этот двойной союз евреев и язычников, неба и Земли – основание вечного Божьего замысла «все... соединить под главою Христом» (Еф. 1:10; Кол. 1:20). Поэтому «невеста», которая становится одним целым со своим мужем, – это народ и место. И какое место!

Размеры, безусловно, важны, все умножаются на двенадцать. *Размер* потрясающий: более двух тысяч километров в каждом из трех измерений; город мог бы занять большую часть Европы или поместиться в луну, если бы она была полой. Другими словами, город достаточно большой, чтобы вместить весь Божий народ. *Форма* также важна, больше похожа на куб, чем на пирамиду, указывая на то, что «святой» город похож на «святое святых» в форме куба в скинии и храме. Стены скорее определяют границы, чем защищают находящихся внутри, поскольку ворота всегда открыты. Нет угрожающей опасности, поэтому его жители могут свободно уйти и вернуться в любое время.

Материалы, которые использовались для строительства, уже известны нам, но только, как редкие и драгоценные камни, которые позволяют нам мельком взглянуть на небеса. Список, приведенный здесь, – один из самых потрясающих оснований Божественного вдохновения этой книги. Теперь, когда мы можем производить «более чистый» свет (поляризованный и лазерный), нам открылись до сих пор неизвестные качества драгоценных камней. Когда тонкие части поместить в крос-поляризованном свете (когда две линзы от солнцезащитных очков накладываются под правильным углом), их можно разделить на две четкие категории. «Изотропические» камни утрачивают свой цвет, потому что для их блеска необходимы случайные лучи (например, алмазы, рубины и гранаты). «Анизотропные» камни воспроизводят все цвета радуги в ослепительном виде, независимо от их природного цвета. *Все* камни в «новом Иерусалиме» принадлежат к последней категории! Когда писалось Откровение, об этом, возможно, никто не знал – кроме Самого Бога!

Еще одна поразительная особенность в этом описании – всего лишь в тридцати двух стихах находится более пятидесяти ссылок на Ветхий Завет (в основном, из Бытия, Псалтыри, Исаии, Иезекииля и Захарии). Самая важная особенность, по сути, – исполнение надежд евреев, выраженных в пророчестве. Это указывает также на то, что ветхозаветные и новозаветные пророчества исходят из одного источника (1 Петра 1:1; 2 Петра 1:21). Откровение – кульминация и заключение всей Библии.

Когда демонстрация, которую проводит ангел, переходит на жизнь, которой наслаждаются жители города, появляются звуковые сюрпризы. Возможно, самое большое отличие от «старого» Иерусалима заключается в отсутствии доминирующего храма, направляющего поклонение на определенное место. Весь город – Его храм, в котором искупленные «служат Ему день и ночь» (7:15) и который предполагает, что работа и поклонение снова совершаются одновременно, как было с Адамом (Быт. 2:15; Адаму не говорилось, чтобы он отводил один из семи дней на поклонение).

Город обогатится межнациональной культурой (21:24, 26). Он никогда не загрязнится нечестивым поведением (21:27). Вот почему верующие, идущие на компромисс, находятся в опасности, что их имена будут изглажены из «книги жизни Агнца» (3:5; 21:7-8).

Река и дерево жизни обеспечат постоянное здоровье. Как и в начале, питаться будут скорее фруктами, чем мясом (Быт. 1:29), хотя нет необходимости быть вегетарианцем до того времени (Быт. 9:3; Рим. 14:2; 1 Тим. 4:3).

Более того, святые будут жить в присутствии Божьем. Они, на самом деле, будут видеть Его лицо – привилегия, которая была дана только нескольким людям до того (Быт. 32:30; Исх. 33:11), но потом будет дана всем (1 Кор. 13:12). Он будет отражаться в их лицах, Его имя будет начертано на их лбах, как в одно время другие носили на себе число «зверя» (13:16). Они будут «править вечно» скорее над новым творением, чем над друг другом, как и было задумано изначально (Быт. 1:28). Таким образом они будут «служить» Творцу.

И снова необходимо сделать ударение на том, что человечество не перенесется на небо, чтобы быть вечно с Господом; Он пришел на Землю, чтобы вечно быть с ними. «Новый Иерусалим» – это одновременно вечное «местожительство» Бога и человека, их постоянное местопребывание.

Как и ранее, Иоанну напомнили, что надо записать все. То, что он отвлекался от выполнения задачи, вполне понятно!

* * * * *

«Эпилог» (22:7-21) имеет много общего со «вступлением» (1:1-8). Тот же титул применяется к Богу в одном месте и ко Христу – в другом (1:8; 22:13). Заключительное обращение ясно указывает на Троицу: Бог, Агнец и Дух присутствуют вместе.

Особое ударение делается на том факте, что время коротко. Иисус грядет «скоро» (22:7, 12, 10). Тот факт, что с того времени, как это было сказано и записано, прошло много столетий, не должен нас успокаивать; мы должны находиться намного ближе к тому, «чему надлежит быть вскоре» (22:6).

Благоприятный день все еще продолжается. Жаждущий все еще может пить воду жизни даром (22:17). Но выбор нужно сделать сегодня. Подходит время, когда моральное направление нашей жизни будет зафиксировано навсегда (22:11). Фараон ожесточал свое сердце против Бога семь раз, потом Бог ожесточал его сердце три раза (Исх. 7-11; Рим. 9:17-18). Придет момент, когда это произойдет со всеми, кто не придает значения и не повинуется Его воле.

В конце будут только две категории людей: те, кто «омыли одежды свои» (22:17; ср. с 7:14) и, таким образом, вошли в город, и те, кто остались вне (22:15), – как дикие собаки на Среднем Востоке в наши дни. В этом великом финале в третий раз включен список лишенных права преступников (21:8, 27; 22:15), как будто читатели никогда не должны были забывать, что слава будущего не придет к ним автоматически, потому что они поверили в Иисуса и принадлежат к Церкви, а придет только к тем, кто «стремятся к цели, к почести высшего звания Божия во Христе Иисусе (Фил. 3:14) и кто «старается иметь… святость, без которой никто не увидит Господа» (Евр. 12:14).

Еще один способ, когда верующие могут утратить свое будущее – вмешиваться в книгу Откровение, либо добавляя к ней, либо отнимая. Поскольку это – «пророчество», которое Бог произносит через Своего слугу, то изменять в нем что-то – совершать святотатство, влекущее за собой жестокое наказание. Неверующие, наверняка, не будут этим заниматься. Скорее всего это могут сделать те, кто берет на себя задачу объяснять и толковать его другим. Пусть Бог смилостивится над таким бедным автором, если он согрешит подобным образом!

Но финальная нота – положительная, а не отрицательная, и суммируется в одном слове: «Гряди!»

С одной стороны, это приглашение из уст Церкви, обращенное к миру, ко «всякому», кто ответит на Евангелие (22:17; ср. с Ин. 3:16). С другой стороны, оно обращено к Господу: «Ей, гряди, Господи Иисусе!» (22:20).

Эта двойная просьба – характеристика истинной невесты, движимой Духом Святым (22:17) и испытывающей благодать Господа Иисуса (22:21). Все святые восклицают: «Гряди!» мятежному миру и возвращающемуся его Господину.

ГЛАВА ДЕВЯТАЯ

Христос – центральная личность

Последняя книга Библии – «Откровение Иисуса Христа» (1:1). Использование родительного падежа («Иисуса Христа») можно понять двояко: *от* Него или *о* Нем. Возможно, двойное значение и подразумевалось. В любом случае, Он – центральная личность в этом послании.

Если тема – конец мира, Он – «конец», так же, как Он был «началом» (22:13). Божий план – «все небесное и земное соединить под главою Христом» (Еф. 1:10).

И вступление, и эпилог сосредоточены на Его возвращении на планету Земля (1:7; 22:20). Решающий момент, в направлении которого будущая история колеблется от ухудшения к улучшению, грядет (19:11-16).

Это – «Тот же Иисус» (Деян. 1:11), Который вернется. Он – Агнец Божий, Который пришел в первый раз для того, чтобы «взять грех мира» (Ин.1:29). На протяжении всего Откровения Агнец предстает «как бы закланным» (5:6). Вероятно, все еще будут видны шрамы на Его голове, боку, руках и ногах (Ин. 20:25-27). Это – повторяющиеся напоминания того, что Он пролил Свою кровь, чтобы искупить каждого человека (5:9; 7:14; 12:11).

Все же, Иисус из Откровения очень отличается от человека из Галилеи. Его первое явление Иоанну было настолько потрясающим, что ученики, которые были ближе всего к Нему (Ин. 21:20), впали в глубокий обморок. Мы уже упоминали Его снежно-белые волосы, горящие глаза, острый язык, сияющее лицо и блестящие ноги.

Несмотря на короткие вспышки гнева Иисуса в Евангелиях (Мк. 3:5; 10:14; 11:15), Его продолжительная «ярость» в Откровении вселяет ужас в сердца всех людей, которые скорее были бы готовы, чтобы их придавили падающие скалы, чем посмотреть в Его глаза (6:16-17). Это – не «кроткий Иисус, покорный и сострадательный». Хотя это – сомнительное Его описание в любое время, здесь оно особенно неподходящее.

Многие верят, что Иисус проповедовал и практиковал пацифизм, несмотря на то, что Он утверждал обратное: «Не думайте, что Я пришел принести мир на Землю; не мир пришел Я принести, но меч» (Мф. 10:34; Лк. 12:51). Конечно, Его слова могут иметь «символический смысл», но их намного сложнее объяснить в Откровении, где наиболее естественное понимание последнего конфликта – физическое.

Иисус спускается с неба скорее на коне войны, чем на осле мира (Зах. 9:9; Откр. 19:1; ср. с 6:2). Его одежда была «обагрена кровью» (19:13), но не Его собственной. Хотя единственный «меч», которым Он обладал – Его язык, результатом его использования является убийство тысяч царей, генералов и могущественных людей (добровольцев и призванных на службу) так же, как однажды этот же язык умертвил смоковницу (Мк. 11:20-21).

Иисус четко изображен здесь, как массовый убийца, после Него грифам приходится наводить порядок! Подобное наглядное изображение вызывает шок у приличных верующих, привыкших видеть Его ласково смотрящим с оконных витражей. Это будет еще большим сюрпризом для тех, кто использует рождественские недели в Церковном календаре, чтобы представить Его в рождественских пьесах, как беспомощного ребенка. Он никогда больше не будет таким.

Изменился ли Иисус? Мы знаем, что некоторых возраст смягчает, а другие становятся сварливыми и даже злобными. Не произошло ли это и с Ним на протяжении прошедших столетий? Боже упаси!

Это не Его характер или индивидуальность изменились – изменилась Его миссия. Целью Его первого визита было «взыскать и спасти погибшее» (Лк. 19:10). Он не пришел, «чтобы судить мир, но чтобы мир спасен был» (Ин. 3:17). Он пришел, чтобы дать людям возможность отделиться от их грехов прежде, чем весь грех будет уничтожен. Цель Его второго посещения противоположна – скорее уничтожить, чем спасти, скорее наказать грех, чем простить его, чтобы «судить живых и мертвых», как это сформулировали Апостольский и Никейский символы веры.

Уже стала речевым штампом фраза, что Иисус «любит грешника, но ненавидит грех». Первая часть фразы была очевидна во время Его первого пришествия; вторая будет такой же очевидной во время второго. Те, кто привязан ко своим грехам, должны столкнуться с последствиями. В то время «пошлет Сын Человеческий Ангелов Своих, и соберут из Царства Его все соблазны и делающих беззаконие» (Мф. 13:41). Этот «сбор» будет основательным и справедливым. И если он абсолютно справедливый, он должен касаться и верующих, и неверующих (как Павел ясно учит в Рим. 2:1-11, заканчивая словами «ибо нет лицеприятия у Бога»).

Еще раз, нам необходимо помнить, что книга Откровение адресована исключительно «рожденным свыше» верующим. Описание Его жестокости по отношению к согрешающему дано для того, чтобы пробудить в «святых» здоровый страх, служащий стимулом «соблюдать заповеди Божии и веру в Иисуса» (14:12).

Тем, кто испытал благодать Господа Иисуса Христа, очень легко забыть, что Он все еще будет их Судьей (2 Кор. 5:10). Те, кто знал Его, как друга и брата (Ин. 15:15; Евр. 2:11), склонны не замечать Его более стимулирующих атрибутов. По крайней мере, Он достоин «благословения и чести, и славы, и державы во веки веков» (5:13).

В Писании Иисусу присвоено 250 имен и титулов, значительная часть которых использовалась в этой книге, некоторые из них уникальны, не встречались больше нигде. Он – первый и последний, начало и конец, Альфа и Омега. Он – властелин Божьего творения. Таково Его *отношение к нашей Вселенной*. Он участвовал в ее творении, нес ответственность за ее существование и приведет ее к ее завершению (Ин. 1:3; Кол. 1:15-17; Евр. 1:1-2).

Он – лев из колена Иудина, корень (потомок) Давида. Таково Его *отношение к избранному народу Божию, Израилю*. Он был, есть и всегда будет иудейским Мессией.

Он – святой и истинный, верный и истинный, верный и истинный Свидетель. Он жив, был мертв и будет жить вечно, Он держит ключи ада и смерти. Это – Его *отношение к Церкви*. Им необходимо помнить о Его страсти к истине, что означает неподдельность и чистоту, как противоположность лицемерию.

Он – Царь царей и Господь господствующих. Он – яркая утренняя звезда, все еще сияет в то время, когда другие (включая поп- и кинозвезд!) исчезли. Это – Его *отношение к миру*. Однажды Его власть будет признана всем миром.

Очень многие из этих титулов представлены по знакомой формуле из Евангелия от Иоанна: «Я есть». Это не просто личное заявление. Фраза очень похожа по звучанию на имя, под которым Бог открывает Себя, использование которого привело к попыткам убить и непосредственной казни Иисуса (Ин. 8:58-59; Мк. 14:62-63). То, что было задумано, как показатель разделенной божественности и равноправности с Богом, подтверждено в Откровении Отцом и Сыном, заявляющих об одних и тех же титулах: например, «Альфа и Омега» (1:8; 22:13).

Мир приближается к концу, но этот конец скорее личный, чем безличный. Фактически, конец – это личность. Иисус – конец.

Изучать Откровение преимущественно для того, чтобы определить к *чему* приближается мир значит упустить саму суть. В основном, послание говорит о том, к *кому* приближается мир или точнее, кто грядет в мир.

Христиане, действительно, – единственные, кто желает приближения «конца», каждое поколение надеется, что это произойдет во время их жизни. Для них «конец» – это не событие, а личность. Они страстно ожидают «Его».

Предпоследний стих (22:20) содержит очень личное обобщение всей книги: «Свидетельствующий сие говорит: ей, гряду скоро». На это может быть только один ответ из уст тех, кто понял: «Аминь. Ей, гряди, Господи Иисусе!»

ГЛАВА ДЕСЯТАЯ

Вознаграждение изучения

Мы уже отмечали, что Откровение – единственная книга в Библии, которая несет благословение тем, кто ее читает и проклятие на тех, кто искажает ее (1:3; 22:18-19). Подводя итоги, мы перечислим десять вознаграждений, получаемых за изучение Божьих посланий, каждое из которых помогает в истинной христианской жизни.

1. ЗАВЕРШЕНИЕ БИБЛИИ

Изучающий начнет разделять Божье знание «от начала, что будет в конце» (Ис. 46:10). История завершена. Счастливый конец раскрыт. Любовные отношения заканчиваются свадьбой и начинаются настоящие взаимоотношения. Без них Библия была бы незаконченной. Она была бы известной, как «Короткая версия»! Необыкновенные сходства между первой и последней страницами Святого Писания (например, дерево жизни) делает понятным все, что находится между ними.

2. ЗАЩИТА ОТ ЕРЕСИ

Очень часто культы и секты, чьи представители стучатся в наши двери, специализируются на Откровении. Их мнимое знание глубоко поражает прихожан, которые никогда не понимали его – в основном, из-за недостатка учения (и недостатка учителей, которые знают его). Они не в состоянии оспаривать предложенное толкование, которое может быть достаточно странным. Единственная защита – лучшее знание.

3. ТРАКТОВКА ИСТОРИИ

Поверхностная осведомленность в проблемах сегодняшнего дня может каждого поставить в тупик перед любым видимым направлением. Поскольку будущие события бросают тень перед собой, изучающий Откровение найдет потрясающее соответствие с мировыми событиями, которые явно направляют мировое правительство и мировую экономику. Любому проповеднику, который систематически объясняет книгу, слушатели, вероятно, дадут много подходящих газетных вырезок.

4. ОСНОВАНИЕ ДЛЯ НАДЕЖДЫ

Все происходит, согласно плану, Божьему плану. Он все еще на престоле, направляя события к концу, к Иисусу. Откровение убеждает нас в том, что добро восторжествует над злом, Иисус победит сатану и святые однажды будут править миром. Наша Земля будет очищена от всех загрязнений, физических и моральных. Даже Вселенная будет переделана. Надежда на все это – «якорь для души» в жизненных бурях (Евр. 6:19). Только кажется, что язычество, атеизм и гуманизм преуспевают. Их дни сочтены.

5. МОТИВ ДЛЯ БЛАГОВЕСТИЯ

Нет более ясного предоставления выбора судьбы, поставленного перед человечеством – новое небо и Земля или огненное озеро, вечная радость или вечные мучения. Возможность выбора не будет бесконечной. День Суда должен прийти, и каждый представитель человечества подотчетен. Но день спасения все еще продолжается: «Жаждущий пусть приходит, и желающий пусть берет воду жизни даром» (22:17). Приглашение «Гряди!» издается радостно «Духом и невестой [т.е. Церковью]».

6. ПОБУЖДЕНИЕ К ПОКЛОНЕНИЮ

Откровение наполнено поклонением, пением и восклицаниями многих голосов. В нем одиннадцать основных песен, которые служили вдохновением для многих других гимнов на протяжении веков, от *Мессии* Генделя до «Боевого гимна Республики» («Мои глаза увидели славу грядущего Господа»). Поклонение направлено на Бога и Агнца, но не Духа; и никогда на ангелов. «Поэтому с ангелами и архангелами мы громко прославляем Твое святое имя…»

7. ПРОТИВОЯДИЕ ОТ МИРСКОГО

Очень легко быть «приземленным». Как напоминает нам Вильям Вордсвоф: «Мир слишком близко к нам, поздно и рано, приобретая и тратя, мы опустошаем наши силы, в Природе мы немного видим того, что принадлежит нам». Откровение учит нас больше думать о нашем вечном небесном доме, чем о временном «Идеальном доме», больше о нашем новом воскресшем теле, чем о нашей ветшающей оболочке.

8. ПОБУЖДЕНИЕ К БЛАГОЧЕСТИЮ

Божья воля в отношении нас – святость здесь и счастье в будущем, а не наоборот, как многие бы желали. Святость необходима, если собираемся преодолеть проблемы настоящего, побороть внутреннее искушение и внешнее преследование. Откровение вытряхивает нас из расслабленного состояния, самодовольства и равнодушия напоминанием, что Бог «свят, свят, свят» (4:8), и что только «святые» люди будут участвовать в первом воскресении, когда вернется Иисус (20:6). Вся книга, и особенно семь писем вначале, подтверждают тот принцип, что «без святости никто не увидит Господа» (Евр. 12:14).

9. ПОДГОТОВКА К ПРЕСЛЕДОВАНИЮ

Это, конечно, основная причина, почему было написано Откровение. Его послание звучит громко и ясно для христиан, которые страдают за свою веру, ободряя их «терпеть» и «побеждать», и, таким образом, сохранить их имена в книге жизни и их наследие в новом творении. Иисус предсказал, что перед концом Его последователей будет ненавидеть весь мир (Мф. 24:9). Поэтому нам всем нужно быть готовыми.

Читатель, если это еще не происходит в твоей стране – оно, наверняка, произойдет. Также придет и Иисус, перед Которым малодушный будет «обнажен» (16:15) и осужден на пребывание в аду (21:8).

10. ПОНИМАНИЕ ХРИСТА

С Откровением картина нашего Господа и Спасителя завершена. Без него портрет неуравновешен, даже искажен. Если Евангелия представляют Его в роли пророка, а Послания раскрывают Его роль священника, Откровение проясняет Его роль Царя, Царя царей и Господа господствующих. Здесь Христос, Которого мир никогда не видел, но однажды увидит; Христос, Которого христианин видит сейчас верой, и однажды встретит во плоти.

* * * * *

После изучения Откровения никто не может остаться прежним. Но Его послание может забыться. Вот почему Его благословения распространяются не только на тех, кто читают это послание даже вслух для других, но также и на тех, кто «соблюдает» написанное. Это значит, что мы «принимаем его к сердцу» (1:3; New International Version) так же, как и умом, но еще и применяем его на практике. «Будьте же исполнители слова, а не слышатели только, обманывающие самих себя» (Иак. 1:22).

В. РАЗУМНОЕ ОБЪЯСНЕНИЕ ВОСХИЩЕНИЯ

ГЛАВА ОДИННАДЦАТАЯ

Новая доктрина

В начале девятнадцатого века появилось радикально новое понимание Второго пришествия Иисуса Христа, и сейчас оно распространилось по всему миру. Его, вероятно, можно найти в большинстве современных книг на эту тему.

Одним словом, возвращение Иисуса на планету Земля разделили на две части, на «второе» и «третье» пришествия, хотя между ними может быть несколько лет, в отличие от веков между первым и вторым.

«Второе» будет невидимым для мира, частное событие. Это будет короткое посещение с одной только целью – восхитить всех истинных верующих на небо *до* Великого бедствия (или Великой скорби) нескольких последних лет, когда будут править сатана, антихрист и лжепророк.

Мир заметит это восхищение Церкви только из-за внезапного исчезновения значительной части населения и последующего за этим хаоса. Сентиментальные проповеди и фильмы представили разрушительные последствия: от машин без водителей – до беспилотных самолетов!

Более важно, особенно для верующих, что это произойдет без предшествующих знамений. Поскольку все, не исполнившиеся пророчества в Писании (около 150 из более 700, согласно «Энциклопедии библейских пророчеств» Бартона Пейна, Hodder and Stoughton, 1973), относятся к Великой скорби и времени после нее; «тайное» пришествие Иисуса, чтобы взять Церковь на небо – следующее событие в Божьем календаре. Это может произойти «в любой момент» – любимая фраза тех, кто разделяет эту точку зрения; другие говорят о его «неизбежности». Недостаточное количество предупреждений обеспечивает, конечно, вескую мотивацию быть всегда «готовыми».

«Третье» пришествие очень публичное и соотносится с традиционным ожиданием Церкви. Иисус спустится с облаков «таким же образом», как восшел на них (Деян. 1:11). Основное отличие заключается в том, что Его будут сопровождать не только ангелы, но также и Церковь, которую Он взял на небеса несколько лет назад. Поэтому два «пришествия», обычно, различают по фразам: «*за* Своими святыми» и «*со* Своими святыми».

Более раннее посещение часто описано, как «тайное восхищение» или еще чаще просто «восхищение». Оно не имеет ничего общего с избытком эмоций, хотя, без сомнения, это будет сопутствующим эффектом! Оно пришло из древне-латинского перевода Библии, Вульгаты, которое использует слово *raptura* для греческого *arpagesometha* в 1 Фессалоникийцам 4:17, оба они означают быть «похищенным». Даже в древнем английском «восхищение» означало «быть перемещенным из одного места в другое». Слово «перемещать» имеет такое же двойное значение, физическое и эмоциональное («механизированное перемещение» и «перемещение с удовольствием»).

Должно быть понятно, что нет никаких разногласий в отношении самого «восхищения». Процитированное выше Писание ясно учит, что живущие верующие, в отличие от «умерших» верующих, которые «воскреснут прежде» (1 Фес. 4:16), «вместе с ними *восхищены* будем на облаках в сретение Господу на воздухе». Проблема в том, *когда* это произойдет: в частном порядке и невидимо, или это будет публичное и видимое возвращение. Важно то, что этот отрывок не дает ответа – и даже не задает вопроса!

Здесь нам нужно представить некоторые технические термины, обычно используемые при этом обсуждении, чтобы описать различные верования в отношении даты этого великого события, которое ожидают все, верующие Библии, христиане. Точка зрения, которую мы описывали, до сих пор известна, как «предскорбное восхищение», поскольку она верит, что христиане будут удалены со сцены до наступления самых худших бедствий, от которых они будут избавлены. До этого существовала точка зрения, названная тогда «послескорбным восхищением», потому что она верила, что христиане встретятся со Христом в воздухе только после тех бедствий, через которые им нужно будет пройти. Совсем недавно появилась третья точка зрения, названная «внутрискорбное восхищение», которая верит, что христиане переживут начало бедствий, но возьмутся перед наступлением худших. Позже мы больше поговорим об этой третьей точке зрения, но большинство никогда не придерживалось ее – вне сомнений, это только разновидность «пред-» позиции. Основная дискуссия ведется по «пред-» и «после-» скорбях. Пока мы вернемся к первому.

То, что мы рассмотрели в общих чертах это новое учение, может пролить свет на его исторический путь, у истоков которого стояли англичанин, ирландец и шотландец! Как уже говорилось, нет никаких следов этого учения до 1830 года, и удивительно, почему нет, если об этом ясно говорится в Писании.

Происхождение покрыто таинственностью, хотя некоторые намеки на него прослеживаются в «пророчестве» некоей Маргарет Макдональд в Порт Глазгоу, Шотландия (просмотрите книги Дейва МакФерсона; например, «Великий обман восхищения», New Puritan Library, 1983).

Эта идея четко проявилась в учении об откровении Эдварда Ирвина, (который оставил Церковь в Шотландии, чтобы найти Католическую Апостольскую Церковь, пустой «собор» которой все еще стоит в Олбери, недалеко от Гилфорда в Суррее); др. Генри Драммонда (владелец Олбери Корт, в библиотеке которого проводились пророческие конференции, на которые приходил и нижеследующий); Его преподобие Джон Нельсон Дарби (который оставил англиканскую Церковь в Дублине, чтобы найти «Братьев»).

Этот человек сделал больше, чем кто-либо другой для распространения новой доктрины. Хотя некоторые из его коллег в этом движении (такие как Джордж Мюллер, организатор известного сиротского приюта в Бристоле) никогда не соглашались с идеей «тайного восхищения», она стала «общепринятым» учением, от которого некоторые позже посмели отклониться.

Пересекая Атлантический океан, Дарби убедил адвоката др. С. И. Скоуфилда принять эту идею. Тот, в свою очередь, включил ее в Библию «Скоуфилда», в которой были объединены пояснительные комментарии и священный текст таким образом, что читатели едва имели возможность провести различия между ними. Они находили «тайное восхищение» в этой «Библии»! Эта версия стала бестселлером и, возможно, величайшим фактором в потрясающем распространении идеи.

Ее сейчас преподают в Библейских колледжах (Далласская богословская семинария в Техасе – одна из наиболее известных) и широко применяется в популярных произведениях (Хал Линдсей, который написал популярную книгу «Последняя великая планета Земля», бывший студент этой семинарии).

Здесь необходимо уточнить, что эта доктрина редко остается одна. Она всегда представлялась, как часть богословского пакета, обычно относящегося к «диспенсационализму» (который рассматривается в 18 главе в разделе «Загадка Миллениума»; см. стр. 317).

Оно берет начало в структуре библейского изучения Д.Н. Дарби. Особое ударение он делал на необходимости «правильно *разделять* слово истины (Авторизованная версия [Authorized Version] 2 Тим. 2:15; New International Version более аккуратно замещает «верно обходиться»). Метод «разделения» Писания зашел слишком далеко в трех направлениях.

Во-первых, он разделил библейскую историю на семь отдельных эпох или «диспенсий» (от которых произошло название этой схемы), таких как:

1. Невинность (Адам)
   ПАДЕНИЕ

2. Самоопределение (от Каина до Еноха)
   ПОТОП

3. Человеческое правление (от Ноя до Фарры)

4. Патриархи (от Авраама до Иосифа)

5. Закон (от Моисея до Малахии)
   ПЕРВОЕ ПРИШЕСТВИЕ

6. Благодать (Церковь)
   ВТОРОЕ ПРИШЕСТВИЕ

7. Миллениум (Израиль)

Как обобщение фаз развивающейся истории, здесь нет ничего необычного. Но к анализу был добавлен ключевой принцип – что в каждой из этих эпох Бог «разделил» Свои отношения с людьми на абсолютно разных основаниях. Для каждой Он подготовил отдельный завет, и Писания этого периода должны истолковываться во свете этих условий.

Во-вторых, он отделил будущее Церкви (Божий небесный народ) от будущего Израиля (Божий «земной» народ). Христианский «век Церкви» и еврейский Миллениум оказались разделенными. В вечности христиане будут на небе, а евреи – на Земле. Так называемое, «тайное восхищение» отмечает торжественное наступление этого вечного разделения. Израиль принимает на себя призвание Церкви страдать за Евангелие и распространять его на Земле.

В-третьих, на одном уровне со всем этим он разделил Второе пришествие на посещения с разрывом в несколько лет, как уже было отмечено выше.

Поэтому в этой диспенциальной схеме достаточно сложно найти веру в «тайное» восхищение отдельно от его контекста. Все это вместе либо принимается, либо отвергается.

Достаточно понятно, почему эта идея была многими принята. Если не учитывать «библейские доводы» в отношении этого вопроса (которые мы рассмотрим в следующем разделе и критически оценим в последующем за ним разделе), новость очень привлекательная.

С одной стороны, это чрезвычайно *удобно*. Очень приятно услышать, что христиане возьмутся до Великой скорби (как разъяснялось в Откровении 6-18). Нет никакой необходимости готовиться к таким жутким временам. Нас уже не будет, когда все станет действительно плохо. Эсхатология уступает место эскейпологии!

НОВАЯ ДОКТРИНА

С другой стороны, это чрезвычайно *сложно*. Учение о том, что Иисус может вернуться в любой момент без предупреждения, чтобы забрать Своих последователей, оказывает большое давление на неверующих, чтобы те присоединились к верующим, пока еще не слишком поздно. Многие дети на собраниях «Братьев» обратились ко Христу из-за страха, что их родители могут исчезнуть ночью (в новозаветном богословии отсутствует подобное давление). После обращения учение – сильный стимул для достижения верности и святости (это можно найти в Новом Завете, но оно не связано с возвращением Иисуса, а призывает к ответственности, и это главное).

Итак, на практике это учение достигло значительных результатов в жизни грешников и также святых. Но является ли это истиной? Верное ли это толкование библейских ссылок на Второе пришествие? Его сторонники и защитники утверждают, что да.

ГЛАВА ДВЕНАДЦАТАЯ

Библейские доводы

Фактом является то, что в Новом Завете нет ни одного четкого утверждения, что будет «тайное восхищение» Церкви до Великой скорби. Многие рассматривают 1 Фессалоникийцам 4 главу, как текст-основание. Когда он говорит о «восхищении», ничего не указывает на то, что оно тайное, даже не дается и намека на время, кроме фразы «в пришествие Господне», как будто оно только одно.

Когда отсутствует явное упоминание, адвокаты обращаются к косвенным заключениям, которые могут быть сделаны на основании различных отрывков. Когда доктрина строится больше на заключениях, чем на четких утверждениях, появляется большой риск привнести в Писание (*eisegesis*) то, чего, на самом деле, там нет, чем извлечь из Писания (*exegesis*) то, что там действительно есть.

Однако позвольте для начала рассмотреть приведенные доводы, отложив критику до следующей главы. В доказательстве есть семь основных компонентов, хотя некоторые из них могут совпадать. Помните, что все они приведены для того, чтобы подтвердить идею тайного восхищения Церкви в любой момент до наступления самых худших бедствий.

Утверждения о *скорости* Его прихода. Повторяющаяся фраза, что Он «грядет скоро» (Откр. 22:7, 12, 20; переведенное как «быстро» в Авторизованной версии Библии) предполагает близкое по времени событие. Другие утверждения, такие как «Судия стоит у дверей» (Иак. 5:9; ср. с Мф. 24:33) предполагают, что следующим Его шагом будет войти. Поэтому и во временном, и пространственном отношениях мы склонны поверить, что Его приход очень близок.

Утверждения о *неожиданности* Его прихода. Использование фразы «вор ночью» Иисусом и Павлом (теперь – это название драматического фильма, распространяющего эту теорию). Иисус заявляет Своим ученикам то, что никто не знает, когда Он вернется, «ни Ангелы небесные, а только Отец Мой один» (Мф. 24:36), затем следует призыв «Итак бодрствуйте, потому что не знаете, в который час Господь ваш придет» (Мф. 24:42). Это – повторяющееся ударение на неожиданность Его появления.

Разный *язык*, который использовался для описания Его возвращения. В греческом языке используется три существительных: *parousia, epiphaneia* и *apokalupsis* (для определения их значения см. стр. 34). Описывается, что Он грядет «за» и «со» Своими святыми. Иногда это событие описывается как «день Христов», иногда как «день Господень». Это говорит о том, что за этим разнообразием выражений лежит разграничение между двумя посещениями, одно – тайное, другое – публичное. Эти понятия не являются синонимами, каждое относится либо к одному, либо к другому из двух событий.

Ожидание Ранней Церкви. Призыв к постоянной готовности проходит через весь Новый Завет. Кажется, что он основан на некоторых замечаниях Иисуса, что «есть некоторые из стоящих здесь, которые не вкусят смерти, как уже увидят Царствие Божие, пришедшее в силе»

(Мк. 9:1) и «Истинно говорю вам: не прейдет род сей, как все сие будет» (Мф. 24:34). Если Ранняя Церковь ожидала Его «в любой момент», насколько больше должны ожидать мы, живущие намного позже?

Отсутствие слова *«Церковь»* в отрывках о «скорби» (как Мф. 24). Хотя она часто упоминалась в Откровении 1-3, на протяжении всей средней части такое упоминание отсутствует (гл. 4-18); эта часть описывает ужасные последние годы перед возвращением Христа (гл. 19). Слова «избранные» и «святые», которые встречаются в этих главах, – знакомые понятия в Ветхом Завете, они должны относиться к евреям, оставленным на Земле на время Великой скорби (Откр. 7:1-8), в то время как Церковь наслаждается отдыхом на небе (Откр. 7:9-17). Считалось даже, что приглашение Иоанна на Патмосе «взойди сюда» на небо (Откр. 4:1) также указывает на то, что Церковь уже взята, избежав всего, что последует далее.

«Скорбь» – излитие *гнева*. После «печатей» и «труб» на Землю излиты семь «чаш» гнева, усугубляя ее страдания и муки (Откр. 14:10, 19; 15:7; 16:1). Христиане не могут в этом участвовать, потому что благодаря искупительной смерти Христа на кресте, гнев Божий был отвращен от них (Рим. 5:9). «Потому что Бог определил нас не на гнев» (1 Фес. 5:9; заметьте, что эти слова встречаются в тексте, который конкретно относится ко Второму пришествию). Кажется, что эти слова окончательно подтверждаются обещанием в Откровении 3:10 тем, кто «сохранил слово терпения Моего, то и Я сохраню… от годины искушения, которая придет на всю вселенную, чтоб испытать живущих на Земле».

Ударение на *покой* и ободрение. Именно на эту причину указывает Павел в своем пророчестве о «восхищении» (1 Фес. 4:13, 18). Какой может быть в этом настоящий покой, если верующим нужно сначала пережить ужасные события? Но если «восхищение» переносит нас с земной сцены даже до того, как они начнутся, это действительно «бальзам для наших душ». Новость становится еще более хорошей не столько от того, что Иисус возвращается, сколько от того, что Он возвращается за нами, чтобы забрать нас от грядущих тяжелых испытаний и проблем.

Вот это – «основания» для веры в «тайное восхищение». Обычно признавалось, что ни одно из этих заключений не является достаточным, чтобы быть убедительным самим по себе, но совокупный результат считался неопровержимым.

ГЛАВА ТРИНАДЦАТАЯ

Сомнительное утверждение

Поскольку довод совокупный, он серьезно пошатнется, если какой-то из его компонентов окажется ложным. Исследование определит, насколько убедительным является оставшееся количество.

Давайте снова пройдем семь пунктов, исследуя их во свете всех библейских фактов.

СКОРОСТЬ

Как мы понимаем «скоро» и «быстро», особенно спустя приблизительно два тысячелетия? Достаточно очевидно, что понятия должны соотноситься. Но к чему относиться? Или, возможно, вернее сказать, к кому? Ответ: к Самому Богу, для Которого «тысяча лет, как день вчерашний» (Пс. 89:5).

Именно этот стих цитировался в Новом Завете (2 Петра 3:8), чтобы ответить на вопрос прежде нас: «Где обетование пришествия Его? Ибо с тех пор, как стали умирать отцы, от начала творения, все остается так же» (2 Петра 3:4). Автор указывает на то, что для Бога прошла всего лишь пара дней с тех пор, как Он послал Своего Сына на Его первое посещение, поэтому Его нельзя обвинять в том, что Он «медлит». Но отсрочка, которая кажется нам настолько долгой, имеет свое объяснение: Его невероятное терпение и Его желание, чтобы нас было как можно больше в Его семье, доступ в которую открывается через покаяние. Вот почему Он послал Своего Сына, чтобы сделать прощение возможным, претерпев гнев Божий за наши грехи на кресте, когда Отец впервые был разделен со Своим Сыном – день, который мог показаться, как тысяча лет!

Конечно, эта отсрочка утомительна для тех, кто «возлюбил явление Его» (2 Тим. 4:8). Бернард Клервоский воскликнул: «Ты говоришь, что еще недолго я не смогу видеть Тебя? Или это «недолго» – долгое «недолго»!

Нам необходимо соотнести «скоро» и «быстро» с другими местами в Новом Завете, которые четко указывают на длительный период между первым и вторым пришествиями. Заметьте, что во всех притчах Иисуса о Его возвращении присутствует задержка (Мф. 24:48; 25:5, 19 – в каждом случае «долгое время»). Также часто проводится параллель со временем жатвы (Мф. 13:30, 40-41). Она не наступает спустя короткое время после посева семени, вот почему Иаков, брат Иисуса, призывает своих читателей: «будьте долготерпеливы до пришествия Господня. Вот, Земледелец ждет драгоценного плода от Земли и для него терпит долго, пока получит дождь ранний и поздний: долготерпите и вы, укрепите сердца ваши, потому что пришествие Господне приближается» (Иак. 5:7-8).

Заметьте, что в последней цитате потрясающий призыв терпеть, ожидая события, которое «приближается». Она отражает парадокс, проходящий через весь Новый Завет. Второе пришествие одновременно требует «долгого времени» ожидания и все же, «скоро» грядет. Оба выражения должны звучать, и даже вместе. С нашей точки зрения, мы легко можем понять «долгое время», но у нас трудности с пониманием «скоро».

Если это только «скоро» с Божьей точки зрения, тогда почему Он оставил такую ссылку на время в Писании, которая может ввести нас в заблуждение? Возможно, частично, потому что Он хочет научить нас думать Его мерками и принять продолжительный по времени взгляд на события. Но слово может помочь нам, даже когда мы принимаем его человеческим умом. Оно дисциплинирует нас тем, что будущее оказывает влияние на настоящее, и, напоминая нам, что когда Он придет, мы должны будем отчитаться в том, что мы делаем прямо сейчас.

Что выражение «скоро» не подразумевает, так это то, что Он может прийти в любой момент. Это понятие соответствует и человеческому, и Божественному измерению времени.

НЕОЖИДАННОСТЬ

Из верного утверждения, которое говорили и Иисус, и Павел о том, что Его приход будет таким же неожиданным, как и взломщика («как вор ночью»; Мф. 24:43; 1 Фес. 5:2), в «час», которого никто не знал и не ожидал, не следует, что он наступит без единого предупреждения или произойдет в «любой момент».

В этом отношении указано явное различие между неверующими и верующими. Для первых это окажется полной неожиданностью, неожиданным ударом. Проведено сравнение с первыми схватками, которые переживает рожающая женщина (1 Фес. 5:3). Далее делается ударение на «ночь» и «темноту» – время, когда трудно что-либо разглядеть и, в любом случае, большинство людей спит. Даже слово «вор» – важно для мира, потому что приход Христа будет означать утрату стольких возможностей для эгоистичного удовольствия и потворства своим желаниям.

СОМНИТЕЛЬНОЕ УТВЕРЖДЕНИЕ

Для последних это не станет неожиданностью, потому что верующие живут во свете, «бодрствуют» и «находятся в состоянии готовности» к тому, что происходит вокруг них (1 Фес. 5:5-7). Хозяин дома не ложится спать и внимательно наблюдает, чтобы заметить приближение взломщика *до того*, как он доберется до дома (Мф. 24:43). Вероятно, он действует так, потому что его предупредили, что «в округе грабитель»!

Слово «смотрите» – ключевое слово, которое часто связывают с «молитвой», в связи с советом Иисуса быть готовыми к Его приходу. Возможно, Он просто имел в виду нас, чтобы мы «следили» за собой и своей жизнью, чтобы быть уверенным, что мы сможем встретить Его без замешательства, но это маловероятно. Он точно не имел в виду, чтобы мы изучали небо каждый раз, когда оно покрыто облаками (Деян. 1:11). Это стало бы достаточно опасной привычкой в современном мире. И, в любом случае, это было бы значимо только в области Иерусалима.

Разнообразие контекстов слова «смотрите» ясно указывает на то, что Он имел в виду наблюдение за признаками Его прихода скорее в событиях, чем в месторасположениях. Когда ученики спросили Его, как все это будет, в Своем ответе Он дал им четкий список (Мф. 24; смотрите объяснение этой главы на стр. 23-50). Его последователи могут ожидать Его возвращения только тогда, когда ясно увидят, что «все сие» сбылось.

Последнее знамение будет безошибочным: «солнце померкнет, и луна не даст света своего, и звезды спадут с неба, и силы небесные поколеблются» (Мф. 24:29; соединенные вместе Ис. 13:10 и 34:4). Именно в это время они увидят Сына Человеческого, сходящего на облаке с силой и великой славой. «Когда же начнет это сбываться, тогда восклонитесь и поднимите головы ваши, потому что приближается избавление ваше» (Лк. 21:27-28).

Но всегда есть вероятность, что некоторые верующие станут духовно сонными, менее внимательными к тому, что происходит, даже утратившими контроль над своим сознанием, поддавшись опьянению, более характерному для мира (1 Фес. 5:6-7). Они тоже будут «застигнуты врасплох», когда придет Жених (об этом говорит притча о десяти девах в Мф. 25:1-13; половина из них «не была допущена» на свадьбу).

И снова здесь нет никакого основания для возвращения в любой момент или возвращения без предупреждения. Но здесь – конкретная необходимость всем верующим «держать глаза открытыми», чтобы не оказаться в таком же состоянии удивления, что и мир.

ЯЗЫК

Нет необходимости разделять слова и фразы, используемые для описания Второго пришествия, между двумя отдельными событиями, разделенными несколькими годами. Если представить на минуту, что эта теория истинна, что в какой-то момент перед публичным появлением Христа происходит «тайное восхищение» Церкви, есть ли четкое разграничение в языке, используемом в одном и другом случае?

Это невозможно определить. Такие греческие слова, как *parousia*, *epiphaneia* и *apokalypsis*, описывающие разные аспекты Его прихода, являются явными синонимами *одного события*. «День Христов» и «день Господень» взаимозаменяемы. Желание Его народа быть «собранными вместе» присутствует в обеих встречах с Господом в воздухе, и когда они сопровождают Его на Землю (ср. Мк. 13:27 с 2 Фес. 2:1).

Предполагаемое разделение Его прихода «*за* Своими святыми» и «*со* Своими святыми» требует немного большего разъяснения. С одной стороны, «святые» – перевод греческого слова (*hagioi*), которое, буквально, означает «те, кто свят». В этом смысле слово свободно используется и в отношении ангелов, и в отношении верующих в Новом Завете. Не всегда легко определить, к какой группе оно относится, поэтому часто приходится определять его по контексту. Поэтому решением проблемы «за» и «со» не может быть предположение о двух отдельных событиях. Значимые отрывки могли бы просто говорить: Иисус вернется со Своими Ангелами за верующими. Несмотря на то, что Писание четко утверждает, что Он приведет Ангелов с Собой (Мф. 24:31; 25:31; 1 Фес. 3:13; 2 Фес. 1:7; Иуда 14), этого может быть недостаточно для решения, поскольку некоторые контексты, кажется, предполагают, что «святые», которые придут с Ним, включают в себя верующих.

С другой стороны, это все равно не предполагает два отдельных пришествия. Ключ к разгадке находится в наиболее известном слове, описывающем Его пришествие: *parousia* (от греческих слов «рядом» и «быть», которое приобрело значение «прибытие»). Одним из его распространенных применений было описание посещения царем города, находящегося в его владениях – наиболее подходящее применение для Второго пришествия. Царственного гостя встречала на некотором расстоянии от города группа избранных высокопоставленных лиц и кто-то из близких родственников, которые потом сопровождали его, когда он входил через городские ворота, чтобы его увидели городские жители (очень похоже на то, как сегодня встречают королеву в аэропорту до того, как проехать мимо толп народа).

Очевидно, Новый Завет указывает на то, что все произойдет именно так. Верующие и те, кто умер, и все еще живые, «встретятся с Господом на воздухе» (1 Фес. 4:17) и будут сопровождать Его в последней части Его путешествия назад на Землю. Нет ни единого намека на какой-либо промежуток времени между двумя этими фазами и, без сомнения, ни на вознесение на небо на несколько лет с каким бы то ни было интервалом.

В любом случае, эта встреча с Господом не пройдет незаметно. 1 Фес. 4:16 назван «самым шумным стихом в Библии» – едва ли это будет «тайным» восхищением!

Мы должны сделать заключение, что нет оснований для двух отдельных «приходов» во время Второго пришествия ни в словах, ни в понятиях, используемых для его описания. Хотя мы привели только несколько ссылок, любой читатель, используя симфонию, может проверить наши заключения.

ОЖИДАНИЕ

Часто утверждалось, что новозаветная Церковь по всему миру ожидала, что Господь Иисус явится снова в любое время, и жила ежедневным ожиданием встречи с Ним. Утверждать можно только то, что они надеялись, что это произойдет во время их жизни. Апостол Павел явно разделял это ожидание (2 Кор. 5:2-3; обратите также внимание на слова: *«мы живущие»* в 1 Фес. 4:15), хотя позже он понял, что этого не произойдет (2 Тим. 4:6).

Сам Иисус позволил им иметь эту надежду. Это проявилось в потрясающем разговоре Петра с Господом на берегу Галилейского моря после воскресения (записанного в Ин. 21:18-25). Иисус предсказал смерть Петра через распятие, что, казалось, его не особо беспокоило – возможно потому, что это должно было произойти, когда он «состарится». Его больше интересовало, что произойдет с Иоанном, «любимым» учеником Иисуса (может быть, Петр, в некоторой степени, завидовал особым его взаимоотношениям с Иисусом, желая знать, избежит ли он, благодаря им, настолько болезненного и унизительного конца?). Ему был дан ответ: заниматься своим делом – следовать за своим Господом, даже до креста. Ему также напомнили, что судьба Иоанна была в руках Иисуса: «если Я хочу, чтобы он пребыл, пока прииду, что тебе до того?»

Это последнее замечание стало источником широко распространенного слуха, что Иоанн будет еще жив, когда вернется Иисус, что это может произойти во время его жизни, если не во время жизни других. Без сомнения, он пережил других апостолов; и он был единственный, насколько мы знаем, кто умер естественной смертью. Но он умер до того, как вернулся Иисус. Записывая свое Евангелие в конце своей жизни (возможно, 85-90 гг. после РХ), он старался обратить внимание на то, что этот слух упустил важное слово «если» в утверждении Иисуса (Ин. 21:23).

Мы можем из этого заключить, что Иисус допускал возможность Своего возвращения во время жизни апостола (Он уже признался в том, что не знает, когда это произойдет; Мф. 24:36, хотя некоторые ранние манускрипты пропускают фразу: «ни Сын»). Но мы не можем использовать это, как доказательство того, что все апостолы ожидали Его возвращения в любое время. На самом деле, это указывает на обратное. Петр знал, что он умрет первым, и только тогда, когда «состарится» (Ин. 21:18).

В соответствии с идеей, что между двумя пришествиями пройдут многие годы, звучит повеление «научите все народы» (Мф. 28:19), «проповедуйте Евангелие всей твари» (Мк. 16:15) и будьте «свидетелями… до края Земли» (Деян. 1:8). Все это займет очень много времени. Могло ли оно быть завершено во время одного поколения? Кто-то думает о желании Павла благовествовать Испании, западному «краю» известного тогда мира, которое он мог или не мог исполнить (Рим. 15:24).

Еще одна аргументация против ожидания «в любой момент» Ранней Церкви – предсказание предшествующих событий. Например, Иисус явно предсказал разрушение Иерусалима и его храма после военной осады (Мф. 24; Мк. 13 и Лк. 21). Это может произойти перед Его возвращением, но на протяжении почти целого поколения нет никаких признаков того, что это происходит.

Еще один пример находим в переписке Павла с верующими в Фессалонике. Их убедили, вероятно, через поддельное письмо, якобы написанное Павлом, что «день Господень» уже наступил (2 Фес. 2:1-2); последняя фраза, обычно переводимая, как «наступил», может также означать «предстоящий» (как в 1 Кор. 7:26 и 2 Тим. 3:10). Павел указывает на то, что это не может быть истиной из-за того, что должно произойти прежде. Фактически, «человек греха» еще не открылся (2 Фес. 2:3); обычно его относят к «антихристу» (1 Ин. 2:18) и «выходящему из моря зверю» (Откр. 13:1). Кто бы он ни был, ясно одно: день Господень не наступит без предупреждения, и поэтому не может наступить в любой момент.

Иногда понятие «любой момент» объясняется его влиянием на поведение христианина. Говорят, что правильно будет задавать вопрос: «Хотел ли бы я делать это, если бы Иисус вернулся сейчас?» На самом деле, подобные размышления могут привести к неуравновешенному поведению. Верующий может испытывать чувство вины за использование необходимого отдыха, за занятие любовью с супругом, даже за наслаждение хорошей пищей. Одна бедная, знакомая автору девушка, проводила свое свободное время на кладбище, чтобы быть готовой к воскресению!

Каким бы ни был психологический эффект, хороший или плохой, это побуждение практически противоположно учению Иисуса о том, как применять Его возвращение к повседневной жизни. Настоящее испытание нашей «верности» – это не то, как мы будем вести себя, если Его возвращение будет скорым, но как мы будем поступать, если Он «придет по долгом времени» (Мф. 24:48; 25:5, 19). Он желает не панического действия, а верного служения. Значение имеет не то, что мы делаем во время Его возвращения, а то, что мы делаем все время, пока Его не было. Последнее получает Его одобрение: «Верный ученик!»

ЦЕРКОВЬ

Большое значение придается отсутствию слова «Церковь» (на греческом *ecclesia*, что, буквально, значит «вызванный» и использовалось для особых собраний) в ключевых отрывках Нового Завета. Из этого делается вывод, что Церковь и ее члены не вовлечены в описанные события, а были перенесены до того, как они произошли. Поэтому описания «избранные» и «святые», которые встречаются здесь, должны относиться к израильскому народу, который все еще находится в это время на Земле.

Это, возможно, – один из самых слабых аргументов в пользу «тайного восхищения». Но на него, все равно, необходимо дать ответ.

Первое, что необходимо сказать – все отрывки прямо адресованы верующим христианам, а не «остатку Израиля». Например, 24 глава Евангелия от Матфея – часть личной беседы между Иисусом и Его учениками, к которым Он всегда обращался во втором лице множественного числа: «Я сказал *вам*... когда *вы* увидите... смотрите, чтобы кто не прельстил *вас*.

Это вызывает очевидный вопрос: какую ценность для христианского назидания может иметь подобное описание ужасающих событий, которые произойдут после того, как они, возможно, будут взяты? Мы можем предположить, что это увеличит их благодарность, но это также может вызвать самодовольство и удовлетворение. И почему страдания должны быть настолько детально описаны? Это разительно контрастирует с достаточно небольшим количеством информации об аде, которой достаточно только для того, чтобы передать его ужас без создания нездоровой притягательности (не все проповедники практикуют такую же сдержанность).

Следующее, на что необходимо обратить внимание: и «избранные», и «святые» – естественные собирательные понятия для христиан в Новом Завете. Первое понятие использовалось пятьдесят пять раз, а последнее – сорок восемь. Сказать, что в Откровении 4-18 все они относятся только к евреям – исключительно произвольное суждение (игра разоблачается возвращением к «христианскому» пониманию слова «святые» в Откр. 22:21!).

В Новом Завете шесть Посланий, которые также избегают использования слова «Церковь» (2 Тимофею, Титу, 1 и 2 Петра, 2 Иоанна и Иуды). Значит ли это, что они были склонны считать, будто евреи будут «восхищены» после Церкви? Это было бы нелепое заключение! Примечательно, что пять из них используют понятие «избранные» в то время, как одно (Иуды) использует «святые».

Еще более поразительно то, что слово «Церковь» также отсутствует в тех отрывках, которые непосредственно говорят о «восхищении», когда христиане снова увидят Христа (например, Ин. 14:1; 1 Кор. 15:1; 1 Фес. 4:5). Этого слова нет даже в описании нового неба и Земли, или нового Иерусалима (Откр. 21-22). Значит ли это, что только евреи будут участниками в новом творении?

Если это так, тогда мы остаемся без единой идеи, где будут христиане после их оправдания в День Суда!

То, что христиане находятся на Земле на протяжении последних бедственных лет, описанных в центральных

СОМНИТЕЛЬНОЕ УТВЕРЖДЕНИЕ

главах Откровения, окончательно подтверждено объясняющим комментарием в 14 главе: «Здесь терпение святых, соблюдающих заповеди Божии и веру в Иисуса» (Откр. 14:12). Это также подтверждено использованием фразы «свидетельство Иисуса» в этих главах (12:17; без сомнения, то же, что и в 1:9 и 19:10). Если даже утверждать, что это относится только к обращенным евреям (как делают некоторые), почему тогда они не были восхищены, как часть Церкви? Это натянутое толкование больше создает проблемы, чем решает их.

Однако, должно быть, просто есть другая причина, почему в Откровении не содержится слова «церковь» после 3 главы. Бог не отверг евреев, даже если они отвергли Его (Рим. 11:1). Работа над ними не закончена (Рим. 11:11). У Бога все еще есть любовь к ним и цель для них. Поэтому Он все еще сохраняет их, как народ, как Он безусловно обещал (см. Иер. 31:35-37, как один пример).

Это доступно объяснено в Новом Завете и в средних главах Откровения (7:1-8). Как бы мы ни вычисляли точное количество выживших (12 000 от каждого колена, что в общем составляет 144 000), суть послания состоит в том, что Бог будет защищать остаток Своего древнего народа до конца (пограничный выбор перевода Мф. 24:34 в New International Version звучит следующим образом: «Истину говорю вам, не пройдет еще этот *народ*, как все это произойдет»).

Во время Великой скорби Бог будет иметь дело с двумя группами людей на Земле: Его ветхозаветным народом, Израилем, и Его новозаветным народом, Церковью. Может быть, слова «избранный» и «святые» использовались для описания обеих групп, Иисус мог это сделать, когда говорил, что «ради избранных сократятся те дни [великая скорбь, какой не было от начала мира]» (Мф. 24:22).

Этот сохраненный остаток Израиля поверит в Иисуса, когда они «воззрят на Него, Которого пронзили» (Зах. 12:10; в значительной мере упоминается в Откр. 1:7), вероятно, когда Он вернется (Откр. 19:11-16). После этого будущее евреев и христиан станет одним – на новом Иерусалиме начертаны имена двенадцати колен и двенадцати апостолов (Откр. 21:12-14).

Возможно, поэтому не употребляется слово «церковь», а заменяется словами «избранный» и «святые», но это является предположением и поэтому представлено условно. Это никоим образом не доказано. И неважно для аргумента, представленного здесь. Мы уже увидели, что отказ от использования слова «церковь» сам по себе не является доказательством отсутствия христиан.

Теперь мы перейдем от самого слабого аргумента в пользу «тайного» восхищения к тому, что, возможно, является самым сильным аргументом.

ГНЕВ

На первый взгляд, этот аргумент впечатляющий, для некоторых даже решающий. Его можно было бы выразить следующим образом: если Великая скорбь – это излитие на мир Божьего гнева, как могут христиане проходить через него, когда они «определены не на гнев» (1 Фес. 5:9)?

Это, однако, следует обсудить, и мы уделим некоторое время этому вопросу.

Возможно, это – самое подходящее место, чтобы раскрыть суть самого последнего варианта: *внутрискорбное* восхищение. Ударение ставилось на том факте, что «гнев» использовался в третьей серии из семи бедствий («чаши»), а не в первой и второй сериях («печати» и «трубы»). Поэтому предполагалось, что христиане пройдут *первую* часть Великой скорби, но не ее *худшую* часть, которая является очевидным выражением божественного гнева.

Есть еще один вариант: «частичное восхищение» – вера в то, что только «победители» возьмутся, а более слабые верующие останутся!

Очевидным станет то, что почти все эти предположения фактически идентичны «предскорбному восхищению». За исключением задержки во времени, здесь все еще два пришествия: тайное *для* святых и публичное – *с* ними. Все, кто разделяет эту точку зрения, все еще используют аргумент «гнева»; единственное различие заключается в том, насколько точно это слово описывает последние бедствия.

Действительно, слово «гнев» появляется в связи с печатями и трубами (смотрите Откр. 6:16-17); а о «семи чашах Божьего гнева» (Откр. 16:1) упоминалось только в том смысле, что Земля «завершает» прохождение через этот гнев (Откр. 15:1). Поэтому вся последовательность бедствий (Откр. 6-16) – это все «гнев». Христиане либо избегнут всего этого, либо пройдут через все это. Нам снова нужно подумать.

Возможно, первое, на что следует обратить внимание, – это то, что христиане и их семьи не освобождаются от обычных трагедий, которые происходят в падшем мире. В то время, когда автор писал эту страницу, его попросили побеседовать с христианской парой, у которой родился ребенок с расщеплением позвоночника. Христиане могут умирать от голода и землетрясений. Эти трагедии не являются ни изначальным замыслом Творца, ни проявлением духовного состояния тех, кого они касаются. Это – результат искаженного творения, и он может произойти с каждым в этом мире.

Важно помнить, что ученики Иисуса, вероятно, страдают больше, чем другие в этом мире. В дополнение к тому, что они находятся в естественных опасностях, они также будут испытывать социальную враждебность. Иисус был достаточно честным, когда обещал Своим последователям: «В мире будете иметь скорбь» (Ин. 16:33). Павел говорил новообращенным, что «многими скорбями надлежит им войти в Царствие Божие» (Деян. 14:22); он считал, что подобные страдания неизбежны: «Да и все, желающие жить благочестиво во Христе Иисусе, будут гонимы» (2 Тим. 3:12). В действительности, слово «скорбь» встречается в Новом Завете около пятидесяти раз, только три из них относятся к Великой скорби.

Верующие живут в мире, который *уже* испытывает на себе гнев Божий (Рим. 1:18-31). Как люди отвергают истину о Боге, открывшуюся в творении вокруг них и в совести внутри них, предпочитая верить лжи, так Он отнимает Свою удерживающую руку от их взаимоотношений с собой и друг с другом. Как они оставили Бога, так Он оставляет их неудержимой похоти, противоестественным связям, особенно гомосексуального происхождения. Их умы, так же как и тела, извращены, что ведет к антиобщественному поведению, поступкам в семье и обществе. Христианам невозможно совершенно не соприкасаться с таким упадочным окружением.

Мы пытаемся донести ту мысль, что христиане *уже* живут в мире, который принимает последние капли божественного гнева. Разница между сегодняшним днем и Великой скорбью заключается скорее в размере, чем в виде. Тот факт, что она является всемирной, не имеет большой разницы для того, кто сегодня проходит через такую же, но ограниченную скорбь.

Но даже если христиане должны жить в мире, который страдает от воздействия Божественного гнева, их отношение к нему будет отличаться. Во-первых, они знают, что гнев не направлен непосредственно на них;

они не будут кричать от страха из-за виновной совести, умоляя о том, чтобы падающие горы укрыли их (Откр. 6:16-17). Они также будут знать, что продолжительность изливаемого гнева будет строго ограничена. Более того, они знают, что никогда не столкнутся с самой кульминацией Божественного гнева, «грядущим гневом», который не Великая скорбь, но «озеро огненное», сам ад. Кроме всего прочего, они будут знать, что возвращение Иисуса очень близко. Все эти факторы помогут все перенести.

Тогда каково же значение обещания Иисуса, что «Я сохраню тебя от годины искушения, которая придет на всю вселенную» (в Откр. 3:10)? Это широко распространенный «текст-основание» предскорбного восхищения. Но любой текст должен рассматриваться в свете его контекста, или он будет использоваться, как предлог!

Это удостоверение находится в письме к Церкви в Филадельфии, одной из двух Церквей среди всех семи Церквей в Азии, о которых Иисус не высказал никакой критики, а только одобрение. Обещание сохранить их было дано только этой общине, а не остальным шести, или даже той, которую Иисус одобрил. Оно было непосредственно направлено этой верной общине. Это подтверждается тем фактом, что обещание было дано в той части письма, которая, скорее, касалась специфической местной ситуации, чем адресовалась, в общем, всем, кто «побеждает», и находилось в конце каждого письма и позже применялось в книге ко всем верующим.

Больше того, на это обещание могли претендовать только те Церкви, которые находились в таком же безупречном состоянии, как и община в Филадельфии. Оно не могло распространяться на те Церкви, которые нуждались в исправлении и, тем более, охватывать всех верующих.

Нам необходимо также спросить, является ли вообще ссылкой на Великую скорбь «година искушения, которая грядет на всю вселенную».

Церковь в Филадельфии прекратила свое существование уже очень давно! Вот так Иисус исполняет обещание? Если да, тогда это не имеет никакого отношения к «тайному восхищению». Если нет, как тогда Иисус может сохранить от Великой скорби то, что не существует? Для первых слушателей, которым было дано это обещание, в этом не было никакого смысла.

Но это имеет смысл, если понимать «годину искушения», как императорские преследования, которые были распространены в Римской империи во втором и третьем столетии. Это подойдет к утверждению, что «година искушения» будет послана скорее для «испытания», чем для наказания живущих на Земле. Как Иисус сохранит Филадельфию от этого? Нет ни единого намека на то, что Он перенесет их на небо прежде, чем все начнется. Более вероятно, что Он сделает это, удерживая волну преследований, чтобы она не захлестнула их город, возможно, смягчив сердца его правительства – это Он способен был сделать.

Именно так поступил Бог, когда наслал казни на Египет. Он сказал: «И отделю в тот день Землю Гесем, на которой пребывает народ Мой... дабы ты знал, что Я Господь [буквально: Иегова, Его имя завета] среди Земли. Я сделаю разделение между народом Моим и между народом твоим [т.е. народом фараона]» (Исх. 8:22-23; ср. с 10:23; 11:7). Хотя Бог изливал Свой гнев на всю страну, Он был вполне способен защитить Свой народ от пагубных последствий. Возможно, именно это и произойдет во время Великой скорби. Многие обратили внимание на сходства между этими бедствиями и египетскими казнями (вплоть до саранчи! Исх. 10:13-15; Откр. 9:3). Если женщина в Откровении 12 главе представляет

СОМНИТЕЛЬНОЕ УТВЕРЖДЕНИЕ

Церковь (см. стр. 197), она «летит» в «пустыню в свое место… и там питается в течение времени, времен и полвремени», – это, без сомнения, сорок два месяца или три с половиной года Великой скорби (Откр. 12:14). Ее «семенем» названы те, кто «сохраняет заповеди Божии и имеют свидетельство Иисуса Христа» (Откр. 12:17; ср. с 14:12).

Возможно, мы отклонились в сферу догадок. Нашей отправной точкой было сомнительное применение Откровения 3:10 к будущему «тайному восхищению». Пришло время вернуться к основному вопросу: будут ли христиане проходить через Великую скорбь?

Если они не будут, зачем же тогда основная часть книги, адресованная верующим, содержит настолько детальное описание всего, что будет происходить в то ужасное время? Поскольку ясная цель всей книги – приготовить их к тому, что грядет, зачем им говорить так много о том, к чему им не нужно готовиться? Если они не будут свидетелями событий, раскрытых в главах 6-18, тогда весь этот раздел, мягко говоря, просто трата бумаги! Все, что в него включено – сплошная загадка.

Наряду с этим очевиден факт, уже изложенный в другом отношении, что непосредственно в середине этого раздела звучит призыв «соблюдать веру в Иисуса» (Откр. 14:12). Это может значить только то, что христиане – в самой гуще этого!

Когда прямое утверждение противопоставляется косвенному выводу, которым, на самом деле, является аргумент о «гневе», тогда первое должно быть принято, каким бы логическим не казалось последнее.

Помня, что основание для «тайного восхищения» откровенно признано «совокупным», мы еще не нашли ни одного достаточно значимого вывода, чтобы учесть его. Справедливым будет также рассмотреть последний довод:

ПОКОЙ

Это, на самом деле, касается морали верующих. Действительно, как некто сказал, скорое возвращение Христа едва ли может быть «благословенной надеждой», если это значит, что мы должны сначала пройти через Великую скорбь! Но это – смешивание субъективного следствия «надежды» с ее объективным основанием. Не может быть длительного утешения во лжи. Уверенная и конкретная надежда может быть основана только на истине.

Слово «покой» может иметь разные значения. Оно часто используется в смысле снятия боли или стресса. Но его более глубокое значение – укрепление и ободрение. Оно родственно слову «*поддерживать*». Настоящий покой приходит тогда, когда знаешь истину, всю истину о ситуации.

Подумайте о словах «успокоения» Иисуса (в Ин. 16:33): «В мире будете иметь скорбь» (это истина). «Но мужайтесь: Я победил мир» (это – вся истина). Когда наступит Великая скорбь, Он говорит: «Ты теперь победишь, как Я победил. Мужайся! Я скоро приду» (это утверждение не является стихом из Писания, а точным резюме послания Откровения!).

Предупрежденный заранее – заранее вооруженный. В том же контексте, в котором Иисус описывал это последнее и величайшее из всех «бедствий», Он говорит: «Вот, Я наперед сказал вам» (Мф. 24:25). Насколько милосердно с Его стороны подготовить нас таким образом.

Вот почему такие отрывки, как Матфея 24 глава и Откровение, главы 6-18, находятся в нашем Новом Завете: чтобы подготовить нас к самому худшему, что может произойти. И даже когда оно наступит, мы сможем его выдержать, зная, что «лучшее еще впереди» и наступит уже в скором времени.

СОМНИТЕЛЬНОЕ УТВЕРЖДЕНИЕ

Наше изучение «восхищения» подошло к концу. Представленные причины и выводы могут не убедить читателя. Автор может оказаться не прав, но пусть уж лучше он окажется не прав в этом, чем в другом! Безусловно, лучше предупредить верующих, чтобы они были готовы к Великой скорби и потом обнаружили, что они не будут проходить через нее, чем говорить им, что не нужно готовиться к ней и потом окажется, что им следовало, все же, сделать это.

Возникла ли идея «тайного восхищения» в ложном пророчестве, как некоторые утверждают, или нет, его чрезвычайно шаткое основание в Писании указывает на то, что это – ложное пророчество, когда бы оно ни передавалось другим. Все ложные предсказания опасны, и это также несет определенные угрозы. Подумайте над свидетельством праведной голландской женщины, Корри Тен Бум, которая наслаждалась прослушиванием этих записей автора во время своей последней болезни:

Я была в странах, где святые уже переносят ужасное преследование. В Китае христианам говорили: «Не беспокойтесь, прежде чем придет скорбь, вы будете перенесены, восхищены». Потом наступило ужасное преследование. Миллионы христиан были замучены до смерти. Позже я слышала, как священник из Китая печально сказал: «Мы потерпели неудачу. Нам скорее следовало бы укрепить людей перед лицом преследования, чем говорить им, что сначала придет Иисус». Повернувшись ко мне, он сказал: «Говорите людям, как быть сильными во времена преследования, как устоять, когда придет скорбь – устоять и не сдаться». Я почувствовала, что мне дано божественное поручение: идти и говорить людям в этом мире, что возможно быть сильными в Господе Иисусе Христе. Мы готовимся к скорби. Поскольку я уже прошла через тюрьму за имя Иисуса, и поскольку я встретила того священника из Китая, теперь каждый раз, когда читаю хороший текст из Библии, я думаю: «О, ведь я могу использовать это во время скорби». Потом я записываю это и заучиваю.

Едва ли кто-то сможет представить это лучше, чем ее уста и ее жизнь. Сейчас, пройдя через собственную скорбь, она с Господом. Когда мы пройдем через нашу скорбь (будет ли она личной, местной или всемирной), мы сможем быть среди «победителей», как была она и как есть теперь.

Г. ЗАГАДКА МИЛЛЕНИУМА

ГЛАВА ЧЕТЫРНАДЦАТАЯ

Всеобщее разочарование

Мир, в общем, разочарован в Иисусе. Он не оправдал ожиданий как евреев, так и язычников.

ЕВРЕИ

были первыми, кто почувствовал, что Он разочаровал их. Когда Он пришел, многие ожидали, что на планете Земля будет восстановлено «царство» или «правление» Бога. Они верили, что Он пошлет «помазанного» царя (на еврейском *Мессию*) из династии Давида, чтобы завершить через Свой избранный народ Израиль. Поэтому в их надеждах присутствовал и национальный, и международный дух.

С одной стороны, восстановленная монархия принесет им политическую свободу, которую они утратили пять столетий назад и только на короткое время обрели в результате неудавшегося восстания Маккавеев против греков. И теперь под властью Рима стремление к свободе не утихало, о чем свидетельствуют такие фразы, как «утешение Израиля» и «избавление Иерусалима» (Лк. 2:25, 38).

С другой стороны, они ожидали, что это избавление от других народов даст им руководящее положение над другими народами, «хвост» станет «главою» (Втор. 28:13).

Иерусалим не будет только лишь их столицей; он станет центром мирового управления (Мих. 4:1-5; Ис. 2:1-5). Единственный доступный третейский суд на Сионе обеспечит соответствующее основание для мира, ведущего к многостороннему разоружению.

Эта двойная мечта о национальной свободе и международном руководстве особенно явственна в последних пророчествах Исаии (обратите внимание на взаимодействие между «Иерусалимом» и «народами/островами/концами Земли» в гл. 40-66). Типичный тому пример содержится в словах старца Симеона, когда он увидел младенца Иисуса во дворе Иерусалимского храма – он сказал Господу, что может умереть счастливым, потому что увидел «свет к просвещению язычников, и славу народа Твоего Израиля» (Лк. 2:32).

Тридцать три года спустя Иисус оставил эту Землю, не исполнив ни единого требования. Между Его воскресением и вознесением не раз звучало высказывание о неоправданном национальном стремлении. «А мы надеялись-было, что Он есть Тот, Который должен избавить Израиля» – крик души двух учеников по дороге в Эммаус (Лк. 24:21). Самый последний вопрос учеников был: «Не в сие ли время, Господи, восстанавливаешь Ты царство [т. е. монархию] Израилю?» (Деян. 1:6 – заметьте, что Иисус согласился с предпосылками вопроса, но сказал, что не их дело знать даты, установленные для этого «Отцом»).

Кажется, что Сам Иисус перенес фокус царства с национального на международный аспект в течение Своих последних шести недель на Земле (Мф. 28:19; Мк. 16:15; Лк. 24:47; Деян. 1:3). Даже раньше Он объявил, что «отнимется от вас [т.е. Израиля] Царство Божие и дано будет народу, приносящему плоды его» (Мф. 21:43).

Это не было, как многие предполагали, аннулированием национального аспекта. Слишком много отрывков в Писании указывают на будущее место для Израиля и Иерусалима в Божьих планах, чтобы делать такое заключение (например, Мф. 23:39; Лк. 21:24; 22:29-30; Рим. 11:1, 11). Их участие было отложено. Порядок событий изменен. Язычники получат Царство прежде евреев (Рим. 11:25-26). Первые будут последними и последние первыми.

Но было ли установлено правление Бога над народами, в соответствии с Его измененным планом?

ЯЗЫЧНИКИ

также выражали разочарование в Иисусе. Все говорят, что христианство существует уже почти две тысячи лет, а мир все еще не становится лучше. Даже наоборот, кажется, становится хуже! Двадцатое столетие видело две великие войны и «холокост» на «цивилизованном» континенте Европа. Зло кажется более неистовым и разрушительным, чем когда-либо. Все же, более трети мирового населения носит звание «христианин».

Конечно, мы можем сказать, что многие из них всего лишь «номинальные» в своей религиозной принадлежности. Или мы можем утверждать вместе с Г. К. Честертоном, что «христианский идеал не пытались и не желали найти; он оказался тяжелым и остался неиспробованным». И мы могли бы составить достаточно большой список преимуществ для человечества, которые берут начало из христианского сострадания – освобождение рабов и женщин, забота о больных и инвалидах, сиротах и безграмотных. Можно привести убедительный довод в пользу христианского происхождения современной науки и всех ее достижений.

Все же, критика может еще звучать. Некоторые могут самоуверенно утверждать, что мир теперь – более безопасное, счастливое, лучшее место для жизни. Некоторые все еще могут утверждать, что в большинстве случаев это происходит благодаря влиянию Христа. Определение Нового Завета, что «весь мир лежит во зле» (1 Ин. 5:19), кажется верным сейчас так же, как и тогда.

ХРИСТИАНЕ

также сомневаются. Большая часть, кажется, согласилась с тем, что мир никогда не изменится. Их надежда на будущее сосредоточена на следующем мире. Их задача – спасти как можно больше людей из смертельно больного общества.

Возможно вы удивитесь, но в ответ на пессимистический взгляд, существует другой сектор христианского спектра, который убежденно верит, что Церковь находится на пути к национальному и международному правлению. Христиане могут стать большинством, и как следствие этого, играть решающую роль в общественных, политических и мировых делах.

Возможно, большинство верующих находится между двумя этими крайностями в поисках скорее реализма, чем мрачного пессимизма или наивного оптимизма. Они верят, что в добавление к благовестию, они должны делать все возможное со своей стороны, чтобы сделать этот мир лучше, трудясь ради благополучия личного и общественного.

Не все из них будут задаваться вопросом о конечной цели своих попыток. Многие будут довольны решением некоторых непосредственных нужд. Даже если общая сцена становится хуже, они будут довольны тем, что «внесли свой вклад». Намного предпочтительнее быть настолько подавленным общим ходом событий, что действия парализуются.

Но вопрос о конечном результате нельзя откладывать. Веры и любви не достаточно, чтобы в полной мере поддержать христианское служение. Надежда – третья жизненно важная составляющая. Она – «якорь для души» (Евр. 6:19), особенно когда переживаешь разочарование и искушение пасть духом. Мысль об окончательном успехе дает силы побеждать все встречающиеся препятствия.

Иисус учил Своих последователей молиться каждый день, чтобы Царство Божие, Божественное правление «пришло на Землю… как на небе» (Мф. 6:10). Очевидно, что это еще не произошло, или нам не нужно продолжать использовать эту молитву. Но о чем мы молимся? Что должно произойти согласно нашим ожиданиям, когда на молитву будет получен ответ? Кто-то сказал, что все богословие должно логически исходить из наших ответов на эти вопросы!

Придет ли царство на Землю? Если да, тогда как и когда? Придет ли оно постепенно или неожиданно? С помощью человеческого проникновения или Божественного вмешательства? Будет ли оно чисто духовным, или также политическим?

Другими словами, будет ли Господь Иисус Христос когда-либо править этим миром настолько видимым образом, что все будут знать, что вся власть на небе и Земле дана Ему (Мф. 28:18), что Он – Царь царей и Господь господствующих (Откр. 19:16), что каждое колено должно преклониться перед Ним и каждый язык исповедать Его господство (Фил. 2:11)? Или все это «увидят» только христиане верой?

Мы уже обсуждали вопрос Миллениума! Именно эти вопросы лежат в самом сердце обсуждения.

Слишком многие упускают этот вопрос для академического обсуждения, потому что он имеет незначительную важность, или вообще не несет никакой практической важности. В чем же смысл спора о толковании «одного непонятного отрывка в крайне символической книге»? Говорят, что различия, получившиеся в результате, угрожают единству Церкви и отвлекают ее от совершения миссии.

Но мы уже видели, что ожидание будущего – сущность силы христианской надежды. Мы спасены по вере и в надежде (Рим. 8:24).

Пусть будет, наконец-то, утверждено, что все согласны по поводу следующего мира, который представляет собой «новое небо и новую Землю» (Откр. 21:1), которые последуют за этой старой Вселенной, хотя их обычно относят к «небесам», при этом невзначай упоминая, или вообще не делая ударения на «Землю». Есть несколько аргументов по последним двум главам в Библии!

Реальные различия возникают, когда обсуждаются надежды на будущее для этого мира. Насколько Божественная власть, данная Иисусу, проявится в этом мире прежде, чем он придет к концу? Как мы уже отметили, существует огромное разнообразие мнений христиан, количество которых растет на протяжении столетий истории Церкви.

Разногласия, временами жестокие, сосредоточены на двадцатой главе книги Откровение. Ничего удивительного, поскольку она распространяется на самые последние события этого века, подводя к последнему Дню Суда, который, в свою очередь, вводит в новое творение.

Из этой главы простой читатель легко сделает вывод, что Христос и Его последователи, в частности, те, кто умер за свою веру, действительно будут «править» этим миром тысячу лет, прежде чем он придет к концу.

Именно из этой повторяющейся фразы «тысяча лет» произошло слово *Миллениум* (с латинского: *mille*=тысяча и *annum*=год). Поэтому существительное «миллениализм» описывает веру в то, что Христос будет править на Земле на протяжении этого периода. Доктрина иногда называется «хилиазм» (в греческом: *chilioi*=тысяча).

Как мы уже видели, в конце двадцатого века слово «Миллениум» вернулось в ежедневное использование, 1 января 2001 года мы вошли в третье тысячелетие после РХ (латинское слово anno domini=год нашего Господа). Эта дата в календаре непосредственно возродила интерес к обещанному возвращению нашего Господа и опосредствованно – к возобновлению обсуждения Его «тысячелетнего» правления на Земле, особенно среди тех, кто все еще верит, что двадцать первый век начинает седьмое тысячелетие с момента творения (своего рода грандиозная «суббота»), сделав заключение, что творение происходило в 4004 году до РХ, как отмечено в некоторых старых Библиях.

Мы не должны позволять попыткам установить даты скрывать настоящую проблему, подводя спор к гипотетически сомнительной репутации. Первостепенный вопрос – не когда, а будет ли. Будет ли вообще Христос править этим миром тысячу лет?

Нашей отправной точкой, без сомнения, должен быть отрывок из Писания, на основании которого многие пришли к положительному заключению, например, Откровение 20 глава. Мы будем изучать ее детально и в контексте. Потом мы снова пройдемся по Новому и Ветхому Заветам, чтобы увидеть, найдем ли мы подтверждение нашим открытиям или их опровержение. После этого мы проработаем историю Церкви, отмечая, когда и почему возникали настолько разные толкования. Все это оценит их экзегетическую точность и практическое влияние. И, наконец, я приведу причины для моего личного заключения и убеждения.

Современное положение намного сложнее, чем многие себе представляют. Большинство читателей будут, возможно, знакомы с тремя понятиями: а-миллениумный, пред-миллениумный и пост-миллениумный. Мой друг, когда его спросили, какое понятие отражает его собственную точку зрения, ответил: «Это – *а-пред-пост*-эрный вопрос!» Другие избегают ясно выражать свою точку зрения, говоря, что они – пан-миллениумные, объясняя приставку следующим образом: «все в итоге хорошо закончится (pan=устраиваться; *прим. пер.*), независимо от того, что мы сейчас об этом думаем»!

Однако шутливые отговорки не могут приуменьшить важности достижения какого-то заключения. Как мы увидим, наша действительная вера оказывает потрясающее влияние на наше поведение в этом мире и нашу ответственность за него. Поэтому нам нужно быть конкретными.

Одна проблема – это то, что каждый из трех основных подходов имеет по два достаточно разных вида, поэтому, в действительности, существуют шесть позиций, среди которых нужно выбирать. Еще более сложным является то, что большинство тех, кто называет себя «а-миллениумный», на самом деле, оказываются одним из подразделов «пост-миллениумных», хотя редко это осознают. Продолжайте читать – и все станет понятным!

Тем временем, некоторое облегчение приносит то, что мы обращаемся к самому Писанию и начинаем наше изучение с того, что действительно *говорит* Библия прежде, чем мы рассмотрим, как другие понимают *значение*. Когда мы будем так делать, нам нужно постоянно помнить, что книга Откровение была написана обычным верующим семи Церквей в Азии (западная Турция). Это не было сложной загадкой, которую нужно было разрешить профессорам-богословам и библейским ученым. Это –

рациональный принцип: читать Писание в его простом, понятном смысле, если только нет четкого указания, что его нужно воспринимать по-другому. Мы должны стремиться к тому, чтобы вернуть то послание, которое предназначалось для его первых читателей.

Теперь с этими подсказками мы сможем перейти к ключевому отрывку, вокруг которого происходило так много споров.

ГЛАВА ПЯТНАДЦАТАЯ

Основной отрывок (Откровение 20 глава)

Это, без сомнения, самый ясный отрывок о Миллениуме во всей Библии. Некоторые могут сказать, что это – единственный отрывок, раскрывающий эту тему. Конечно, не будь этой главы, не было бы и проблемы. Жизнь была бы намного проще, если бы его вообще там не было! Тем, кто желают, чтобы было именно так, и игнорируют его, нужно напомнить о проклятии на тех, кто отнимет что-либо от «этого пророчества» (Откр. 22:19); они утратят свое место в вечности!

Те, кто верят, что Библия состоит из богодухновенных слов, а не только содержит их, должны серьезно воспринимать эту главу. Даже если бы это было единственным упоминанием этой части Его намерения, оно все равно было бы Его Словом. Как часто Богу приходится говорить что-то прежде, чем мы поверим этому?

Поэтому мы должны позволить отрывку говорить самому за себя. Но для начала мы должны рассмотреть его в контексте – не только в его непосредственном контексте (главы 19 и 21), но и в более широком его окружении.

Он находится в Новом Завете, не в Ветхом. Он принадлежит к «новому» завету Иисуса, а не «старому» завету Моисея. Он обращается скорее к христианам, чем к иудеям. Хотя «иудейский» витает в воздухе (книга Откровение четыреста раз упоминает иудейские писания, но ни разу не цитирует их), он предназначался для уверовавших язычников и не нуждается в том, чтобы его снова им объясняли (как например, законы во Второзаконии). Он был написан христианином для христиан.

Эта глава – часть уникальной книги в Новом Завете. В другом разделе этого издания мы изучали Откровение в более подробных деталях (см. стр. 126); но здесь необходимо короткое обобщение.

В основном, это – письмо, сложное информационное послание группе Церквей, но все сходства здесь и заканчиваются (например, к Ефесянам). Его никогда не планировали писать! Это – запись устных и визуальных образов, которые неожиданно явились человеку, находящемуся в заключении, и которому ангел сказал записать их и передать. Вот, возможно, почему письмо описывается, как «пророчество», единственное в своем роде в Новом Завете. Это одновременно и слово о настоящем (провозглашение) и слово о будущем (предсказание), с основным ударением на последнем. Приблизительно две трети его «стихов» содержат предсказания о пятидесяти шести отдельных событиях. Неизбежно используется описательный язык, чтобы передать неизвестное и даже невообразимое; но символизм предназначен скорее для того, чтобы прояснить, чем сокрыть, и он редко оказывается непонятным.

Книга/пророчество/письмо предназначалась для того, чтобы ее читали вслух (обратите внимание на благословение для читающего и слушающих в Откр. 1:3). Возможно, только в таких обстоятельствах она раскрывает свое глубочайшее значение и оказывает свое самое сильное воздействие.

Более того, нам нужно постоянно помнить, что ее цель -чрезвычайно практична: подготовить каждого христианина и Церковь к грядущим более тяжелым временам. Ее цель – ободрить (вложить ободрение) в верующих, чтобы они «переносили» страдания за их веру (даже до мученической смерти) и научились «побеждать» все враждебные давления, таким образом, сохраняя свои имена в «книге жизни» (Откр. 3:5). Каждая часть книги направлена к этому концу. К каждому отрывку и его толкованию нужно задавать вопрос: как это помогает преследуемым ученикам?

Книга делится на четкие разделы. Самое очевидное разделение проходит между первыми тремя главами, которые относятся к *настоящей* ситуации читателей, и остальными, которые раскрывают им *будущее* (см. 4:1). Последний раздел относится к самому концу мира и тому, что будет после, но делится на две фазы, которые можно рассматривать как «плохие новости» и «хорошие новости». Это простое разделение можно представить следующим образом:

а) То, что нужно решить прямо сейчас (1-8).

б) Все станет намного хуже, прежде чем улучшится (4-18).

в) Все значительно улучшится после того, как ухудшится (19-22).

Второй раздел говорит о более близком будущем, в то время как третий имеет отношение к далекому будущему, к самым последним событиям. Это – возвращение Христа на планету Земля, которое изменило ход событий.

Глава 20 твердо расположена в третьем разделе. Она принадлежит к «последним событиям». Она – часть «хороших новостей». Она – часть того ободряющего будущего, которого могли ожидать преследуемые и ради которого они готовы были бы умереть.

В этом месте необходимо было бы представить важный принцип библейского изучения: а именно, *игнорируйте разделение глав!* Их не было в тексте оригинала. Хотя они очень удобны в качестве ссылок, они не были вдохновлены Богом и часто находятся в неправильном месте, разделяя то, что Бог соединил! Более того, цифра «20» серьезно вводит в заблуждение (еще один аргумент в пользу того, чтобы читать книгу вслух). Целостность, которая явно прослеживается в тексте оригинала, была грубо нарушена, что и дало возможность комментаторам отделить главу от ее контекста, радикально изменив ее основную тему и применение и переместив Миллениум в истории (но об этом позже).

Если не обращать внимания на разделение глав и читать главы 18-22 как непрерывное повествование, проявляются потрясающие детали. Его можно было бы назвать: «Сказание о двух городах» (Вавилоне и Иерусалиме), которые представлены в образе двух женщин, непристойной проститутки и чистой невесты. Разрушение одной столицы и падение другой разделены необычной серией событий, представленных в видении из семи составляющих.

Было бы полезно обратить внимание на переходы с устных на визуальные отношения. О падении Вавилона рассказал ангел, и Иоанн «услышал» (18:4), как небеса ликуют по этому поводу (19:1, 6). Потом Иоанну сказали, чтобы он записал то, что *слышал* (19:9). После этих голосов прошла серия видений, которые Иоанн *видел* (19:11, 17, 19; 20:1, 4, 11; 21:1). Семь видений «увидел» Иоанн до того, как «услышал» последнее (21:3). Серию видений можно перечислить следующим образом:

1. Всадник на белом коне в открытых дверях неба.
2. Ангел приглашает птиц на «последнюю вечерю» человеческих тел.
3. Битва со всеми антибожественными силами на Армагеддоне.
4. Ангел связывает, изгоняет и заключает в тюрьму диавола.
5. Святые правят со Христом тысячу лет, в конце которых сатану освобождают, он терпит поражение и его бросают в озеро огненное.
6. Воскресение мертвых и последний День Суда.
7. Творение нового неба и новой Земли; сходит новый Иерусалим.

Семь – конечно, знакомое число в этой книге, которая начинается с семи церквей в Азии и семи писем к ним. Более важны три серии бедствий под образами печатей, труб и чаш.

Последняя четко представляет последовательность событий, возрастающих по интенсивности. Более того, в каждой серии первые четыре события идут вместе (самый яркий пример – четыре всадника первых четырех печатей в 6:1-8), следующие два также связаны между собой, а последнее, или седьмое, расположено само по себе. Ту же схему 4-2-1 можно четко увидеть в последней серии видений, которую мы сейчас исследуем (с 19:11 по 21:2).

Если удалить нумерацию глав (20 и 21), серия из семи видений четко представляет последовательность событий, каждое из которых связано с предыдущим. Это – внутреннее доказательство того, что видения последовательны, расположены в хронологическом порядке. Двух примеров будет достаточно:

ОСНОВНОЙ ОТРЫВОК (ОТКРОВЕНИЕ 20 ГЛАВА)

а) Диавол брошен в озеро огненное *после* зверя и лжепророка (сравните 20:10 и 19:20).

б) Новое небо и новая Земля появляются после того, как проходят старые (сравните 21:1 и 20:11).

В частности, разделение 20 и 19 глав разрушает всю последовательность. Это широко практикуется в интересах а-миллениумной и пост-миллениумной позиций, которые желают представить 20 главу «кратким повторением» всего века Церкви, а не продолжением событий 19 главы. Это следует рассматривать, как искусственное разделение, которое в большой степени полагается на средневековое разделение глав.

Порядок событий последователен. Единственный вопрос, который возникает: какой период времени охватывают эти главы?

Все согласны с тем, когда этот период *заканчивается*. День Суда (6 видение) с новым небом и новой Землей (видение 7) подводят нас к самому концу этого века, который известен нам как «история».

Но когда она *начнется*? Кто этот всадник на белом коне и когда он придет в сопровождении небесных воинств?

Нет споров по поводу его личности. Титулы «Верный и Истинный» (примененный к Иисусу в 3:14), «Слово Божье» (единственный титул Иисуса, используемый в другом месте Нового Завета, в Ин. 1:1, 14) и «Царь царей и Господь господствующих» (отождествляемый с «Агнцем» в 17:14) не оставляют места для сомнений. Он – Господь Иисус Христос. (Заметьте, что это не обязательно тот же случай, что и в 6:2, где всадник не определен, чаще использующий лук, чем меч, и ударение на цвете лошади – обобщающий символ военной агрессии.)

Есть разногласия по поводу его «выхода» с небес. Выбор находится между Его первым и вторым пришествиями.

Небольшое количество ученых, которые утверждают, что это изображение Его *первого* визита на Землю; делают это для того, чтобы сохранить последовательность из семи событий, при этом применяя Миллениум к веку Церкви. Чтобы поддерживать это, детали должны быть слишком «аллегоризованы». Белый конь победителя – чисто «духовный» символ, потому что, на самом деле, Он ехал на осленке мира (Мф. 21:4-5, исполняя Зах. 9:9). Запачканная одежда – только Его собственная кровь. Пораженные народы – только метафора, несмотря на то, что это обычно не утверждалось. Но все попытки сохранить последовательность проваливаются, потому что она включает применение решающей битвы «Армагеддон» к распятию, которое означает, что зверь и лжепророк «брошены живыми в озеро огненное» на Голгофе! Тогда бессмысленным оказывается их появление в 13 главе среди всего того, что должно произойти «после сего» (4:1). Этот подход создает больше проблем, в связи с этим имеет очень мало сторонников.

Большинство согласны, что первое видение (19:11-16) относится ко *Второму* пришествию Христа. Существует много веских причин для такого заключения. Во-первых, Его «воинственная» миссия намного больше сочетается с Его вторым приходом, чтобы «судить живых и мертвых». Во-вторых, враги, которых Он здесь уничтожает – и люди и демоны, чего не было во время Его первого пришествия. В-третьих, предшествующий контекст – объявление свадьбы и «приготовленная» невеста, которая, естественно, выходит к грядущему Жениху (сравните Мф. 25:6). В-четвертых, это, кажется, решающий момент; если это – не ссылка на Второе пришествие, тогда возвра-

ОСНОВНОЙ ОТРЫВОК (ОТКРОВЕНИЕ 20 ГЛАВА)

щение нашего Господа нигде не упоминается в основной части этого пророчества, хотя и вступление, и эпилог указывают на то, что это – основная тема (1:7 и 22:20). Очень удивляет то, что большинство комментариев согласны с этим толкованием. Последовательность начинается со Второго пришествия.

Мы можем извлечь четыре основных события из видения с семью событиями:

1. Второе пришествие (гл. 19)
2. Тысячелетнее правление (гл. 20)
3. День Суда (гл. 20)
4. Новое творение (гл. 21)

Почти все консервативные ученые согласны с тем, что 1, 3 и 4 события относятся к концу истории и именно в таком порядке! Существует широко распространенное нежелание включать 2 пункт в последовательность, хотя он, очевидно, относится к ней. В свою очередь, это имеет отношение к давно устоявшейся традиции в церкви, которая отвергает так называемый *пред*-миллениализм» (вера в то, что по времени 1 пункт предшествует 2, что Иисус возвращается до того, как Он и Его святые правят). Это привело к чрезмерным попыткам доказать, что 19-21 главы Откровения действительно предназначены для того, чтобы читатель увидел порядок событий, соответствующий 2, 1, 3, 4 – несмотря на структуру, в которой они представлены!

Это едва уловимое сравнение не основано ни на одном четком указании в самом тексте. В этом случае результатом внесения в текст существовавшего ранее убеждения (точное значение слова «предубеждение») является предположение о том, что между возвращением Христа и Днем Суда ничего не происходит. Таким было мнение большинства в Церкви на протяжении многих веков и было включено в их символы веры (и в Апостольский, и в Никейский). Считалось, что Христос снова придет скорее судить, чем править.

Есть несколько отрывков, которые, кажется, подтверждают подобное сжатие событий, и мы рассмотрим их позже. Часто заявляли, что они – «очевидные» утверждения, тогда как 20 глава Откровения считалась «непонятной». После высказывания такого суждения, потом утверждалось, что последнее должно толковаться во свете первого, что обычно значит притягивание одного к другому.

Даже если бы она была «непонятной», нет никаких причин пропускать ее. Кажется, некоторые думают, что слова «это чрезвычайно символично» дают им право не воспринимать ее серьезно и даже не объяснять, какая реальность лежит за символами. И, кажется, они в достаточной мере готовы воспринимать всерьез первое и последнее видения!

Но действительно ли она настолько непонятна? Кажется, в этих видениях автор очень редко использовал язык символов. Большинство событий утверждаются как факт, как действительные случаи. Образная речь едва ли непонятна: «четыре конца Земли» – вполне очевидная фраза, и она не говорит о том, что автор верил, будто Земля квадратная. Кто не понимает, что значит «великий белый престол»? Единственная действительно непонятная ссылка – «Гог и Магог», но взгляд на 39 главу Иезекииля предполагает, что этими именами названы последний правитель и народ, который атаковал Божий народ *после* восстановления династии Давида.

Подошло время для детального изучения отрывка (20:1-10), позволяя тексту говорить самому за себя, прежде чем сравнить его с другими подходящими отрыв-

ОСНОВНОЙ ОТРЫВОК (ОТКРОВЕНИЕ 20 ГЛАВА)

ками. Мы будем стремиться изучать его с должным почтением к богодухновенным словам, сохраняя открытый ум для объективного толкования.

Первое, что следует заметить – частое использование фразы «тысяча лет» – шесть раз в одном коротком отрывке. В двух из них определенный артикль делает их более выразительными («*the* thousand years» – конкретная тысяча лет). Едва ли можно выразить это более четко.

Некоторые хотят воспринимать эти слова, как символ, говоря, что десять в третьей степени – показатель завершенности. Но даже те, кто делает так, обычно говорят, что это число представляет продолжительный период *времени*, как противоположность короткому интервалу. Это намного больше, чем перерыв. Это – эпоха, которая имеет свою собственную значимость.

Причина для буквального понимания фразы исходит из того факта, что другие промежутки времени в этой книге конкретно обозначены. Например, о Великой скорби или Великом бедствии говорится, что она будет «в продолжении времени, времен и пол-времени» (12:14) или «1260 дней» (12:6), или «сорок два месяца» (13:5).

Контраст, который проходит между этими тремя с половиною годами великого страдания святых и последующей тысячи лет правления со Христом прекрасно согласуются с общей целью книги – ободрить верность в настоящем посредством размышления о будущем. Как писал Павел: «Ибо думаю, что нынешние временные страдания ничего не стоят в сравнении с тою славою, которая откроется в нас» (Рим. 8:18).

Далее, рассматривая десять «стихов» как одно целое, мы сможем задавать обычные базовые вопросы: когда, где и кто?

КОГДА наступит «тысяча лет»? Ответ, состоящий из двух частей, мы находим в видениях из семи событий, частью которых они являются: *после* того, как всадник на белом коне (Иисус) поразил зверя и лжепророка и *перед* великим белым престолом. Другими словами, Миллениум пролегает между Вторым пришествием и Днем Суда.

ГДЕ правят Христос и Его святые? На небе или на Земле? Книга Откровение упоминает поочередно небо и Землю (4:1; 7:1; 8:1 и т.д.). Но в этих случаях даются четкие указания на местоположение. Какое же место отведено 20 главе?

Нам необходимо начать с 19 главы. Небо «отверсто» для всадника (19:11), но тогда вполне очевидно, что Он спускается на Землю для битвы с силами зла (19:19). Ангел, который связывает сатану, «сходит с неба» (20:1). Позже его освобождение также происходит на «Земле» (20:8-9). Позже, перед последним судом, «Земля» исчезает (20:11).

На протяжении этого отрывка внимание сосредоточено на «Земле». За отсутствием каких-либо намеков на противоположное, мы можем заключить, что тысячелетнее правление святых будет иметь место на этой «старой» Земле, до того, как она исчезнет. Легко определить неожиданное перемещение на небо в стихах 4-6. Более того, святые правят «со Христом» (20:4), к этому времени Он уже вернулся на Землю (19:11-21).

Более широкий контекст всей книги подтверждает это в трех более ранних объявлениях. Тем, кто победят, будет дана власть «над народами» (2:26). Те, кто искуплены кровью Агнца, будут «царствовать на Земле» (5:10). «Царство мира» станет царством Христа (11:15). Ни одно из этих обещаний не исполнилось до 20 главы.

КТО центральная личность в этом отрывке? Удивительно, но не Христос! Он упоминается только время от времени. Больше внимания обращено на сатану, хотя он участвует в Миллениуме только в самом начале и в самом конце. На протяжении веков на первом месте – святые. Структура отрывка напоминает «бутерброд»:

1-3 Сатана связан (коротко)

4-6 Царствование святых (долго)

7-10 Сатана освобожден (коротко)

Должна быть причина для такой очевидной диспропорции содержания. А пока мы глубже рассмотрим каждый из трех «параграфов».

САТАНА СВЯЗАН (20:1-3)

Чтобы понять, что происходит здесь, нам нужно снова посмотреть на более широкий контекст.

Четыре образа враждебных пришельцев уже были представлены. Трое – реальные личности, двое из которых – люди: сатана (сброшенный на Землю в 12 гл.), «антихрист» и лжепророк (появляющийся в 13 гл.). Вместе они образуют «нечестивую троицу», возглавляя мировое правительство в кульминации истории, служа причиной величайшего бедствия народа Божьего. Все они – мужчины. Четвертый образ – женщина, но не личность. Она – проститутка, олицетворение города «Вавилона», мирового коммерческого центра.

Четыре эти образа доминируют в последнем, но очень коротком периоде «настоящего злого века». Они исчезают в порядке, противоположном их появлению:

Падение Вавилона (18 гл.).

Антихрист и лжепророк брошены в ад, первые люди, которые туда попадают (19 гл.).

Сатана связан, затем освобожден и в конце брошен в ад (20 гл.).

Отметим, что гибель сатаны разделена на фазы и включает поразительное развитие (в 7-10).

Фаза I – удаление его с Земли. Две его человеческие марионетки, политический диктатор и его религиозный сообщник, уже были отправлены в «озеро огненное» (19:20). Но это не его судьба – пока. Он, скорее, будет заключен в тюрьму, чем брошен, будет лишен свободы в ожидании Последнего Суда (как уже произошло с некоторыми из его коллег; 2 Петра 2:4; Иуды 6).

Кто освободит его? Ни Бог, ни Христос, ни Церковь, а один безымянный ангел. Какое унижение для того, во власти кого был весь мир (1 Ин. 5:19)! Этот момент очень важен, потому что это действие иногда путали с утверждениями в Евангелиях (например, Мф. 12:29; 16:19).

Как его освободят? Те, кто хотят соотнести это действие с победой Иисуса над диаволом, который искушал Его в пустыне (Лк. 4:13-14; Мф. 12:29), ошибочно назвали его «связывание сатаны». Но это намного больше, чем просто быть связанным. Здесь используются пять глаголов, а не один. Сатана схвачен, скован, брошен, замкнут, запечатан. Таким образом, он представлен абсолютно недееспособным и одновременно удаленным из его земной сферы влияния. Такой случай можно было бы назвать *исчезновением* сатаны. Мастера обмана и искажения больше нет. Он больше не в состоянии «прельщать народы» (20:3).

Сказать, что это уже совершилось – это, наверняка, обманывать себя. И все же так часто говорят для того, чтобы соотнести Миллениум с настоящим веком Церкви. Тогда его «связывание» – временная неудача в предотвращении распространения Евангелия, несмотря на то, что неверующие все еще уверенно остаются под его контролем. Абсурдность этого применения очевидна. Если мир находится в таком состоянии после того, как сатана был схвачен, скован, брошен, замкнут, запечатан, на что он станет похож, когда его снова «освободят»? Кто посмеет утверждать, что он прямо сейчас не обольщает народы?

Где он будет заключен? Не на Земле, а «под» ней. Слово, использовавшееся для определения его местоположения (в греческом *abussos*=бездонный), указывает на неизмеримую преисподнюю, самую нижнюю область пребывания мертвых, жилище демонов (ср. Втор. 30:13; Рим. 10:7; Лк. 8:31); оно используется семь раз в Откровении (9:1, 2, 11; 11:7; 17:8; 20:1, 3). Еще одно название для этого места заключения – «Тартар» (это известный термин из языческого мира, использовавшийся во 2 Петра 2:4). Где бы оно ни было, это точно не на Земле.

Однако это заключение временное. У Бога в отношении сатаны есть еще один замысел, который оказывается абсолютной неожиданностью позже, в этой главе. Что происходит между его заключением и последующим освобождением?

ЦАРСТВОВАНИЕ СВЯТЫХ (20:4-6)

Удаление зверя, лжепророка (19:20) и диавола (20:3) оставит политический вакуум в мире. Кто возглавит правительство? Но необходимо ответить на более важный вопрос: нужно ли будет кому-либо его возглавлять? Или, другими словами, останется ли кто-то, способный управлять?

Выживет ли кто-то в «Армагеддонском» конфликте, описанном в 19 главе? На первый взгляд кажется, что на Земле вообще не осталось живых. Были созваны грифы, чтобы поглотить «трупы всех свободных и рабов» (19:18). После того, как оба лидера были схвачены живыми, «прочие» были убиты (19:21). Эти слова относили ко всему населению мира, но более тщательное прочтение показывает, что содержание этих выражений определяется выражением «цари земные и воинства их», то есть полчища, которые собрались для битвы (19:19).

Продолжение, где сатана должен был быть заключен, чтобы не прельщать «народы» (20:3), ясно указывает на то, что многие люди не участвовали в битве, потому что позже, после освобождения, он сможет собрать огромное количество последователей (20:8).

Итак, все еще будет необходимость в мировом правительстве. Кто создаст его? Ответ и личный, и общий: Христос и Его верные последователи.

Слово «престолы» употреблено во множественном числе (другие такие же во всей книге встречаются в 4:4). Поскольку действия происходят на Земле, они не должны быть спутаны ни с вечным действием престола Бога на небе (гл. 4-5), ни с «великим белым престолом» Последнего Суда, после того, как Земля «бежала» (20:11). Собирательное существительное охватывает все «правительственные учреждения»: местные, региональные, национальные и международные. Их цель – совершение правосудия; ими будут пользоваться те, кому «дано было судить» (20:4). Но кто они?

Здесь перед нами встает достаточно трудная грамматическая задача: указывает ли текст на одну, две или три группы «правителей»? На первый взгляд кажется, что со Христом царствуют только те, кто был убит за Него. Они были «обезглавлены за свидетельство Иисуса и за слово Божие» (20:4; это двойное обвинение стало причиной заключения Иоанна и основанием его стойкости, 1:9; 14:12). Они были «верными до смерти» (2:10), что указывает на продолжительность смерти, а не просто на момент смерти; это часто неправильно используют на погребениях после естественной смерти.

ОСНОВНОЙ ОТРЫВОК (ОТКРОВЕНИЕ 20 ГЛАВА)

Более тщательное изучение раскрывает, что те, «кому дано было судить», не обязательно являются теми, кто был «обезглавлен». Обратите внимание на дополнительную фразу: «*и я увидел*», вставленную между двумя группами. Звучит так, как будто они не совсем одинаковы, но и не совсем отличаются! Более простое объяснение заключается в том, что последние являются частью первых. Иоанн видит верных последователей Иисуса, царствующих с Ним, и, в частности, обращает внимание на тех из них, кто выбрал лучше умереть, чем отречься от своего Господа. Это совпадает с обещанием, что все, кто будет держаться, пока Он придет, и исполнять Его волю «до конца», будут управлять народами (2:25-27), несмотря на то, что для *некоторых* это будет означать мученическую смерть (2:10).

Очень легко увидеть, почему нужно было выделить последних, чтобы особо их отметить. Каким ободрением это было для тех, кто слушал смертный приговор, выносимый им земными судьями, зная, что однажды они будут сидеть на своих «престолах». Это объединяет оправдание и вознаграждение. На более глубоком уровне, их собственный опыт несправедливости в суде укрепит их цель: быть абсолютно справедливыми, когда у них будет такая ответственность. Какая удивительная смена ролей!

Некоторые видели еще одну подгруппу в тех, кто «не поклонились зверю, ни образу его и не приняли начертания на чело свое и на руку свою» (20:4). Это может относиться к тем, кто отказался сдаваться, но спасли свои жизни. Это будут те, на кого указывалось в других местах в Откровении (12:6, 17 и 18:4, например). Если бы не было выживших, тогда не было бы и живых святых, чтобы встретить Христа во время Его возвращения и «измениться во мгновение ока» (1 Кор. 15:51-52; 1 Фес. 4:17). Но указывает ли 20 глава Откровения именно на них или продолжает определять «обезглавленных» – вопрос остается открытым; автор этой книги склоняется к последним. Первые будут включены в большую группу, о которой упоминалось сначала.

Итак, имеется в виду одна общая группа, обращая внимание на один участок на переднем плане – на святых, в общем, и на мучеников, в частности.

Как могут мученики царствовать на Земле? Уйдя из мира за свою веру, они теперь снова в нем. Они должны ожить, их бестелесные души должны получить тела, чтобы жить здесь на Земле. Другими словами, они пройдут через «воскресение» (20:5; это существительное *anastasis*, использовалось в Новом Завете 42 раза и указывало на физическое чудо – воскресение тела; оно никогда не использовалось в смысле преобразования, нового рождения). Язык писателя подразумевает, что Иоанн действительно видел это происходящим в своем видении будущего, поэтому «картина» была как кино! Раньше он видел «души» мучеников, взывающих о божественном возмездии их мучителям (6:9). Теперь он видит их в воскресших телах, царствующих на Земле.

Есть еще одно ясное указание на то, что тысячелетнее царство следует за Вторым Пришествием Иисуса, поскольку Он возвращается в тот момент, когда «те, кто принадлежат Ему», получают свои новые тела (1 Кор. 15:23; 1 Фес. 4:16).

Различие между «первым воскресением» «блаженных и святых» и «прочими из умерших» едва ли может быть более четким. Из других отрывков Писания мы знаем, что все человечество, и нечестивые, и праведные, воскреснут перед Днем Суда (Дан.12:2; Ин. 5:29; Деян. 24:15). Однако называть этот *факт* «общим воскресением» – небиблейское определение, вводящее в заблуждение, потому что оно подразумевает единственное

ОСНОВНОЙ ОТРЫВОК (ОТКРОВЕНИЕ 20 ГЛАВА)

событие. Из Откровения мы узнаем, что воскреснут две категории в разные даты, далеко отделенные во времени. Будет два воскресения, «первое» и «последнее», в начале и в конце «тысячи лет».

По природе, два эти события идентичны, подтвержденные использованием одного и того же глагола для обоих (третье лицо множественного числа, во временной форме аорист, изъявительное наклонение слова *zao*, что значит: проявление функций жизни, здесь переведенное, как «ожить»). Верно то, что это слово очень редко может использоваться в духовном смысле (например, Ин. 5:25, где контекст указывает на метафорическое использование); но его обычное использование – физическое (как в Ин. 11:25; Рим. 14:9), и в частности, до сего момента в этой книге (Откр. 1:18; 2:8; 13:14).

Еще одна точка зрения заключается в том, что «ожившие» в 4 стихе – конкретная противоположность «обезглавленным» в обоих физических событиях. Они должны были «духовно воскреснуть со Христом» задолго до их мученической смерти; и после этого они находились в полном сознании и могли общаться с Ним (6:9). Подобно Ему, они пережили смерть и воскресение, но ничто не прервало их «духовной» или даже «интеллектуальной» жизни, которая продолжалась с момента их обращения. Их тела «ожили», дав им возможность снова функционировать в физическом мире.

Не вникая в эту точку зрения, важно, все же, выделить ее, поскольку и а-миллениальная и пост-миллениальная точки зрения придают глаголу два абсолютно разных значения – духовное возрождение в 4 стихе и физическое воскресение тела в 5 стихе, хотя в самом тексте нет ни единого намека на подобное разделение. Это нарушает элементарное правило толкования: одно и то же слово в одном и том же контексте имеет одно и то же значение, если только *очевидно* не указывается что-то другое. Позвольте ученому Дину Альфорду подытожить это противоречие:

…если в таком отрывке первое воскресение можно понять в значении *духовного* воскресения со Христом, в то время как второе значит *буквальное* воскресение из могилы; тогда это – конец всему значимому в языке и Писание, как свидетельство, сводится к нулю. Если первое воскресение – духовное, тогда такое же и второе, с чем едва ли кто-то может согласиться; но если второе воскресение – буквальное, тогда такое же и первое, с чем согласны и первая церковь, и многие из лучших современных комментаторов, что поддерживаю я и принимаю, как догмат веры и надежды. (Процитировано в книге Вильяма И. Бидервольфа *Руководство к пророчеству*, World Bible Publishers, 1991, переиздано с оригинала 1924 года, с. 97).

Идеи о двух воскресениях, праведных и нечестивых, разделенных большим промежутком времени, изначально не было в тексте. Эта идея была достаточно распространенной среди евреев во дни Иисуса. Многие ожидали, что мертвые «праведники» воскреснут до мессианского царства на Земле, в то время, как нечестивые воскреснут для суда только в конце этого периода (некоторые уже говорили, что его продолжительность будет тысяча лет). Вот почему Иисус мог ссылаться без объяснения на «воскресение праведников» в разговоре с фарисеями (Лк. 14:14). Они уже верили в два воскресения, в то время как саддукеи не верили ни в одно (Лк. 20:27).

Существует три утверждения о тех, кто будет «иметь часть» в первом воскресении. Первое: их *святость*. Они – «блаженные и святые». Те, кто будут участвовать во втором, косвенно, – проклятые и злые. Второе: их *безопасность*. Со Вторым пришествием будет завершено их спасение от греха (Фил. 1:6; 1 Ин. 3:2). Тогда они будут уверены, что им не грозит опасность претерпевать «вторую смерть» в «озере огненном» (20:6, 14). Третье: их *владычество*. Их царский сан будет совмещен со священничеством (сравните 1:6 с 20:6). Они будут действовать, как управляющие для Христа и как посредники для людей. Двойная обязанность заменяет политическую роль зверя и религиозную роль лжепророка.

Эта ситуация не постоянная. «Царство» на этой Земле подойдет к концу вместе с Землей, хотя будет продолжаться на новой Земле (22:5). «Тысяча лет» подойдет к концу самым удивительным образом:

САТАНА ОСВОБОЖДЕН (20:7-10)

События развиваются здесь настолько неожиданно, что едва могут быть плодом человеческого воображения. Их чрезмерная необычность – признак божественного вдохновения.

Теперь мы видим, почему сатана не был сброшен в ад раньше вместе с двумя своими сторонниками (19:20). Бог собирается использовать его еще только лишь раз. Ему дается последняя попытка! Условно-досрочно освобожденному, ему позволено в последний раз «прельстить народы».

Природа этого обмана имеет много общего с самым первым его обманом человеческой расы (Быт. 3). Тогда было два человека, теперь – большое количество этнических групп. Но предложение то же самое: моральная независимость, свобода от Божьего правительства (которое теперь включает Христа и Его святых). Поскольку это «царство» теперь на Земле, «тело» (из плоти и крови) можно атаковать с помощью военных сил. Огромная армия собралась от «четырех углов Земли», чтобы пойти на правительственную резиденцию, «город, возлюбленный [Богом]», очевидно, Иерусалим, тысячелетняя штаб-квартира «Объединенных наций» (20:9; ср. с Ис. 2:1-5; Мих. 4:1-5; Мф. 5:35).

Эту самую последнюю «битву» не нужно путать с «Армагеддоном», которая была только шестой чашей (16:16) и произошла до наступления тысячелетия (19:19-21). Она имеет другое название, «Гог и Магог», имена, использованные Иезекиилем для «князя» и его последователей, который атакует израильскую Землю *после* того, как Божий народ снова поселится там и на престоле восстановится династия Давида (см. Иез. 37-39). Похоже, что «Гог» в Откровении – последнее из большого количества имен сатаны (такие как «Аполлион» в 9:11 и «Веельзевул» в Мф. 10:25), а «Магог» относится к международной армии, которую он убедил воевать за него.

Попытка осады и атаки мировой столицы полностью проваливается. Никто не вступил в битву. Ни христиан, ни Христа не интересует враг. Сам Бог послал «огонь с неба» (Быт. 15:17; Лев. 9:24; Суд. 13:20; 3 Цар. 18:38; 2 Пар. 7:1; Лк. 9:54; Откр. 9:18). Хотя диавол и мог проявлять такую разрушительную силу (13:13), теперь ее использовали для уничтожения всего его вооруженного формирования. Самого его сбросили в озеро огненное, где уже тысячу лет были два его представителя из людей.

10 стих – очень важен. Это – самое четкое определение сущности ада в Новом Завете. Язык понятный и простой; его нельзя отбросить, как «чрезвычайно символичный». Это – место «мучения», и может означать только сознательную боль, физическую, либо эмоциональную, либо и ту, и другую одновременно. Такое понимание исходит от Самого Иисуса (Мф. 25:30; Лк. 16:23-25). Страдание непрерывное («день и ночь») и никогда не заканчивающееся («во веки веков» – эквивалент греческой фразы *eis tous aionas ton aionon*, самая сильная фраза в описании

бесконечного времени, ср. с 4:9-10; 5:13-14; 7:12; 10:6; 11:15; 14:11; 15:7; 19:3; 22:5).

Поскольку «они», предмет этого утверждения, включают двух людей, современное представление «аннихилационизма» (вера в то, что «нечестивые» преданы забвению исчезновением, то ли через смерть, то ли после Дня Суда) исключается. Иисус учил, что для всех, кого Он отвергнет в суде, уготовано одно и то же наказание (Мф. 25:41, 46). Для более полного рассмотрения этого жизненно важного вопроса обратитесь к моей книге «Дорога в ад».

Итак, заканчивается царство сатаны в этом мире. В прошлом князь, правитель и даже «бог» этого мира (Ин. 12:31; 2 Кор. 4:4), теперь он встречает свою гибель и разделяет общую судьбу всех, кто восстает против царственного правления Бога, будь то людей или ангелов (Мф. 25:41; Откр. 12:4).

Не ожидал ли он, что это произойдет? Предполагал ли он, что его последняя попытка приобрести земную независимость окажется успешной? Заблуждался ли он сам так же, как прельщал народы? Действительно ли он считал, что был сильнее Божьего народа и поэтому Самого Бога? Или он, зная, что его судьба предрешена и конец близок, стремился привлечь как можно больше тех, кто разделит с ним его гибель в последнем порыве тщетного гнева? Возможно, этого мы никогда не узнаем. Возможно, нам и не нужно знать.

На самом деле, весь этот отрывок вызывает много провокационных вопросов, на которые нет ответа. Трудно что-то сказать о самом Миллениуме, как все будет происходить на практике. Мы только можем сделать вывод, что такая информация не имеет отношения к сути Откровения. Достаточно знать, что силы добра будут публично оправданы, а силы зла, наконец-то, будут удалены.

Итак, у нас есть основные факты. Нам сказано, *что* произойдет в конце, но не сказано, *почему* события примут такой оборот. Конечно, Бог не обязан указывать нам на причины всего, что Он делает, – Иову много столетий назад стоило большого труда понять это (Иов 40:1-5; 42:1-6).

Здесь место для благоговейного агностицизма (Рим. 9:20).

Но загадка все еще остается. Почему же все-таки у диавола был последний шанс принести столько вреда в самом конце тысячелетнего правления добра? И зачем вообще быть этой тысяче лет? Чтобы избежать явных предположений, мы можем найти свой путь к пониманию, размышляя над духовными последствиями этих двух событий.

Для начала рассмотрим положительное: тысячелетнее правление Христа и Его святых на этой Земле будет видимым оправданием и Его, и их в глазах мира. Оно продемонстрирует, каким может быть мир без сатаны, но с Иисусом, более того, каким бы он мог быть, если бы не был загрязнен грехом.

На более глубоком уровне, Миллениум подтвердит, что это – мир Бога, и что Он сотворил его для Своего Сына, и что он снова будет в Его руках. Творение, по сути, – доброе, и Земля не должна быть списана, как та, что «не подлежит искуплению». История должна закончиться скорее завершением, чем катастрофой, искуплением, чем разрушением.

Если спрашивают, почему кульминация наступает на «старой» Земле еще до того, как появляется «новая», тогда следует указать на то, что в противном случае, «мир» (т. е. неверующие люди на Земле) никогда не смогут увидеть победы добра над злом.

ОСНОВНОЙ ОТРЫВОК (ОТКРОВЕНИЕ 20 ГЛАВА)

Прослеживается удивительная параллель между нашим собственным искуплением и искуплением нашей планеты. В обоих случаях духовное обновление предшествует физическому. Нам нужно получить спасение, находясь еще в «старом» материальном теле, пока оно не «преобразовалось» в новое (Фил. 3:21). Этим ознаменуется завершение восстановления нашего изначального состояния. Таким же образом новая Земля отметит завершение процесса, который начался во время Миллениума.

Негативный аспект более запутанный. Почему сатану снова освобождают в конце этого «идеального» режима? Можно сделать лишь одно заключение, это – убедительная демонстрация того, что условия не изменяют человеческого сердца. Огромная ложь, что грех вызван окружением, раскрыта. После тысячи лет мира и процветания все равно есть неблагодарные и недовольные люди.

Конечно, нужно помнить, что тысячелетнее правление будет не демократическим, а «великодушным диктаторством», не избранным народным голосованием, а установленным Божественным выбором. Имеется в виду, что и Христос, и христиане будут править «жезлом железным» (2:27; 12:5; 19:15). Это – не символ жестокой тирании, как можно предположить, а символ сильного управления, которое не может быть разрушено. Оно будет включать, например, жесткую цензуру, которая всегда возмущала неправедных.

Несмотря на большое количество преимуществ этой «доброй» власти, справедливое совершение правосудия, величайшее благосостояние, все равно будет много тех, кто пожелает утратить все это ради возвращения своей моральной, или, скорее, аморальной независимости. Их возмущенные и мятежные сердца захотят освободиться от ограничений, установленных Господом и Его народом.

Вот почему сатана сможет собрать армию со всего мира. Он может прельстить только тех, кто желает того, что он предлагает.

Становится очевидным, что Миллениум – подходящая прелюдия ко Дню Суда. Задача предельно ясна – принять или отвергнуть Божественное правление, Царство Небесное на Земле. Эта задача стояла на протяжении всей истории, но в Миллениуме она встанет на первое место. Это обеспечивает двойное основание необходимости вечного разделения внутри человеческой расы. Новая Вселенная, которую Бог желает создать, может быть унаследована только теми, кто добровольно и уверенно «вошли в царство», принимая Божью волю для Его творения с радостью и благодарными сердцами.

Вполне естественно то, что за отрывком о Миллениуме (20:1-10) сразу следует разделение во время великого Дня Суда, для которого «оживут» «прочие из умерших» – даже те, кто погиб в море. Достаточным основанием для их осуждения являются «книги», содержащие записи о их безбожной жизни на Земле. В «книге жизни» записаны имена всех, кто остался верным Иисусу (3:5), кто участвовал в первом воскресении и царствовал с Ним тысячу лет.

ГЛАВА ШЕСТНАДЦАТАЯ

Более широкий контекст

Наше изучение на данный момент привело нас к «пред-миллениумному» пониманию 20 главы Откровения. То есть, Второе пришествие Христа *предшествует* Его тысячелетнему царствованию на Земле, которое, в свою очередь, наступает до Последнего Суда.

Но такое толкование далеко не соответствует общепринятому мнению в христианской Церкви. Оно часто подвергалось атакам на «библейском» и «философском» основаниях. Мы начнем с первого, поскольку божественное откровение более весомо, чем человеческое предположение.

Часто указывалось на то, что эта глава – *единственный* отрывок во всей Библии, который ясно говорит о Миллениуме. Некоторые идут даже дальше и могут не признавать, что все ясно даже здесь, поскольку Откровение «чрезвычайно символично» и поэтому все непонятно! По каждой из причин или по обеим сразу, считается необоснованным шагом строить основную доктрину на этих стихах.

Надеемся, что предшествующее толкование показывает, что отрывок далек от загадочного, если позволяет говорить за себя без утвержденных прежде заключений. И даже если бы это была единственная ссылка, она все равно является частью Божьего слова. Однажды сказанного Богом должно быть достаточно для того, чтобы мы услышали, что Он желает нам передать (и мы должны запомнить настойчивое шестикратное повторение фразы «тысяча лет»).

Более того, у Церкви не возникло желания построить другое учение на одном отрывке, даже одном стихе! Кто-то настаивает на тринитарной формуле для крещения (основанной на Мф. 28:19; все остальные ссылки используют только «во имя Иисуса Христа»). Потом использование имени «Израиль» по отношению к Церкви (основанное на неоднозначной фразе в Гал. 6:16; более семидесяти других ссылок в Новом Завете относят эту фразу к еврейскому народу). Кажется, что может возникнуть предвзятое мнение, когда дело доходит до Миллениума!

Но могут быть истинные «библейские» возражения по поводу построения убеждений на одном отрывке – в частности, два:

а) Отрицательное – отсутствие подтверждения;
б) Положительное – наличие противоречия.

Очень просто, если другие отрывки из Писания указывают в одном направлении или если много других отрывков указывают другое направление, тогда данный отрывок должен быть пересмотрен в этом свете. Второе представляет более серьезную проблему.

ОТСУТСТВИЕ ПОДТВЕРЖДЕНИЯ

Безусловно, нигде в Новом Завете нет другого четкого утверждения о Миллениуме. Но есть много косвенных ссылок, возможно, более выразительных, потому что они второстепенные.

БОЛЕЕ ШИРОКИЙ КОНТЕКСТ

Есть, конечно, некоторые ясные обещания в других местах Откровения. «Победители» будут иметь «власть над язычниками» (2:26-27). Искупленные будут «царствовать на Земле» (5:10). «Царство мира» станет «царством… Христа» (11:15). 20 глава – очевидное исполнение этих предсказаний.

Если мы обратимся к письмам Павла, то найдем много намеков. Возможно, самый яркий – в его первом письме в Коринф. Укоряя коринфских верующих за то, что они судятся друг с другом в языческих судах, он говорит: «Разве не знаете, что святые будут судить мир? Если же вами будет судим мир, то неужели вы недостойны судить маловажные дела?» (1 Кор. 6:2). Это не может относиться к последнему суду, который находится в руках одного лишь Бога. Здесь говорится о дне, когда христиане будут ответственны за совершение правосудия. Заметьте, Павел допускает, что им уже говорилось об этом.

Позже в том же письме, касаясь темы воскресения, он описывает порядок, в котором будут воскресать люди, вероятно, в три фазы:

а) «*Первенец* Христос;

б) *потом*, когда Он придет, те, кто принадлежит Ему.

в) *Затем* – конец» (1 Кор. 15:23-24).

Надо сказать, третья фраза не упоминает, собственно, воскресение. Тем не менее, она не утверждает, что будет «общее» воскресение всей человеческой расы во время возвращения Христа. Но оба греческих слова, переведенных, как «потом, затем» (*epeita* и *eita*), означают «следующий»; если бы третье событие «совпадало» со вторым, использовалось бы другое слово (*tote*). Он сразу переходит к разговору о «царствовании» Христа, *предшествующем* «концу», которое достигает своей кульминации в окончательной победе над самой смертью (1 Кор. 15:25-26; ср. с Откр. 20:14).

То, что Павел верил в воскресение верных христиан *до* остального человечества, подтверждается тем, что он использует самую необычную фразу (в Фил. 3:11). Обычно переводимая «воскресение мертвых», греческая фраза, на самом деле, имеет двойной предлог *ek*, буквально: «*из*-воскресение из мертвых», что можно перефразировать: «*из среды мертвых*». Другими словами, это – не общее воскресение всех, а ограниченное событие, предшествующее данному. Неудивительно, она используется в отношении Самого Иисуса (например, 1 Петра 1:3). Здесь Павел использует ее по отношению к христианам, которые «спешат» «*достичь*» его. Ничего не нужно делать, чтобы достичь общего воскресения (только умереть!). Очевидно, Павел ссылается на «первое воскресение» «блаженных и святых» (Откр. 20:6).

В том же письме Павел ожидает дня, когда «пред именем Иисуса преклонится всякое колено… и всякий язык исповедует, что Господь - Иисус Христос» (Фил. 2:10-11; ср. с Ис. 45:23 и Откр. 5:13). Когда, по его мнению, произойдет это всемирное признание? В письме к Тимофею, возможно, цитируя древний гимн, Павел обещает: «Если терпим, то с Ним и царствовать будем» (2 Тим. 2:12; ср. с Откр. 3:21). Это высказывание – отличное обобщение всего послания Откровения. Заметьте, что почти все новозаветные ссылки на царствование христиан даны в *будущем* времени (Рим. 5:17 – одно из нескольких исключений; основная ссылка здесь – царствование скорее над грехом, чем над другими). Последователи Иисуса должны идти по Его следам – страдание ведет к славе, крест идет перед венцом.

Ссылок Павла, может, и немного, но нет оправдания за отказ от них. Он упоминает Вечерю Господню только в одном письме и только из-за злоупотребления ею – и, все же, его учение по этому вопросу воспринимается всерьез.

БОЛЕЕ ШИРОКИЙ КОНТЕКСТ

Его отступления важны, преимущественно, потому что они указывают на то, что он считает само собой разумеющимся.

Проходя Новый Завет, мы подходим к книге Деяний. Здесь встречается та же фраза: «из среды мертвых» в апостольской проповеди о воскресении Иисуса (Деян. 4:2).

Но ключевая ссылка находится вначале, самый последний вопрос, который ученики задали Иисусу перед Его возвращением на небо: «Не в сие ли время, Господи, восстановляешь Ты царство Израилю?» (Деян. 1:6). Все ученые согласны с тем, что под «царством» они имели в виду политическую независимость под управлением династии Давида. Вопрос содержит четыре «предпосылки» (предшествующие предположения):

а) У Израиля однажды было «царство».

б) Израиль утратил это «царство».

в) Израиль восстановит это «царство».

г) Иисус – Тот, Кто исполнит это.

Неопределенными остаются только сроки: теперь или позже?

Важно отметить, что Иисус не подвергает сомнению вопрос, как часто Он это делал, когда они основывались на неверных предположениях (современный пример каверзного вопроса: «Ты перестал избивать свою жену?»). Он соглашается со всеми четырьмя основными предпосылками и отвечает только на сомнения в отношении сроков: «Не ваше дело знать времена или сроки, которые Отец положил в Своей власти» (Деян. 1:7). Другими словами, это событие произойдет. Оно уже отмечено в Божьем календаре. Но сроки не должны их беспокоить. Есть более важное дело, которому следует уделить внимание: быть Его свидетелями до конца Земли силой Духа

Святого (Деян. 1:8). Суть ответа Иисуса станет очевидной, если представить себе другой вопрос: «Господи, Ты собираешься сейчас убить Пилата и Ирода?» Представьте последствия, если ответ останется тем же: «Не ваше дело знать времена и сроки, которые Отец положил». Как бы ученики поняли значение сказанного?

Позже встречается указание на то, что к такому убеждению апостолы пришли сами, исходя из ответа на их вопрос. Во второй своей публичной проповеди Петр говорит, что Иисус останется на небе «до *времен совершения* всего, что говорил Бог» (Деян. 3:21); выделенные курсивом слова – те же самые необычные слова в греческом, что и в Деян. 1:6. Трудно противостоять заключению, что апостолы сложили два плюс два после вознесения и поняли, что с возвращением Иисуса будет восстановлено царство Израилю, даже если они сейчас и не знают «времен и сроков, которые Отец положил» (Деян. 1:7).

Итак, Иисус разделяет их убеждение, что однажды в Израиле будет восстановлена монархия. Но когда потомок Давида снова сможет сесть на престоле в Иерусалиме? Кто он будет? Если ответом не является тысячелетнее правление Иисуса на Земле, тогда Новый Завет не дает больше никаких вариантов.

Возвращаясь к Евангелиям, особенно от Матфея и Луки, мы находим такие же подсказки, разбросанные по их страницам. В начале истории Ангел обещает Марии, что Господь Бог даст ее Сыну «престол Давида, отца Его» (Лк. 1:32). Престол будет на Земле, а не на небе, как поняла бы Мария.

Иисус был рожденным «Царем Иудейским» (Мф. 2:2) и Он умер, как «Царь Иудейский» (Лк. 23:38). Табличка с указанием преступления Иисуса, прибитая ко кресту, на котором Он был распят, послужила основанием для просьбы преступника: «Помяни меня, Господи, когда приидешь в Царствие Твое» (Лк. 23:42). Несмотря на все внешние признаки и обстоятельства, он верил, что Иисус был Мессией и однажды вернется, чтобы заявить о Своих правах на престол Израильский. Иисус сказал ему, что задолго до тех событий, даже в этот самый день они будут вместе «в раю» (Лк. 23:43; заметьте, что Иисус избегал слова «царство», используя вместо него персидское слово, обозначающее дворцовый сад, то есть, быть в привилегированном месте с царственной личностью).

Другие предвкушали грядущую монархию. Честолюбивая мать Иакова и Иоанна просила, чтобы «сии два сына мои сели у Тебя один по правую сторону, а другой – по левую в Царстве Твоем» (Мф. 20:21). Без сомнения, она видела это «царство» в земных условиях – восстановленная в Израиле монархия нуждается в премьер-министре и заместителе министра. Иисус соглашается с этими предположениями, но указывает, что Он не имеет власти делать назначения. И снова, эти вопросы решает Отец (Мф. 20:23; заметьте, что места приготовлены для людей, а не наоборот).

Иисус пообещал ученикам, что «когда сядет Сын Человеческий на престоле славы Своей, сядете и вы на двенадцати престолах судить двенадцать колен Израилевых» (Мф. 19:28). Каким-то образом мы должны начать задумываться об исполнении этого, а также о таких более общих предсказаниях, как «кроткие… наследуют Землю» (Мф. 5:5). Когда это произойдет?

Часто Иисус предлагал Земные награды за верное служение. Он предлагал «богатства» и «личное благосостояние» тем, кто честно заведовал деньгами и имуществом других людей (Лк. 16:11-12). В притчах о возвращении Иисуса верных слуг награждали большей ответственностью: руководить чем-то большим (Мф. 25:21,

23) или пятью и десятью городами (Лк. 19:17, 19). В руках христиан будут советы, а также – суды (1 Кор. 6:2).

На то, что Сам Иисус верил в два воскресения, разделенных во времени, указывает использование Им общего понятия: «воскресение праведных» (Лк. 14:14) и подтверждение им моральных качеств первых: «сподобившиеся достигнуть того века и воскресения из мертвых» (Лк. 20:35).

До сих пор мы только бегло просматривали страницы Нового Завета. Но ожидание будущего апостолами берет свое начало в пророчествах Ветхого Завета, к которым мы сейчас обратимся.

В них, конечно, содержится много обещаний, что Земля изменится во время правления Самого Бога, времени уникального мира и благополучия, когда народы смогут спокойно проводить многостороннее разоружение. Гармония будет сочетаться с долголетием людей. Видениями Земли, преобразованной в свое первоначальное состояние, наполнены книги пророков, особенно книга пророка Исаии.

Однако в еврейской надежде присутствуют два неоднозначных момента. Первый, осуществит ли его посланник Бога (Сам Бог), или человек (Мессия)? Второй, произойдет ли это на старой Земле, или требуется создание новой? Это двойное противоречие не решено внутри канона еврейских Писаний, но со времен Иисуса программу можно найти в других писаниях (в среднезаветной литературе, известной сегодня, как «апокрифы» и «псевдоэпиграфы»). Ожидается, что Мессианский век будет происходить на старой Земле (его приблизительная продолжительность варьируется от сорока до тысячи лет) *до того*, как Бог создаст новую Землю (Ис. 65:17). Данная схема потрясающе совпадает со схемой 20 главы Откровения.

БОЛЕЕ ШИРОКИЙ КОНТЕКСТ

Есть одна книга, которая ясно предсказывает время, когда Божий народ будет управлять этим миром. Важно, что она принадлежит к тому же «апокалиптическому» жанру литературы, что и Откровение, а именно, вторая половина книги Даниила. Обе книги имеют много общего и друг друга разъясняют.

В частности, седьмая глава достаточно четко говорит о будущем царствовании Божьего народа на этой Земле, особенно в стихах 13-22. Этот раздел начинается словами: «с облаками небесными шел как бы Сын человеческий» (стих 13), процитированными Самим Иисусом (Мк. 14:62), которые ясно указывают на Его Второе пришествие. За ними следует фраза: «Ему дана власть, слава и царство, чтобы все народы, племена и языки служили Ему» (стих 14). Далее следуют три утверждения, что Он разделит Свою власть со Своим народом: «примут царство святые Всевышнего» (стих 18); «пришел Ветхий днями, и суд дан был святым Всевышнего, и наступило время, чтобы царством овладели святые» (стих 22); «царство же и власть и величие царственное *во всей поднебесной* дано будет народу святых Всевышнего» (стих 27). Смещенные таким образом царства конкретно определены, как «восставшие от *Земли*» (стих 17).

Практически невозможно не заметить связи между Даниилом и Откровением. Параллелей слишком много, чтобы быть совпадением, и они распространяются даже на такие детали, как цвет волос (Дан. 7:9 и Откр. 1:14). Всеобъемлющая картина Ветхого днями, Сына человеческого и святых, принявших управление царствами на Земле в книге Даниила, без сомнения, относится к Миллениуму в Откровении.

Суммируя эту часть нашего изучения, кажется, будет правильным сказать, что здесь присутствует весомое доказательство того, что другие писания подтверждают идею тысячелетнего царства на Земле. Но как быть с теми текстами, которые, похоже, противоречат такой точке зрения?

ПРИСУТСТВИЕ ПРОТИВОРЕЧИЯ

Существует утверждение, что некоторые тексты, на самом деле, исключают возможность того, что Иисус когда-либо будет возглавлять земное царство.

Часто цитируют Его заявление, сделанное на судебном разбирательстве у Понтия Пилата: «Царство Мое не от мира сего» (Ин. 18:36). Маленькое слово «от» придает много разных значений – не в этом мире, не такое, как этот мир, не для этого мира и т.д. Однако утверждение, скорее относится к началу и источнику Его царства, чем к его природе и местоположению. К тому же, Он продолжил: «Царство Мое не *отсюда*». Но здесь есть практический аспект, а именно: власть, которой оно установлено и защищалось, не будет военной. В 19 и 20 главах Откровения важным является то, что, когда армии соберутся на Среднем Востоке, чтобы атаковать и уничтожить Божий народ, последние не будут вооружены для своей защиты; Слово Божье и Божий огонь одержат победу в обоих случаях.

Основное утверждение о противоречии Миллениума основывается на текстах, говорящих о *синхронности* событий, которые могут быть разделены вставкой Миллениума, занимающей большой промежуток времени.

Например, есть стихи, которые, кажется, говорят об «общем» воскресении всего человечества одновременно праведных и нечестивых. На память приходят слова Иисуса: «Наступает время, и настало уже, когда мертвые услышат глас Сына Божия и, услышавши, оживут. И изыдут творившие добро в воскресение жизни, а делавшие зло в воскресение осуждения» (Ин. 5:29; но заметьте, что в 25 стихе упоминается более раннее выборочное воскресение, которое предвосхищает второе).

Есть также стихи, которые предполагают, что второе пришествие и Последний Суд наступают вместе: «*Когда* же приидет Сын Человеческий во славе Своей и все святые Ангелы с Ним… и отделит одних от других» (Мф. 25:31-32); «А вам, оскорбляемым, отрадою вместе с нами, в явление Господа Иисуса с неба, с Ангелами силы Его» (2 Фес. 1:7).

Также есть отрывки, которые предполагают, что исчезновение старого неба и Земли и творение нового неба и Земли следуют сразу за Его приходом (2 Петра 3:3-10). В самом деле, исследователи второго века широко использовали 8 стих, как подтверждение Миллениума, потому что упоминание «тысячи лет» появляется *между* обсуждением Его прихода и провозглашением нового творения (см. стр. 342)! Подобное толкование сегодня звучит немного странно, поскольку этот стих является основным утверждением, которое можно применить к любому периоду в истории, но его широкое использование подобным образом свидетельствует о раннем убеждении в тысячелетнем правлении Христа после Его возвращения.

Все эти случаи предоставляют нам пример общей структуры пророчества – объединение отдельных событий будущего в одно предсказание. Такое явление часто сравнивают с рассматриванием гор в телескоп, когда четко видны отдельные вершины. Основные примеры в Ветхом Завете указывают только на одно пришествие Христа, в то время как более позднее откровение показывает, что будут два пришествия, разделенные большим промежутком времени. Особый случай представлен в Исаии (65:17-25), где в одном видении совмещены

Миллениум на старой Земле и вечность на новой; люди будут умирать в намного более преклонном возрасте на старой Земле и совсем не будут – на новой.

Есть подобные примеры и в предсказаниях Иисуса. Простым примером является совмещение Иисусом промежуточного состояния преисподней с окончательным состоянием ада в притче о богаче и Лазаре (Лк. 16:19-26). Более сложный случай – совмещение Иисусом в одной речи падения Иерусалима в 70 году после РХ с бедствиями, предшествующими Его возвращению так, что достаточно сложно понять, что Он имеет в виду (Мф. 24; Мк. 13; Лк. 21).

Когда бы Иисус ни упоминал будущее, Ему не нужно было представлять все детали. Это вызвало бы ненужное повторение и беспорядок. В каждом случае Он выбирал самые подходящие аспекты, если необходимо, совмещая отдельные детали в одно утверждение.

То же самое можно сказать о словосочетании «день Господень». Оно использовалось в отношении Второго пришествия и Последнего Суда, но настаивать на том, что оба события происходят в течение двадцати четырех часов, значит упускать разнообразие значений слова «день», которое можно отнести и к эпохе (как во фразе «прошел день коня и телеги»). В Библии «день Господень» противопоставляется эре, когда греху и сатане было позволено управлять миром. Это день, когда Господь непосредственно вмешается в мировые события, чтобы привести в исполнение Свои замыслы. «Продолжительность» этого «дня» не играет никакой роли.

ГЛАВА СЕМНАДЦАТАЯ

Философская проблема

Интеллектуальные трудности не позволяют некоторым принять идею будущего, земного Миллениума. Они просто не могут понять, как такое положение дел можно привести в порядок и поддерживать. Проблемой может стать просто недостаток воображения, которое не может представить такое радикальное изменение в нашем социальном и природном окружении.

Другим сложно объединить все вместе. Наиболее распространенная загадка заключается в том, как воскресшие святые с новыми телами смогут жить рядом со смертными, которые все еще находятся в их «первой» форме существования, упуская тот факт, что такая же ситуация уже имела место между воскресением Иисуса и вознесением. Он сидел и разговаривал со Своими учениками, ел с ними, даже готовил для них завтрак.

Но смертные все еще будут иметь сексуальные желания и действия, в то время как воскресшие святые «ни женятся, ни замуж не выходят» (Лк. 20:35). Как они будут себя чувствовать? Будут ли они подвергаться искушениям?

Есть также несколько вопросов о местоположении и взаимодействии. Если Иисус царствует в теле, Он может быть только в одном месте в одно время. Будет ли Он оставаться в Иерусалиме, или будет путешествовать? Или как можно сказать о Его помощниках, находящихся в разных местах и управляющих разными регионами, что они «всегда с Господом будут» после Его Второго пришествия (1 Фес. 4:17)?

Очень легко составить огромный список таких сложных вопросов. Но маловероятно, что мы получим какие-то ответы заблаговременно. Фактом является то, что Библия не занимается подобными делами. Одна из наиболее поразительных особенностей 20 главы Откровения – абсолютное молчание об условиях на протяжении «тысячи лет». Очевидно, что это не поможет нам узнать больше, чем уже знаем. В самом деле, подобные гипотетические размышления могут подвергнуть нас опасности отвлечься от важной задачи прожить настоящую решающую фазу нашего существования.

Нам также нужно помнить, что сложно, а может быть, даже очень сложно представить, на что будет похожа бесконечная жизнь на новой Земле. Нам действительно сложно было бы представить жизнь в этом мире, если бы нам сказали о нем еще до нашего рождения. Даже нашим предкам было практически невозможно представить людей, которые ездят на машинах и играют в гольф на Луне, пользуются телевидением и компьютерами и изучают гены. Важным пунктом является то, что наше понимание ограничено нашим настоящим знанием и опытом, и очень глупо говорить, что что-то невозможно только потому, что мы не понимаем, как это может работать.

Однако нам нужно определить причины, почему нам сложно чему-то поверить. За всеми практическими вопросами, которые уже задавались, скрывается основное умственное блокирование, которое имеет дело с греческим влиянием на западную философию.

ФИЛОСОФСКАЯ ПРОБЛЕМА

Миллениум является, по существу, еврейским понятием и поэтому чужд греческому мышлению. Связанная с надеждой на телесное воскресение, что является смешным само по себе для тех, кто верит в бессмертную душу, которая нуждается в освобождении от ее физической тюрьмы (ср. с Деян. 17:32), вся идея о будущем существовании в этом материальном мире является оскорбительной.

Греки никогда не могли представить, чтобы духовная и физическая реальности нормально взаимодействовали. В отличие от евреев, чья доктрина творения уберегла их от выделения двух сфер, греческие мыслители четко разделяли вечное и временное, духовное и мирское, небо и землю, душу и тело. Платон сосредотачивался на первых, а Аристотель – на последних, никогда не «совмещая их вместе».

Это привело к неоднозначному отношению к «плоти», либо чрезмерно потакая ей, либо подавляя ее. «Зло» неизбежно стало ассоциироваться и даже отождествляться с физическим аспектом существования. Поэтому «спасение» воспринималось, как освобождение «души» от тела и его окружения посредством либо дисциплины, либо смерти.

Ничего не может находиться дальше от библейской истины, которая утверждает, что физическая Вселенная, в основном, «хорошая» (Быт. 1), только испорченная моральным загрязнением. Физические желания, включая секс, были заложены Богом для наслаждения. Тело может быть святым храмом, местожительством Духа Божьего. Его вечное намерение включает бессмертные тела в обновленной Вселенной.

Даже во дни Нового Завета происходила битва между этими абсолютно разными философиями (см. 1 Тим. 4:1-5 в качестве всего лишь одного примера). Коварное влияние такого «гностицизма» (утверждение о высшем знании реальности, противоположное «агностицизму») стало основной угрозой иудео-христианской веры во втором столетии. Верующие находились в опасности стать «супердуховными».

Печальный факт заключается в том, что греческая философия взяла верх над основной частью христианской Церкви и окрасила, или, точнее, обесцветила богословие вплоть до наших дней. Большинство западных церквей читает Писание сквозь греческую призму (важно понимать, что хотя Новый Завет, в общем, написан на койне, греческом языке того времени, все авторы, за исключением одного, и все мировоззрения были еврейскими).

Такая беда случилась в Северной Африке. Александрия, на египетском побережье, славилась самым престижным университетом в древнем мире после Афин. Находясь вне Греции, ее уникальным вкладом стало применение греческой философии к другим культурам. Здесь семьдесят ученых перевели Ветхий Завет на греческий язык (отсюда его название, «Септуагинта» или коротко «LXX»). Но с языком может прийти идея и еврейские ученые стали «мыслить по-гречески», самым известным был Филон.

Намного позже тот же, едва различимый процесс оказал влияние на христианских богословов в этом университете, самые известные Климент и Ориген. Последний разработал абсолютно новый метод трактовки Писания: *аллегорический*. Он учил своих студентов смотреть за пределы буквальных утверждений в Библии и находить «духовное» значение и послание. Это стало серьезным шагом в сторону от «простого смысла» и существует до настоящего времени («Вы все еще воспринимаете Библию буквально?»). Его современная форма рассматривает Писание скорее как источник «ценностей», чем фактов.

ФИЛОСОФСКАЯ ПРОБЛЕМА

Этот «одухотворяющий» метод еще больше развил священник в Хиппо (теперь в Тунисе), которого звали Августин. Его беспорядочная молодость оставила его с яркими воспоминаниями «физического» и «злого»; позже он всегда рассматривал любую сексуальную деятельность, как то, что несет моральную угрозу, даже в браке. Возможно, это объясняет, почему он всецело поддерживал предложенное Филоном разделение «духовного» и материального, которое он детально изучил во время своего «классического» обучения. Но для Церкви оказалось бедствием, когда он изменил в своем труде христианскую доктрину. Больше, чем кто-либо другой, он повлиял на дальнейшее мировоззрение как католиков, так и протестантов. Не будет преувеличением сказать, что Августин преуспел в изменении церковного мировоззрения с еврейского на греческое.

Хотя этот метод повлиял на большое количество основных доктрин, нас интересует его влияние на миллениализм. Как мы увидим, единственной точкой зрения, о которой мы имеем хоть какие-то записи у отцов Церкви (как называли ученых первых нескольких столетий) является уже изложенное «пре-миллениумное» толкование 20 главы Откровения: возвращение Иисуса в теле приведет к Его царствованию на Земле в течение тысячи лет перед Днем Суда. Нет никаких следов какого бы то ни было обсуждения или разногласия вплоть до времени Августина.

Но он изменил все. Есть доказательство, что в свои ранние годы служения Августин верил и учил тому, чего, по всей видимости, повсеместно и без сомнения придерживалась до того времени «ортодоксальная» пре-миллениумная позиция. Но такое понимание несовместимо с платоновской философией. Оно слишком физическое, чтобы быть духовным, слишком земное для

«Царства Небесного». Нужно было сделать радикальные поправки – в частности, две.

Первая разбивала последовательность в Откровении, разделяя 20 главу с 19 так, чтобы изменился порядок, и отрывок о Миллениуме стал скорее «повторением» событий, предшествующих Второму пришествию, чем следовал им. Говорили, что это – описание «века Церкви» (который на то время длился всего лишь пятьсот лет; сейчас, пятнадцать веков спустя, цифра «тысяча» должна рассматриваться как «символ» уже, по крайней мере, две тысячи лет!).

Это изменение посеяло семена «пост-миллениумной» точки зрения – убеждение в том, что Иисус вернется *после* (т.е. «пост») Миллениума. Но оно вызвало другой вопрос: после какого Миллениума? Даже во дни Августина, после обращения императора Константина и признания христианства единственной государственной религией было в какой-то мере сложно представить мир под абсолютным контролем Христа. Тем более, доказательство едва указывало на то, что сатана больше на ней не работает. Итак, было сделано еще одно значительное изменение в толковании.

Вторая поправка представляла Миллениум «духовным» царством. Христос скорее правит на небе, чем на Земле, хотя это правление проявляется на Земле везде, где проповедуется Евангелие и основывается Церковь. Только в этой сфере («городе Бога», как назвал ее Августин) сатана будет схвачен и изгнан.

Это изменение посеяло семена «а-миллениумной» точки зрения: Христос никогда не будет править на Земле в «земном» смысле («престол Давида»). Приставка «а-» на самом деле значит «не-» (как в «а-теист»), но широко распространено нежелание использовать термин «не-миллениумный» для описания этой позиции, поскольку кажется, что она, похоже, предполагает отрицание 20 главы Откровения. Внимательный читатель, вероятно, уже понял, что большая часть «а-миллениализма» на самом деле, является «духовной» формой «пост-миллениализма», и мы будем рассматривать ее, как таковую.

Августин оказал настолько большое влияние, что пред-миллениализм первых нескольких веков на самом деле был признан ересью Советом Ефеса в 431 году после РХ! С тех пор он ставился под сомнение и католиками, и протестантами, хотя за последние два столетия интерес к нему возрос, причем, не в последнюю очередь потому, что возродилось стремление к возвращению Господа, стимулируемое ухудшением состояния мира, которого почти никто не отрицает.

Этот исторический/философский фон является необходимым вступлением для рассмотрения серии позиций в сегодняшнем мире. Три основных позиции были утверждены к шестому веку. «Пред-миллениумная» Ранняя Церковь стала «пост-миллениумной» или «а-миллениумной» поздней Церковью из-за внесения Августином платоновской философии.

Но время не стоит на месте. Тем более, не стоит и мысль. Во всех трех позициях происходили изменения:

Некоторые пост-миллениалисты вернулись к понятию о земном политическом царствовании Христа через Церковь, которая возглавит мировое правительство на продолжительный период времени *перед* Его возвращением. Поэтому нам нужно различать «духовный» и «политический» пост-миллениализм.

Пред-миллениализм снова проявился в начале девятнадцатого века, но в новом виде. Он был частью новой богословской структуры, которая разделяла мировую историю на семь отдельных эпох. Они назывались «диспенсациями», в каждой из которых Бог работал с человечеством на совершенно разном основании или «завете». Последняя «диспенсация» будет восстановленным «царством» Израиля под управлением Христа в Иерусалиме в то время, как христиане будут оставаться на небе. Поэтому мы должны различать «диспенциальный» пред-миллениализм последнего времени и его «классическую» форму, существовавшую в Ранней Церкви.

Истинный «а-миллениализм» в свойственном ему смысле «не-миллениализма» является результатом широко распространенного в двадцатом веке «либерализма». Он либо отрицает всю идею христианского Миллениума, как абсурдность, полностью упуская 20 главу Откровения, или рассматривает главу, как «миф», неисторическую легенду, содержащую суть, а не предвидение. («Тысяча лет» является просто частью «поэтической» структуры, как «шесть дней» в «мифе» о творении, и не относится ни к одному конкретному периоду времени). Мы отнесем их к «скептической» и «мифической» формам «а-миллениализма».

Несмотря на то, что внутри них есть несколько менее значительных разновидностей, данная классификация, состоящая из шести пунктов, – лучшее из того, с чем мы можем подойти к современному восприятию и обсуждению. Читатель, который уже разобрался в сути некоторых мнений, может определить свою позицию, ответив на исключающие вопросы, приведенные ниже.

1. Верите ли вы, что фраза «тысяча лет» в 20 главе Откровения указывает на конкретный период в земной истории?

НЕТ: вы – А-МИЛЛЕНИАЛИСТ; перейдите ко 2 пункту.
ДА: перейдите к пункту 3.

ФИЛОСОФСКАЯ ПРОБЛЕМА

2. Имеет ли этот отрывок какое-либо значение для нас сегодня?

НЕТ: вы – СКЕПТИЧЕСКИЙ А-МИЛЛЕНИАЛИСТ.

ДА: вы – МИФИЧЕСКИЙ А-МИЛЛЕНИАЛИСТ.

3. Иисус вернется после или до тысячелетнего периода?

ПОСЛЕ: вы – ПОСТ-МИЛЛЕНИАЛИСТ; перейдите к пункту 4.

ДО: вы – ПРЕД-МИЛЛЕНИАЛИСТ; перейдите к пункту 5.

4. «Тысяча лет» символически распространяется на всю историю Церкви от первого до Второго пришествия, или они, буквально, являются заключительной частью?

ВСЯ: вы – ДУХОВНЫЙ ПОСТ-МИЛЛЕНИАЛИСТ.

ЧАСТЬ: вы – ПОЛИТИЧЕСКИЙ ПОСТ-МИЛЛЕНИАЛИСТ.

5. «Тысячелетний» период по характеру будет христианским или еврейским?

ХРИСТИАНСКИМ: вы – КЛАССИЧЕСКИЙ ПРЕД-МИЛЛЕНИАЛИСТ.

ЕВРЕЙСКИМ: вы – ДИСПЕНЦИАЛЬНЫЙ ПРЕД-МИЛЛЕНИАЛИСТ.

Теперь вы знаете! Или нет? Если вы все еще сомневаетесь, читайте далее.

Будем надеяться, что все станет понятнее, когда мы детально рассмотрим каждую из шести позиций. На каждую мы будем смотреть с трех перспектив: исторической (как, когда и почему она развивалась), экзегетической (как рассматривалась 20 глава Откровния) и практической (ее применение для благовестия и в социальной сфере).

Конечно, фактически невозможно быть абсолютно объективным, особенно в последней области, которая основана скорее на обзоре, чем на статистике. И проницательный читатель уже догадался о позиции автора («классический пред-миллениализм», на случай, если вы не догадались!). Это изучение завершится личным утверждением причин для такого убеждения.

Все же, будет сделана искренняя попытка для представления разных точек зрения. Все они вызывают определенные трудности, но некоторые больше, чем другие! И это – не позиция, принятая большинством голосов, потому что она сильно варьировалась, в зависимости от времени и места.

Для «евангельских» читателей самым важным должен быть один вопрос: как «верно преподавать слово истины» (2 Тим. 2:15)?

ГЛАВА ВОСЕМНАДЦАТАЯ

Разные взгляды

1. «СКЕПТИЧЕСКИЙ» А-МИЛЛЕНИАЛИЗМ

Этот взгляд может возникнуть только у того, кто больше не верит в богодухновенность и авторитет Писания; у тех, кто говорит, что Библия может «содержать» Слово Божье, но не является таковым полностью. Это – смесь Божьего откровения и человеческих фантазий. Необходима способность отличать пшеницу от шелухи. Критерии для подобного упражнения отличаются от человека к человеку и поэтому крайне субъективные. Все это было названо: «чтение Библии с ножницами в руках»!

20 глава Откровения обычно игнорируется вместе с большинством других книг и других «апокалиптических» мест Писания, часто с определённой долей удовлетворённости.

В основе этого всеобъемлющего отвержения лежит рационалистический скептицизм, родившийся в эпоху Просвещения, который заразил богословские и библейские исследования в Германии к концу девятнадцатого века. Это движение было названо «Высший критицизм» Библии (как противоположность «Низшего критицизма», который просто стремился реконструировать текст оригинала). Общим предположением этого мнения является то, что сверхъестественное (если оно вообще существует) не может влиять на естественное (снова дуализм Платона!). Поэтому чудеса исключены, разве что можно привести какое-то «естественное» объяснение; то же касается и пророчеств, говорящих о будущем. Так как Откровение, в основном, говорит о будущем, то его ставят под сомнение и фактически вычеркивают из Библии. Поэтому мы не способны критиковать экзегетику этой точки зрения! Однако нужно заметить, что некоторые евангельские христиане, абсолютно не соглашаясь с принципами этого подхода, в то же время согласны с его практикой! Осознанно или неосознанно, они пренебрегают «апокалиптическими» писаниями в общем и игнорируют вопрос тысячелетнего царства в частности. Они не считают важным вникать в значение 20 главы Откровения, считая, что споры, связанные с этим бесполезным академическим упражнением, не имеют практической и духовной ценности.

Это, конечно же, ведет к осуждению Ранней Церкви за ошибку, когда Откровение было включено в «канон» (=правило измерения) Писания. Невероятно, все основные протестантские реформаторы (Лютер, Кальвин, Цвингли) были того же мнения!

Результаты такого пренебрежения отличаются от того, насколько серьезно воспринимаются другие места Писания. Наследники Реформации еще придерживаются других основных особенностей последнего времени: возвращение Христа, День Суда, ад и рай. Но меньше интереса к Земле как существующей, так и «новой».

В виду отсутствия реальной встречи между Царством Небесным и царством земным в тысячелетнем царстве, евангельские христиане концентрируют свое внимание на Царстве Небесном и новом мире, в то время как либералы концентрируют внимание на царстве Земном и этом мире. Таким образом, возникло понятие «социальное Евангелие», которое истолковывало «царство» в смысле улучшения политических и культурных условий здесь и сейчас; которое будет установлено с помощью революции людей, а не Божьим вмешательством. Это понимание несет в себе достаточно высокую мотивацию быть вовлеченным в служении обществу.

Но результат заключается в том, что между христианской надеждой на будущее и надеждой гуманистов оказывается очень незначительное различие. Второе пришествие Христа имеет тенденцию к смещению от центра к периферии ожидания. Оно может быть пунктом кредо, но при этом прекратить быть «блаженным упованием» (Тит. 2:13) на возвращение единственного человека, способного привести этот мир к порядку.

Итак, здесь большое ударение делается на любовь, немного на веру и совсем чуть-чуть на надежду. Читатели сразу распознают это в проповеди и на практике.

2. «МИФИЧЕСКИЙ» А-МИЛЛЕНИАЛИЗМ

Он воспринимает 20 главу Откровения более серьезно, рассматривая ее, как Писание, которое несет в себе послание. И в то же время ее простой, понятный смысл предсказания будущих событий отвергается, воспринимая его скорее как выдумку, чем факт.

Важно понимать значение слова «миф», когда оно применяется к Писанию. Оно не значит «ложный», хотя его частая ассоциация с «легендой» может создать такое впечатление. Слово означает *вид* истины, которую можно найти в нем. «История» может не говорить о буквальных событиях, которые произошли или произойдут, но все же может содержать моральные или духовные «истины», которые относятся к реальности. Они варьируются от басней Эзопа до притч Иисуса.

Одной характеристикой подобных мифов является то, что не все их детали важны в качестве истины. Некоторые могут быть просто частью литературного оформления, «поэтическим образом» писателя, чтобы привлечь и удержать интерес. В этом заключается сущность мифа, который содержит в себе послание. Деталям может и не придаваться большого значения. Они не являются абсолютными аллегориями, в которых все служит для чего-то.

Первыми отрывками в Писании, которые воспринимались, как «миф», были первые главы Бытия. Так было частично потому, что «Высший критицизм» не мог согласиться с возможностью «обратного» пророчества (Божественное откровение о неизвестном прошлом) так же, как и с «дальнейшим» (пророчество о неизвестном будущем). Но он, преимущественно, обращался к научным исследованиям, которые противоречили Библии. Земле понадобилось скорее четыре миллиарда с четвертью лет, чтобы достигнуть ее настоящего состояния, чем шести дней (небольшое противоречие!). Отсутствующие ребра, волшебные деревья и разговаривающие змеи рассматривались, как элементы сказки. И все же, «мифы» содержали важные «истины». Трудные детали были просто литературным оформлением.

Однажды возникнув, это решение конфликта между наукой и Писанием оказалось скользким путем. Проблема заключалась в следующем: где заканчивается миф и начинается история (то есть, фактическое событие)? Вскоре начали сомневаться в реальности патриархов Авраама, Исаака и Иакова; потом в Моисее и исходе. Но «истории» все еще имели ценность – под «ценностями» понимались идеалы и стандарты, которые руководят нашей жизнью.

Новый Завет неминуемо подвергся такому же исследованию. Притчи всегда рассматривались, как истории, которые несут в себе послание. Но теперь события, которые считались историческими и принимались раньше, как таковые, стали подвергаться обсуждению. Чудеса Иисуса стали «притчами в действии», и, вследствие этого, просто притчами. «История» о непорочном рождении была просто представлением уникальных отношений Иисуса с Его небесным «Отцом» (кто тогда был Его земным отцом и был ли Он результатом прелюбодеяния?). Немецкий ученый Рудольф Балтман довел все до крайности, применив это к самому сердцу христианской веры – телесное воскресение Иисуса – теперь воспринимавшееся, как апостольская легенда, хранящая истину о том, что влияние Иисуса пережило Его смерть.

Конечно, книга Откровение казалась готовой к такому «демифологизированному» подходу. Крайне символичная и полная описательных образов, она была легкой добычей создателей мифов. Она скорее содержит проникновение в суть настоящего, чем взгляд в будущее, скорее экзистенциальную истину, чем историческую. Такой подход стал известен, как «идеалистическая» школа толкования (см. стр. 139).

Мифическая истина вечна и своевременна; она применима везде и всегда. Она не относится к течению времени, ходу истории, порядку событий. Фактическое извлечение временных ссылок из Откровения имеет серьезные последствия для толкования и применения его послания, причем, не в последнюю очередь для 20 главы.

Миллениум не является конкретным периодом времени; «тысяча лет» означает любой период времени или все время. Истина, которая содержится в ней, говорит о том, что Христос вместе с христианами способны захватить территорию сатаны (учитывая то, что сам диавол не является мифом, а простым олицетворением зла!).

Вне сомнений, это – истина, и она, соответствуя цели Откровения, служит большим ободрением для верующих, которые находятся под давлением. Но вся ли истина в этом отрывке? Ограничить его послание просто до одной темы, значит игнорировать много характерных деталей – например, «первое» и «другое» воскресения, освобождение сатаны. Более того, этот подход игнорирует последовательность событий в серии видений, где это событие является только частью.

Итак, пока это толкование в одном смысле «истинно», ему очень сложно дать соответствующее объяснение. Оно исключает любое реальное основание для веры в то, что Иисус будет однажды править этим миром после того, как сатана исчезнет с нее. В богословском смысле, «эсхатологический» аспект Евангелия (то, что *непременно* произойдет в конце) преобразовался в «экзистенциальный» метод (что *вероятно* может произойти в настоящем).

«Мифический» предпочтительнее «скептическому» а-миллениализму, потому что что-то делает с Откровением, хотя и немного. «Духовный» пост-миллениализм, к которому мы сейчас переходим, делает даже больше. Эти две позиции не всегда легко различить, потому что различия скорее связаны со степенью, чем с видом. Отсюда всеобщее замешательство в отношении понятия «а-миллениум». Это понятие должно быть ограничено до идеи, что «тысяча лет» не имеет отношения ни к какому определенному периоду времени, в то время, как «пост-миллениум» применяет это понятие к периоду Церкви между первым и вторым пришествиями Христа, либо в целом («духовно»), либо частично («политически»).

3. «ДУХОВНЫЙ» ПОСТ-МИЛЛЕНИАЛИЗМ

Как мы уже видели, это – вторая наиболее давняя точка зрения, возникшая в четвертом и пятом веках, преимущественно в результате учения Августина.

Частично, это была реакция на несколько неблагоразумную более раннюю проповедь о физических характеристиках тысячелетнего царства, которая вышла за рамки Писания и граничила с чувственностью. Августин сказал, что его убедили отказаться от пред-миллениумной точки зрения отцов Церкви, потому что некоторые из них исказили доктрину плотскими представлениями.

Однако эта позиция была обусловлена его принятием платоновского «дуализма», которое проводило различие между духовным и физическим, но не настолько ясно между физическим и злом («плотской» распространяется на оба понятия). Согласно этому мнению, традиционное представление о Миллениуме казалось слишком «земным» (позже христиане будут использовать слово «мирское»).

Итак, Миллениум был перенесен из будущего в настоящее (Второе пришествие было скорее «пост»= «после», чем «пред»= «перед» ним) и лишен своего физического и политического контекста. Он был «одухотворенным», со Христом, Который правит на небе, а на Земле только посредством Своего тела Церкви.

20 глава Откровения воспринимается более серьезно, чем истинным «а-миллениумным» толкованием. Каждому элементу дается объяснение. Но основным новшеством является рассматривание этой главы, как повторения событий, происходивших вплоть до 19 главы, этим разрывая последовательность видений. Этот радикальный шаг толкуется по-разному.

«Тысяча лет» сначала рассматривалась достаточно буквально, как продолжительность периода Церкви, но теперь, спустя две тысячи лет, это понятие должно восприниматься, как «символический» показатель продолжительного периода, поскольку считается, что Миллениум распространяется на весь период между двумя пришествиями.

Поскольку очевидно, что сатана все еще оказывает существенное влияние в мире, его исчезновение свелось к «связыванию», которое только сокращает его «заключение», чтобы помешать распространению Евангелия. Ангел, который связал его, был Христос (Мф.12:29).

Мученики царствуют со Христом на небе; царствование начинается в момент смерти, когда они ушли, чтобы быть с Господом. Первое воскресение теперь нельзя расценивать, как физическое событие, оно должно относиться к возрождению, этому изменяющему событию, в котором мы «воскресли» со Христом (Еф. 2:6). Поэтому оно – не общее, а отдельное событие для каждого человека.

«Оживление» «прочих» – общее и физическое событие, «общее» воскресение праведных и нечестивых во время Второго пришествия для Дня Суда. Это, конечно, значит, что все те, кто пережил «первое» воскресение (т.е. обращение), также будут включены во второе воскресение. Они «оживут» дважды. Нет смысла в «прочих», поскольку это воскресение теперь включает всех!

«Освобождение» сатаны для последнего нападения произойдет сразу перед Вторым пришествием и относится к Армагеддонской битве. Таким образом, Откровение 19:19-21 и 20:7-10 являются параллельными описаниями одного конфликта, разрушающей силой является и слово Христа (19:15), и огонь с неба (20:9).

Судить читателю, является ли это *экзегетикой* (извлечение из текста того, что уже есть в нем) или предполагающей айзегетикой (привнесение в текст того, чего в нем не было). Проще говоря, истолковывался ли текст в соответствии с приготовленной заранее схемой? Был ли он «подогнан» под предопределенную модель?

Очевидно, что некоторое количество утверждений (например, «первое воскресение») воспринимаются скорее метафорически, чем буквально, отсюда и кажущееся сходство с «мифизмом» а-миллениализма. Еще более поразительным оказывается произвольная смена с метафорического на буквальное с одной и той же фразой в одном и том же контексте («ожить»).

Тем не менее, такое толкование было наиболее применимым в Церкви на протяжении столетий. Какое влияние оно оказало на христианскую надежду?

Ответ: пессимизм в отношении этого мира и оптимизм в отношении будущего мира. Ожидалось, что мир останется таким же. С увеличением населения и царство Бога, и царство сатаны будут увеличиваться. Пшеница и плевелы будут «расти вместе» до времени жатвы (Мф. 13:30). На самом деле, ситуация ухудшится только перед самым концом, когда будет «освобожден» сеятель плевел.

Надежды всего мира, которые реализовались во время правления Бога, будут отложены до появления «новой земли» сразу после Второго пришествия, когда настанет День Суда. Потом, и только потом царство поистине и в полной мере наступит «на земле, как на небе» (хотя заметен недостаток ударения на «новую Землю» среди защитников этой позиции).

Оказывается, что вся схема предлагает удовлетворительное объяснение настоящего состояния мира в сочетании с побуждающим ожиданием будущего. Последнее обеспечивает достаточно сильную мотивацию для благовестия, но вера в то, что этот мир едва ли улучшится, имеет тенденцию к препятствованию общественной деятельности. Лежащий в основе дуализм Платона стремится делать ударение более на «спасении душ», чем тел на личностном уровне (в соответствии с этим, Августин учил о прекращении чудес исцеления после «апостольского» века; его принудили изменить мнение в конце его служения, когда то же начало происходит в собственной Церкви Августина!).

По иронии судьбы, намного более оптимистичная версия пост-миллениализма также утверждает, что Августин является ее отцом. В его мнении присутствовала неопределенность в отношении этого мира, колеблясь между пессимизмом и оптимизмом по поводу влияния Церкви на этот мир. Теперь мы посмотрим на более обнадеживающую версию.

4. «ПОЛИТИЧЕСКИЙ» ПОСТ-МИЛЛЕНИАЛИЗМ

Во времена Августина произошло два политических события, которые сильно повлияли на христианские размышления о будущем. С одной стороны, Римская империя стала «христианской». «Обращение» Константина (в битве у Милвийского моста к северу от Рима, когда он увидел образ Христа на небе и услышал голос, говорящий: «С этим знамением побеждай»), привело к «учреждению» христианства, как имперской религии, и позже – к подавлению других религий (включая иудаизм). Церковь покорила мир, хотя думающие люди размышляли над тем, не было ли все это наоборот, наблюдая, как мир входит в Церковь различными способами! Это было рождение «христианской страны», позже это стало известным, как земное «Царство Христово» – управляемое через его замещающий народ и впоследствии через его «заместителя» – папу, или папу для его народа.

Завоевание Рима во имя Христа, казалось, стало предвестником для «обращения» всего мира.

С другой стороны, сама империя была подвержена атакам на границах, особенно «варварами» с севера. Рим был разграблен и император переехал в новую столицу Константинополь. Все это не развенчало убеждения Августина в том, что Церковь сможет пережить такое политическое поражение, и что побежденные империи будут заменены «Городом Божьим». Рим может исчезнуть, но церковь Рима сможет занять его место (интересно заметить, что до сегодняшних дней римские папы используют имперский титул «великий понтифик», символ должности и даже облачения бывших императоров).

Поэтому Церковь или царство Христа восстанет, как феникс, из пламени войны, угрожая всем политическим системам. Она выживет и будет расти, несмотря на все очевидные неудачи, потому что Бог был с ней.

Настолько уверенная линия мысли Августина неизбежно вызывает вопрос: достигнет ли тогда Церковь такого уровня, когда христиане смогут принять управление всем миром? На протяжении столетий эта надежда приходила и уходила. В период великого века исследований, когда открывались новые континенты, католические священники, побуждаемые духовным империализмом, отправлялись в плавания вместе с исследователями. Много протестантских миссионерских гимнов девятнадцатого века («Иисус будет царствовать там, где солнце») раскрывали те же глобальные амбиции. Эта точка зрения была всегда популярна, пока Церковь наслаждалась волной успеха.

Это наблюдение имело свои повторения в двадцатом веке (не менее двух «мировых войн», произошедших в «христианской» Европе, стали способствующим фактором для распространения последовавшего потом атеизма). Но удивительно, что недавно наблюдалось возрождение пост-миллениумного оптимизма.

Оно было сосредоточено в Западном мире с движением «Реставрация» в Британии и с движением «Реконструкция» в Америке. Богословие «Доминион» учит, что искупленные призваны управлять Землей (Быт. 1:28 в расширенном смысле включает и людей, и животных), «уча народы» (Мф. 28:19 указывает скорее на политические государства, чем на разнообразные этнические группы). Одним словом, Церковь призвана, ей даже велено «управлять» миром и установить «политическое» Небесное Царство на Земле, таким образом претворить в жизнь Миллениум. Заметьте, что для этого нет необходимости Иисусу возвращаться, поэтому все должно произойти до Его возвращения – чтобы Ему найти Свое Царство уже готовым!

Последняя форма пост-миллениумного мышления, очевидно, несет чрезвычайно сильную мотивацию для общественной деятельности и не намного меньше для благовестия (поскольку «управлять» зависит, в некоторой степени, от пропорции христиан в населении). Мир может быть «христианизированным» и без того, чтобы каждый стал христианином. Важно то, что сила и власть должны быть в руках христиан. «Воинствующая» Церковь станет Церковью «победоносной» не только на небе, но и здесь, на Земле.

Как эта точка зрения рассматривает 20 главу Откровения (хотя это не первостепенное основание в этом случае)? Большую часть главы воспринимают так же, как и «духовные» пост-миллениалисты (смотрите предыдущий раздел), но с двумя значительными исключениями.

Первое, «тысяча лет» воспринимается достаточно буквально, как последний Миллениум периода Церкви, десять веков мира и процветания под управлением христиан. Важно отметить, что эта эра еще не началась.

Второе, тысячелетнее правление совершается полностью на Земле и в земном виде. Оно – политическое правление. Его признает все население: и верующие, и не верующие.

В двух этих аспектах эта форма пост-миллениализма находится ближе всего к пред-миллениализму Ранней Церкви. Но остается самое большое различие – оно достигается без возвращения Христа и Его телесного присутствия.

К этому сценарию есть несколько важных возражений. Во-первых, он склонен путать «Церковь» и «царство», которые не отождествляются в Новом Завете. Церковь может быть общиной, «колонией» царства, но она не может быть самим царством, которое распространяется далеко за пределы Церкви. Когда Церковь думает о себе, как о «царстве», ее руководители начинают вести себя, как цари, и строить свои собственные маленькие царства. Евангелизм замещается империализмом.

Еще более серьезно выглядит то, что наблюдается неспособность определить противоречие между «теперь» и «еще нет» «царства» в Новом Завете. Оно уже пришло и не пришло. Оно было введено в действие, но не завершилось. Половина притч Иисуса представляют Его пришествие, как последовательный процесс человеческого проникновения, и половина, – как неожиданный кризис Божественного вмешательства (притча о пшенице и плевелах соединяет в себе оба понятия; Мф. 13:24-30, 36-43). Царство может «наступить» сейчас, но оно не будет «установлено» по всей Земле, пока не вернется царь.

Этот недостаток ведет к некоторому пренебрежению Вторым пришествием, которое занимало центральное место в проповеди апостолов. Это событие упоминается свыше трехсот раз в Новом Завете, и ожидание занимает важное место и должно соответственно отражаться на поведении. Но в точке зрения, которую мы рассматриваем, пришествие практически теряет свою значимость. Очевидно, если Миллениум должен предшествовать возвращению, но еще не начался, «надежда на Его приход» находится так далеко, что не влияет глубоко на нас. Он находится в далеком и неясном будущем, тогда как предыдущие поколения ожидали его «вскоре», надеясь, что это произойдет при их жизни, что оказывало значительное влияние на их жизнь.

И наконец, есть одна серьезная трудность – похоже ли, чтобы Церковь в скором будущем управляла миром? Приблизилась ли Церковь за две тысячи лет хотя бы чуть-чуть к этой цели? Некоторые скептики могут заметить, что Церковь, кажется, не способна управлять своими собственными делами, не говоря уже о делах других!

Как бы там ни было, политический пост-миллениализм является «триумфом надежды над опытом». Могут ли такие высокие ожидания быть постоянными? Библия признает, что «надежда, долго не сбывающаяся, томит сердце» (Пр. 13:12), но мы спрашиваем, является ли надежда истиной или ложью, а не раньше ли это произойдет или позже. Обещал Бог это или нет?

Исполнится ли 20 глава Откровения до возвращения Иисуса? Если да, тогда большинство верующих услышит об этом на небе и даже увидят все происходящее оттуда (Евр.12:1), но участвовать они в этом не будут. Они никогда не испытают это сами. Оно наступит слишком поздно.

Если оно исполнится после возвращения Иисуса и «первого воскресения», все верующие будут наслаждаться жизнью в мире, находящемся под контролем христиан. Теперь мы обратим наше внимание на этот «пред-миллениумный» взгляд.

5. «КЛАССИЧЕСКИЙ» ПРЕД-МИЛЛЕНИАЛИЗМ

Эта точка зрения находится посередине, между *пессимизмом* «духовного» пост-миллениализма, который верит, что этот мир едва ли станет намного лучше, и *оптимизмом* «политического» пост-миллениализма, который верит, что этот мир «христианизируется» посредством Церкви. Он может предъявить справедливую претензию *реализму*, веря, что мир сможет восстановить свое первоначальное состояние, когда Христос вернется, а сатана будет из него изгнан.

Он воспринимает 20 главу Откровения в ее простом смысле (если подразумевается, что это является ее «буквальным» смыслом, тогда его защитники признают себя виновными). Принимается последовательность видений, где тысячелетнее правление Христа на Земле с Его святыми и, в частности, с мучениками, наступает после Второго пришествия и перед Днем Суда. Первыми воскреснут праведные в начале тысячи лет, а остальные – в конце. Большую часть этого времени сатана будет ограничен, но его освободят для окончательной развязки событий. Фактически, если спросить пред-миллениалиста, во что он верит, он может сказать: «Прочтите 19-20 главы Откровения, ни к кому не прислушиваясь»!

Вот, возможно, почему эта точка зрения была единогласной позицией Церкви первых нескольких столетий. У них просто было Писание, и они не сталкивались с огромным разнообразием толкований, среди которых нам сегодня нужно делать выбор.

«Классический» означает, что это убеждение было самым ранним и единственным в течение значительного периода времени. Отцы Церкви верили в «телесное царствование Христа именно на этой Земле» (цитата Папия, епископа Иераполя в Азии). Некоторые (например,

Иустин Философ) ассоциировали этот период с восстановлением царства Израиля, хотя не все с этим соглашались. Ссылаются на многие другие имена, как придерживающихся этой «пред-миллениальной» позиции – среди них Варнава, Ерма, Игнатий, Поликарп, Ириней, Иустин Философ, Тертуллиан, Ипполит, Мефодий, Коммодиан и Лактанций.

Есть как положительные, так и отрицательные свидетельства тех первых столетий. Не было найдено ни одного альтернативного взгляда в том большом количестве документов, которое сохранилось. Майкл Грин на цитирование Пс. 89:4 («Пред очами Твоими тысяча лет, как день вчерашний») во 2 Петра 3:8, говорит: «Этот стих, Пс. 89:4, во втором веке стал главным текстом-основанием хиазма, доктрины о том, что Христос будет царствовать тысячу лет в Парусии. Это убеждение стало почти догматом христианского православия со времени написания Откровения Иринея» (в Комментарии Тиндейла *2 Петра и Иуды*, Inter-Varsity press, 1968, с.34).

Критика доминирующего взгляда появилась только с Климентом и Оригеном (примечательно, что в «греческой» культуре Александрии). Первые возражения ассоциируются с Евсевием, Тихонием и Константином в четвертом веке, и с Августином – в пятом. Пост-миллениализм последнего был принят всей «католической» церковью, которая позже осудила ранний «хилиазм», как «ересь».

Однако он продолжал существовать. В малых группах, в которых изучали Библию для себя, на протяжении веков, когда проще всего было принять традиции Церкви, пред-миллениализм возник, например, среди павликиан, вальденсов, лоллардов и последователей Уиклифа.

Даже когда «влиятельные» реформаторы (названные так потому, что они полагались на союз константинианских церквей для проведения изменений) придерживались пост-милленианизма Августина, пред-миллениализм был вновь обнаружен радикальным левым крылом «анабаптистов». Увы, часть из них стала экстремистами и собрались в Мюнстере (Германия), чтобы установить тысячелетнее царство. Хотя на это фиаско часто ссылаются, чтобы дискредитировать хиазм, необходимо отметить, что на практике это была фанатическая форма политического пост-миллениализма!

Среди пред-миллеанистов более позднего периода есть выдающийся ученый сэр Исаак Ньютон. В девятнадцатом веке поразительное количество англиканских епископов придерживалось этого взгляда (например, Риль, Весткотт и Лайтфут), хотя сегодня очень мало или никто не разделяет это мнение.

Итак, на протяжении веков сторонники пред-миллениализма продолжали существовать, однако после Августина этот взгляд разделяло крайне мало людей. В настоящее время возродившийся интерес к этому взгляду, как к альтернативе «диспенцонализму» (см. стр. 335), утрачивает убедительность. Работы Джорджа Элдона Ледда и Меррилла К. Тенни внесли большой вклад в поддержку этого мнения. В число ведущих пред-миллениалистов нашего времени входят др. Френсис Шофер и др. Карл Генри.

Однако этот взгляд не получил вновь широкого распространения, поэтому трудно оценить практическое его влияние на благовестие и общественную деятельность. Теоретически он должен быть благотворным, поскольку предлагает надежду как этому миру, так и грядущему, избегая экстремальности пессимизма и оптимизма.

Благовестие начинает давать результаты, потому что предусмотрено славное будущее. Верные последователи Иисуса разделят с Ним Его «царство» и на старой Земле, и на новой (Откр. 20:6 и 22:5). Такая судьба доступна всем, кто покается в своих грехах и поверит в Спасителя. Альтернатива невероятно чудовищна (Откр. 20:10, 15; 21:8).

Общественная деятельность дает результаты преимущественно потому, что она станет, в конце концов, успешной. Наступит день, когда добро победит зло, правосудие сместит несправедливость, мир сменит войну, благополучие заменит нищету, здоровье сменит болезни. Если коммунист готов пожертвовать всем ради бесклассового, не содержащего в себе признаков преступления общества, которого он, возможно, никогда не увидит (а теперь мы точно знаем, что ни один коммунист никогда его не увидит!), насколько лучше должен жить и трудиться христианин для Миллениума, который он точно увидит и частью которого он станет?

Далее следует личное побуждение. Если ответственные должности будут назначаться соответственно честности и верности, проявленным сейчас (как ясно учил Иисус; Мф. 25:21-30), каким должен быть стимул сейчас, если суды будут в руках христиан, которые смогут править правосудие должным образом (1 Кор. 6:2), а адвокаты и судьи могут стать квалифицированными сегодня. Миллениуму понадобятся честные банкиры, заботливые советники и масса любящих мужчин и женщин, чтобы совершать истинно «общественное» служение. В этой перспективе вся масса «мирских» рабочих мест станет «духовными» профессиями. Вождение такси и мытье посуды для Бога так же важны, как и спасение душ. Поклонение и работа снова пойдут вместе.

Конечно, некоторые могут возразить, что если все это наступит со Вторым пришествием, зачем стремиться изменить мир сейчас, преодолевая настолько большие трудности? Не обращая внимания на факт, что праздность также теряет право на будущее (Мф. 25:26-30), подобное мнение упустило самую суть христианской мотивации. Те, кто действительно верят в то, что принесет Второе пришествие, будут стремиться приобрести его как можно раньше. Обратимся к параллельной ситуации: те, кто знают, что «когда откроется, будем подобны Ему, потому что увидим Его, как Он есть. И всякий, имеющий сию надежду на Него, очищает себя, так как Он чист» (1 Ин. 3:2-3). Те, кто ожидают унаследовать состояние, не будут довольствоваться простым ожиданием, если будут знать, что большей частью они могут пользоваться сразу!

Этот мир не сброшен со счетов. Иисус возвращается, чтобы восстановить его. Чем больше мы сможем изменить сейчас во имя Его, тем лучше он будет для Его славы, блага других и даже нашего собственного будущего. Мы можем отдать себя «полностью на труд Господень» (для верующего ежедневный труд значит то же, что и «церковный» труд), потому что мы знаем, что наш «труд не тщетен пред Господом» (1 Кор. 15:58).

Но есть еще одна версия пред-миллениализма, которая оказывает абсолютно противоположный эффект. К сожалению, сегодня она наиболее известна.

6. «ДИСПЕНЦИАЛЬНЫЙ» ПРЕД-МИЛЛЕНИАЛИЗМ

Это относительная новинка, о которой не было ни единого упоминания до 1830 года. Возникает вопрос: почему, если это верное толкование, никто не видел его в Писании раньше.

20 глава Откровения воспринимается приблизительно так же, как и «классическим», но все представлено в новом свете, отдельными категориями:

Первая: разделение мировой истории на семь «диспенций», эр, в каждой из которых Бог имеет отношения с человеком на разном основании. Последняя из них –

Миллениум, единственная эра, поистине заслуживающая названия «царство», поскольку только тогда Господь будет непосредственно руководить Землей.

Вторая: это именно то «царство», которое Иисус предлагал евреям во время своего первого пришествия. Из-за того, что они отказались, оно было отнято и отложено до Второго пришествия. Поэтому период Церкви является «отступлением» в Божьем намерении, которое сосредоточено на Израиле. Учение Иисуса о царстве, включая Нагорную проповедь, преимущественно, применимо скорее к Миллениуму, чем к Церкви.

Третья: будущая судьба христиан на небе (они Божий «небесный народ»), в то время как евреи останутся на Земле (они – Его «земной народ»). На протяжении всей вечности «оба никогда не сойдутся»!

Четвертая: Церковь будет «взята» от Земли до наступления Великой скорби, предшествующей Второму пришествию. Это событие названо «тайное восхищение» или просто «восхищение» (смотрите раздел об этом на стр. 227). Это – следующее событие в Божьем календаре и может произойти в «любой момент», без предупреждения. Поэтому христиане будут отсутствовать во время катастрофических событий, описанных в 4-18 главах Откровения, но вернутся на Землю со Христом в 19 главе. Останутся ли они с Ним после – неясно.

Что из этого становится ясно, так это пятая категория, а именно, что во время Миллениума будет восстановлено ветхозаветное царство Израиля. Восстановленный храм станет свидетелем возрожденной системы жертвоприношений (хотя она обычно рассматривалась скорее как «напоминание» о жертве Христа на кресте, своего рода еврейская «евхаристия», чем искупительный ритуал).

Вся эта «диспенциальная» схема значительно изменила предыдущее пред-миллениумное мнение. В частности, Миллениум стал более еврейским, чем христианским. Несмотря на свою новизну, он быстро приобрел поддержку, сначала – в Британии, позже – в Америке, где он сейчас является, возможно, взглядом большинства среди евангельских христиан.

Его возникновение связывают с человеком по имени Нельсон Дарби, англиканским викарием в Дублине, который стал основателем «Братьев», иногда известным, как «Плимуфские» братья, в честь одного из самых сильных ранних центров движения. Изначально нацеленное на объединение христиан из всех конфессий в спонтанном поклонении вокруг «преломления хлеба» и в серьезном изучении Писания, это движение стало отдельной деноминацией, в конечном счете, разделившись на большое количество отдельных групп, некоторые очень «открытые» для других верующих, некоторые – очень «недоступные».

С самого начала присутствовал глубокий интерес к библейскому пророчеству, чтобы увидеть, что произойдет с Церковью в ее «разрушенном» состоянии, как его описал Дарби. Именно он избрал и преподавал «диспенциальный» фокус, ориентированный скорее на Израиль, чем на Церковь и «тайное восхищение» верующих до наступления Великой скорби. Его взгляды не остались без возражений; такие люди, как Бенжамин Ньютон, С.П. Трегелес и Джордж Мюллер (известный основатель сиротского приюта в Бристоле) никогда не соглашались с ними. Но восторжествовала доминирующая индивидуальность Дарби, а его метод толкования Писания был принят Братьями, и с этим методом только некоторые имели смелость не согласиться.

Пересекая Атлантический океан, Дарби убедил юриста др. С. И. Скоуфилда в истинности своего взгляда. Тот, в свою очередь, издал Библию с заметками, которые соединил с «диспенциальными» комментариями. Библия «Скоуфилда» исключительно хорошо продавалась среди евангельских христиан в Соединенных Штатах. Опасным оказалось то, что читателям было трудно напоминать себе о разнице между богодухновенным словом и человеческим комментарием, принимая последнее, как «написанное в Библии».

Сегодня есть семинарии, которые не учат ничему другому (Далласская семинария – наиболее известная; книги одного из ее студентов, Хела Линдсея, известны во всем мире и продаются миллионными тиражами). Некоторые миссионерские организации принимают только кандидатов с диспенциальными убеждениями.

Не вызывает вопросов огромное влияние этого учения. С положительной стороны можно сказать, это направление сделало больше, чем что-либо другое, для восстановления пред-миллениализма в Церкви. Миллионы снова стали верить в то, что Христос возвращается на Землю, чтобы царствовать на ней тысячу лет.

Но отрицательные последствия превосходят положительные. Упаковка испортила содержание. Богословское обрамление, которым окутан Миллениум, необратимо испорчено.

Наиболее серьезная ошибка касается «царства». Если политические пост-миллениалисты сделали слишком большое ударение на «сегодняшнем» измерении и в значительной степени представляют его в его настоящем проявлении, диспенциональные пред-миллениалисты сделали слишком большое ударение на «еще нет» измерении и представляют его, как исключительное будущее. Оно не может не отдать должного сегодняшней/еще нет диалектике Нового Завета.

Это неизбежно приводит к отчетливому разделению еврейской и христианской судьбы и к неуравновешенному ударению на еврейский Миллениум. Этот взгляд противоречит предсказанию Иисуса об «одном стаде и одном пастыре» (Ин. 10:16), утверждению Павла об одной маслине, к которой будет привито «полное число язычников» и «весь Израиль» (Рим. 11:17-26) и видению Иоанна о новом Иерусалиме, спускающемся с неба на Землю, на котором начертаны имена двенадцати колен Израилевых и двенадцати апостолов Христа (Откр. 21:12-14).

Разделение истории на семь диспенций чрезвычайно подозрительно. С противоположной стороны богословского спектра, «реформированные кальвинисты» смешали их всех вместе в «завет благодати» (фраза, которая не встречается в Писании). Библейская позиция, кажется, имеет дело с двумя Заветами, Старым и Новым, законом и благодатью, Моисеем и Христом; хотя «новый» объединяет заветы с Авраамом и Давидом, в то время как все преимущества человечества исходят из завета с Ноем.

Это приводит к еще одной проблеме; Послание к Евреям с болью раскрывает, что «старый» завет «ветшает и стареет» и «близок к уничтожению» (Евр. 8:13). Это включает всю систему жертвоприношений в книге Левит, с которой «покончила» величайшая жертва Христа на кресте. Ее появление во время Миллениума станет анахронической аномалией!

Трагедия заключается в том, что пред-миллениализм стал неразрывно связанным с диспенциональным мышлением в стольких головах, что кажется, будто они принадлежат друг другу и невозможно одному существовать без другого. Когда были раскрыты недостатки диспенционализма, особенно те, которые проросли под ним, появилась тенденция скорее избавиться от всего учения, чем отсеивать истину ото лжи. Миллениум отрицается, как одна из диспенций. Ребенок выброшен с водой!

Многие, кто делает это, не знают, что поместить на его место и, отчасти, относят себя к «а-миллениуму», в истинном смысле не-миллениума. Это не значит, что они отвергают 20 главу Откровения в принципе, но фактически она уже не является частью их взгляда или их проповедей. В большинстве своем, они не знают о «классическом» пред-миллениализме, точке зрения Ранней Церкви (директор одного библейского колледжа говорил автору, что никогда об этом не слышал!). Когда они слышат об этом, реакцией является настоящее облегчение – что возможно быть пред-миллениалистом, не являясь при этом диспенционалистом.

Следует рассмотреть еще один аспект: практическое влияние диспенциального пред-миллениализма. Среди всех взглядов этот, возможно, производит самую высочайшую мотивацию для благовестия. Неизбежность возвращения Христа («Он может прийти сегодня») вызывает в спасенных желание спасать других, а в неспасенных – спастись. Возможно, большинство евангельских миссионеров, которых послали Соединенные Штаты, разделяют эту точку зрения.

Однако цель не оправдывает средства. Культы также выпускают энтузиастов-миссионеров (Мормоны и Свидетели Иеговы – хорошие примеры), как делали во дни Иисуса (Мф. 23:15). Все мотивы должны быть проверены Писанием.

Но, если диспенциализм производит высочайшую мотивацию для благовестия, у него, вероятно, самая низкая мотивация для общественной деятельности. Одновременное убеждение в «восхищении» в любую минуту и «еврейском» Миллениуме лишает желания пытаться и делать этот мир лучшим местом. Внимание скорее сосредоточено на небе, чем на Земле. Зачем быть вовлеченным в долгосрочные общественные улучшения, если Иисус и спасенный Израиль приведут все в порядок? Для потрясающего изучения влияния этого учения на политическое усилие смотрите: «Живя в тени Второго пришествия: американский пред-миллениализм 1875-1982» Тимофи П. Вебера (Zondervan «Academie», 1983).

В то время, пока обе формы пред-миллениализма стимулируют благовестие, есть резкий контраст между ними, когда дело доходит до общественной деятельности. Теперь, когда все больше евангельских христиан восстанавливают баланс между двумя аспектами «миссии», очень важно обратить внимание на это явное отличие.

ГЛАВА ДЕВЯТНАДЦАТАЯ

Личный вывод

Наше изучение точек зрения на Миллениум подошло к концу. Будем надеяться, что оно скорее внесло ясность, чем привело в замешательство мнение читателя! По крайней мере, теперь будет понятно, что обсуждение имеет очень практическую цель и это – не просто академическое упражнение. Наши реальные убеждения в этом вопросе достаточно серьезно влияют на наше отношение к жизни.

Я не скрываю мои личные выводы, к которым я пришел независимо от других. Меня воспитали в методической церкви, но я никогда не слышал, чтобы упоминали Миллениум, тем более обсуждали его, хотя о нем иногда пели, вероятно, не осознавая того; когда я был мальчиком, моим любимым гимном был:

«Воспоем царю, грядущему царствовать…». Только когда я начал систематически преподавать Библию в качестве капеллана в Королевских военно-воздушных силах, я начал задумываться над этим вопросом и изучать его. После того, как я прочитал настолько много мнений, насколько я мог, и сравнил их с Писанием, я убедился, что, в итоге, Ранняя Церковь была права, и указал на это в моей первой книге «Истина, которую нужно сказать» (переизданную как «Объяснение сути христианства»).

ЛИЧНЫЙ ВЫВОД

Позвольте мне подвести итог моему странствию, перечислив причины моей позиции, как «классического» пред-миллениалиста:

1. «Классический» пред-миллениализм дает наиболее естественное толкование 20 главы Откровения. Мне казалось, что другие подгоняли эту часть Писания под их личные шаблоны, придавая искусственное, даже случайное значение некоторым его деталям. Мой основополагающий принцип в изучении Библии – позволить отрывку говорить самому за себя, воспринимая его в самом понятном, простом смысле, если только не дано конкретное указание об обратном.

2. «Классический» пред-миллениализм дает наиболее логическое объяснение Второму пришествию. Что только Он сможет сделать, возвратившись опять? Зачем Иисусу вообще возвращаться на Землю? Определенно, не для Последнего Суда, который состоится после того, как Земля «убежит» (Откр. 20:11). Тогда зачем? И зачем нам нужно будет возвращаться с Ним сюда (1 Фес. 4:14)? Если Он и мы не будем «царствовать» на Земле определенное время, тогда сложно найти другую адекватную причину Его возвращения или нашего.

3. «Классический» пред-миллениализм ставит особое ударение на Втором пришествии. Этот пункт связан с предыдущим. И а-миллениалисты, и пост-миллениалисты имеют тенденцию к преуменьшению значения Второго пришествия, которое тогда перестает занимать то центральное положение, в котором оно находится в Новом Завете. Причина проста. Если единственное, или даже основное желание, связанное с

Его возвращением – быть с Иисусом, то такая встреча уже произойдет у верующего в момент смерти (Фил. 1:21).

4. «Классический» пред-миллениализм имел смысл в себе самом. Я смог понять, почему Бог захотел оправдать Своего Сына в глазах мира и последний раз показать, каким мир был задуман и каким он мог быть в правильных руках. Я даже смог увидеть, почему Он добавил последнее откровение о непокорности греха даже в идеальном окружении перед Днем Суда. Переход по фазам от старой Земли к новой соответствует моему искуплению, сначала в моем старом теле, и только много позже – в новом.

5. «Классический» пред-миллениализм делает наше будущее «земным». Те, кто отвергают будущий Миллениум, редко говорят или даже думают о новой Земле. Все в будущем сосредоточено на небе. Но небо – это всего лишь зал ожидания для верующих, пока они не вернутся на эту Землю, а позже на новую Землю, где Отец и Сын будут пребывать с нами. Вместо того чтобы идти на небо, чтобы вечно жить с ними, они приходят на Землю, чтобы вечно жить с нами (Откр. 21:2-3), как в начале (Быт. 3:8). Все это придает нашей планете вечную значимость.

6. «Классический» пред-миллениализм вселяет ноту реализма. Он избегает мрачного пессимизма тех, кто думают, что этот мир никогда не станет намного лучше, чем он есть, и наивного оптимизма, даже чрезмерного превосходства тех, кто думают, что Церковь может свергнуть с престола сатану и возвести на престол Христа, побе-

див самостоятельно народы. Пред-миллениализм избегает обе крайности, соглашаясь с тем, что мир станет хуже прежде, чем улучшиться, но, вне всякого сомнения, он станет лучше после того, как ухудшится.

7. Он создает меньше проблем, чем другие! Мы открыто признали, что *все* точки зрения имеют свои трудности. Но классический пред-миллениализм имеет их намного меньше, чем альтернативные взгляды, особенно, когда это касается толкования 20 главы Откровения. Неотвеченными остается еще много вопросов, но я могу жить с ними. Его легче проповедовать с уверенностью, потому что он – единственное, что рядовой читатель может найти сам в Писании.

8. Это – то, во что верила Ранняя Церковь. Единство первых нескольких веков впечатляет. Конечно, они не были непогрешимы, но все же были всех ближе в своих взглядах к апостолам. Поражает отсутствие споров, потому что фактически разногласия стали проявляться только после того, как христианская доктрина стала загрязняться греческой философией.

Благодаря этим причинам, я могу ежедневно молиться молитвой, которую Иисус дал Своим ученикам, с реальным значением и желанием: «Да приидет Царствие Твое… и на Земле, как на небе» (Мф. 6:10) – настолько, насколько возможно до пришествия Христа, и все остальное – после.

О Дэвиде Посоне

Посон продолжает наследие великих христианских писателей Британии. Его наиболее известный труд «Открывая Библию» широко распространен в печатном, аудио и видео форматах.

Посон известен тем, что принимает текст Библии, как авторитетное Слово Божие, при этом объясняя его значение и контекст на практическом и понятном языке. Поскольку он следует учению Писания там, где оно сталкивается с церковной традицией, его книги часто вызывают дискуссии.

Сегодня Дэвид проповедует по всему миру, его смотрят по God TV миллионы телезрителей почти в каждой стране.

Дэвид родился в 1930 году, после получения степени бакалавра естественных наук по агрономии в Университете Дарема он планировал стать фермером. Он удивился, когда Бог вмешался и повел его по пути служения. Обучаясь в Кэмбридже для получения докторской степени по богословию, под влиянием либеральных преподавателей Посон утратил доверие к Библии и почти утратил веру в Бога.

Он вновь приобрел веру в непогрешимость и безошибочность Библии, когда нес служение капеллана в Королевских военно-воздушных силах. В это время он решил проповедовать Библию систематически - от начала до конца. Результаты проповеди среди военнослужащих удивили его и их, и подтвердили богодухновенность Писания. С тех пор его проповедью было либо изучение Библии, либо тематические изучения, основанные на детальном, контекстуальном исследовании того, что говорит Библия.

Неся служение пастора в Миллмид Центре, Посон приобрел репутацию библейского комментатора как среди евангельских, так и среди харизматических деноминаций. Во время служения Посона, Миллмид стала самой большой баптистской Церковью в Британии.

Он часто выступает в Соединенном Королевстве и во многих частях мира, включая Европу, Австралию, Новую Зеландию, Южную Африку, Нидерланды, Израиль, Юго-Восточную Азию и Соединенные Штаты.

Дэвид Посон со своей женой Енид живет в Бесингстоке, Хемпшир, в Южной Англии.

Другие книги Дэвида Посона

- Открывая Библию...
- Израиль в Новом Завете
- Идем со мной по книге Исаии
- Защищая христианский сионизм
- Идем со мной по книге Откровение
- Практикуя принципы молитвы
- Руководство – мужское дело
- Бог и Евангелие праведности
- Слово и Дух вместе – объединяя харизматические и евангельские деноминации
- Дорога в ад
- Объяснение сути христианства
- Является ли Иоанна 3:16 Евангелием?
- Почему Бог допускает стихийные бедствия?
- Нормальное рождение христианина
- Иисус крестит в один Святой Дух
- Живя в надежде

Книги Дэвида Посона можно приобрести через True Potential Publishing, Inc/ (www.tppress.com) и в книжных магазинах в Северной Америке.

Для дополнительной информации о Дэвиде Посоне, образцов для чтения и интернет-заказов, обращайтесь ***http://pawsonbooks.com***

Открывая Библию

Дэвид Посон
1119 стр., мягкий переплет
ISBN # 978-0-9823059-0-4
Стоимость: $23.95

«Открывая Библию» преподносит ценные исследования Дэвида Посона, проводимые им на протяжении всей жизни.

Делая обзор уникальной истории Божьих отношений с Его народом, «Открывая Библию» дает реальное ощущение погружения в библейскую историю и ее применение для нашей жизни.

Объяснены культурный, исторический фон и духовная значимость всех важных событий с внимательным изучением их более широкого влияния вплоть до наших дней.

Это — фантастическая возможность освоить Библию, как одно целое.

Отзывы:

«Я не могу представить лучшей книги, которую могли бы прочитать новообращенные. Сделать изучение Библии чем-то большим, чем просто дисциплина — отличное дело».

«Открывая Библию» - это именно то, что делает эта книга. Она - несложный богословский труд, она вас заинтригует и вам захочется все больше и больше изучать Библию после ее прочтения!»

«Любите, любите, любите эту книгу. Я люблю стиль преподавания Дэвида Посона. Очень понятно и просто. Она — прекрасный помощник в изучении Слова».

Идем со мной по книге Откровение

Дэвид Посон
336 стр., мягкий переплет
ISBN # 978-0-9818961-8-2
Стоимость: $15.99

Библия - уникальна; как историческая книга, она рассказывает нам как о будущем, так и о прошлом.

Заинтересоваться одним или другим - значит избежать жизненных проблем. Обе перспективы необходимы, чтобы «пройти через жизненные обстоятельства» настоящего.

Книга Откровение сфокусирована на будущем и вызывает среди христиан две реакции: одни никак не могут вникнуть в нее, другие не могут оторваться от нее! Нам необходимо более уравновешенное мнение о ее значимости.

К тому же, это — единственная книга во всей Библии, к которой Бог прикрепил особое благословение и ужасное проклятие.

Она была написана для обычных людей, находящихся под чрезвычайным давлением. Страдание — ключ к ее пониманию. Она — пособие для мучеников.

По мере того, как история приближается к завершению, всем христианам необходимо ее послание предупреждения и ободрения.

Это - первая из серии книг, в которых Дэвид Посон приглашает читателя: идем со мной по... книге Библии.

Исследуйте в интернете! Вы можете найти отзывы, образцы и комментарии на все книги Дэвида Посона на *http://pawsonbooks.com.* Вы также можете приобрести книги Дэвида Посона в лучших книжных магазинах Северной Америки.

Защищая христианский сионизм

Дэвид Посон
160 стр., мягкий переплет
ISBN # 978-0-9818961-7-5
Стоимость: $14.99

- Привел ли Бог еврейский народ назад в Палестину?
- Как могут и евреи, и христиане быть Божьим избранным народом?
- Сколько заветов в Библии?
- Все ли христиане-сионисты принимают диспенциальное учение?
- Изменяет ли Бог Израилю Свои обещания?

Это несколько вопросов, на которые необходимо ответить во свете современных атак на христианский сионизм со стороны некоторых евангельских писателей. Дэвид Посон верит, что христианам необходимо очень четкое библейское понимание, прежде чем делать политические заявления о конфликте на Среднем Востоке.

«Нет необходимости говорить, что Дэвид Посон ценится, как один из самых серьезных, знающих, проницательных и безупречно искренних учителей Библии в наше время. Уже только лишь по этой причине следует обратить внимание на его размышления, но, как он всегда говорит, - судя о них в свете Слова Божьего».
Reflections (UK)

Исследуйте в интернете! Вы можете найти отзывы, образцы и комментарии на все книги Дэвида Посона на *http://pawsonbooks.com.* Вы также можете приобрести книги Дэвида Посона в лучших книжных магазинах Северной Америки.

Израиль в Новом Завете

Дэвид Посон
315 стр., мягкий переплет
ISBN # 978-0-9823059-7-3
Стоимость: $14.99

Тех, кто верят, что Библия учит о Божьих планах и целях для народа и места Израиль, часто обвиняют в том, что они уделяют больше времени и внимания Ветхому Завету, чем Новому, и в этом есть доля истины.

Более 80% обещаний и пророчеств Ветхого Завета уже буквально исполнились. Это всего лишь вопрос веры в Божью верность, чтобы поверить, что Он имеет в виду то, о чем говорит, и сделает то, что Он обещал сделать.

Это потрясающее новое изучение открывает, что и народ, и место, называемые «Израиль», играют значительную роль в Божьих планах на будущее для искупления мира.

Здесь использованы шесть книг Нового Завета, чтобы показать эту важную истину.

Исследуйте в интернете! Вы можете найти отзывы, образцы и комментарии на все книги Дэвида Посона на *http://pawsonbooks.com.* Вы также можете приобрести книги Дэвида Посона в лучших книжных магазинах Северной Америки.

Нормальное рождение христианина

Дэвид Посон
377 стр., мягкий переплет
ISBN # 978-0-9823059-2-8
Стоимость: $15.99

Это пособие для душепопечителей. Оно предназначено не только для евангелистов, хотя особым образом относится к их служению. Оно для пасторов, руководителей молодежи, служителей Церкви, но, в действительности, - для христиан, сердца которых стремятся завоевывать других для Христа. Для всех, кто когда-нибудь будет «помогать» человеку «рождаться свыше».

В основном, эта книга - о том, как стать «христианином». Она написана в результате глубокого переживания о лучшем качестве «обращения» (так же, как и большем количестве, что все желают видеть).

Отзывы:

«Если вы читали Дэвида Посона, вы будете ожидать серьезно аргументированного, четко и ясно организованного и представленного подхода от, бесспорно, лучшего преподавателя Библии нынешнего поколения. Эта книга – не исключение. Четкость мысли и не техническая формулировка с Посоном становятся стандартом».

«Этой книге предназначено стать христианской классикой! Если вы – христианин и еще не читали ее, сделайте это немедленно! Она раскрывает основы полного «христианского рождения»».

Практикуя принципы молитвы

Дэвид Посон
281 стр., мягкий переплет
ISBN # 978-0-9818961-9-9
Стоимость: $14.99

Мы все когда-то о чем-то молились. Были ли молитвы, которые остались не отвеченными? Вы когда-нибудь задавались вопросом: почему?

В какие семь утверждений вы должны поверить, чтобы получать ответы на молитвы? Книга «**Практикуя принципы молитвы**» говорит об этих семи утверждениях и о многом другом.

Знаете ли вы, что согласно Библии:
- Вы никогда не молитесь один;
- Молитва – это не размышление, это – разговор;
- 95% молитвы составляют разговор и вопросы;
- Молитва произносится вслух;
- Ваши глаза открыты.

Существует много книг по теме молитвы, но эта отличается от всех. Это четкое, практическое, библейское руководство к молитве.

Глубоко раскрыты следующие аспекты этой темы:
- Молитва Отцу;
- Молитва через Сына;
- Молитва в Духе;
- Молитва против диавола;
- Молитва со святыми;
- Личная молитва;
- Молитва за других;
- Молитва без препятствий.

Объяснение сути христианства

Дэвид Посон
165 стр., мягкий переплет
ISBN # 978-0-9818961-0-6
Стоимость: $14.99

Дэвид Посон обсуждает основные вопросы христианской веры.
- Существует ли Бог?
- Благ ли Бог?
- Была ли смерть Иисуса убийством, или самоубийством?

- Где Он сейчас? Что значит «спасенный»?
- Как человек становится христианином?
- Как насчет Святого Духа?
- Какая роль Церкви? Как все закончится?

«Прекрасно написанная книга, предлагающая краткий и хорошо проиллюстрированный обзор основных христианских истин».
Епископ Джон Перри

Руководство – мужское дело

Дэвид Посон
88 стр., мягкий переплет
ISBN # 978-0-981896-3-7
Стоимость: $11.99

Дэвид Посон предлагает четкое, детальное библейское объяснение того, что может быть взрывоопасной проблемой.

Предисловие: Элизабет Эллиот

Является ли Иоанна 3:16 Евангелием?

Дэвид Посон
85 стр., мягкий переплет
ISBN # 978-0-9818961-1-3
Стоимость: $11.99

Дэвид Посон пишет: Иоанна 3:16 часто называют «Евангелием в скорлупе». Я считаю, что это – один из наиболее неправильно переведенных и неверно используемых стихов в Библии. Как и большинство христиан, я абсолютно неверно понимал этот стих. Поэтому я предупреждаю вас, что могу испортить для вас Ин. 3:16 до конца вашей жизни. Но я также надеюсь, что эта книга раскроет вам истинное значение этого чудесного и очень важного, особенно для христиан, отрывка.

Бог и Евангелие праведности

Дэви Посон
38 стр., мягкий переплет
ISBN # 978-0-9818961-2-0
Стоимость: $11.99

Дэвид Посон призывает Церковь вернуться к самой сути Благой Вести. Для многих «Евангелие» значит, что Бог безусловно любит каждого. Но ни Иисус, ни Его апостолы никогда не проповедовали подобным образом. Кажется, они считали, что миру нужно было узнать о Его праведности и готовности, даже о Его рвении поделиться этим с нами. Вот почему Он решил, чтобы была Вселенная, в которой не будет ничего неправедного. Почему мы не считаем это Благой Вестью?

Дорога в ад

Дэвид Посон
227 стр., мягкий переплет
ISBN # 978-0-9818961-5-1
Стоимость: $14.99

Оспаривая «универсализм» и «анигилизм», Посон представляет традиционное представление о вечных мучениях, как библейски обоснованный аргумент, подтверждая его исчерпывающим изучением Писания по спорным отрывкам.

«Ад — самая неудобная и наименее приемлемая среди всех христианских доктрин. Мы пытаемся игнорировать ее, но она остается. Лучше посмотреть правде в глаза, даже если она наносит боль».

Почему Бог допускает стихийные бедствия?

Дэвид Посон
92 стр., мягкий переплет
ISBN # 978-0-981896-4-4
Стоимость: $11.99

Когда происходят природные бедствия, многие люди задают вопрос: «Если Бог всемогущий и любящий, почему Он позволяет подобному происходить?» Дэвид Посон внимательно изучает, что говорит Библия о важности таких событий, которые могут оборвать миллионы жизней, принести разрушение, телесные повреждения и смерть. Поскольку количество и интенсивность таких бедствий возрастает, эта книга отвечает на необходимость основательного библейского понимания основной проблемы.

Слово и Дух вместе

Дэвид Посон
227 стр., мягкий переплет
ISBN # 978-0-9818961-6-8
Стоимость: $14.99

Дэвид Посон имеет страстное желание увидеть харизматические и евангельские деноминации объединенными. Он провел исследование остающихся различий, которые, по его мнению, можно разрешить, не идя на компромисс. Эту книгу необходимо прочесть каждому христианину, имеющему видение Церкви, объединенной верностью Слову и открытостью для работы Духа Святого.

Иисус крестит в одного Святого Духа

Дэвид Посон
227 стр., мягкий переплет
ISBN # 978-0-9823059-3-5
Стоимость: $14.99

Посон описывает восемь основных элементов крещения в Духе. Он отстаивает мнение, что сакраментальные, евангелические и пятидесятнические течения христианства неверно судят об этой библейской доктрине.

«Я настоятельно рекомендую эту книгу тем, кто желает расширить свое традиционное мышление о спасении и, в частности, о крещении Духом Святым...»
П.Д. Гулдин, Престон, Ланкашир, Объединенное Королевство

Идем со мной по книге Исаии
Дэвид Посон
411 стр., мягкий переплет
ISBN # 978-1-935769-09-5
Стоимость: $15.99

Книга Исаии – вся Библия в миниатюре. Первые 39 глав отражают первые 39 книг в Ветхом Завете, а последние 27 глав служат прообразом событий в Новом – от Иоанна Крестителя до нового неба и Земли. Хотя пророк жил и умер (ужасной смертью) столетия до того, как родился Иисус. Чудо в словах!

Живя в надежде
Дэвид Посон
93 стр., мягкий переплет
ISBN # 978-1-935769-10-1
Стоимость: $11.99

Все христиане говорят, что они верят во Второе пришествие Христа на Землю, но они далеки от понимания, что будет предшествовать или последует за этим мировым событием. Беря за основу 24 и 25 главы Матфея, Дэвид Посон освещает признаки этого приближающегося пришествия и разделения христиан, которое произойдет в результате его. Вместе они разъясняют, что значит жить надеждой.

www.ingramcontent.com/pod-product-compliance
Lightning Source LLC
LaVergne TN
LVHW021651060526
838200LV00050B/2300